AF564887

N L P
द्वारा
100% आत्मविश्वास
और सफलता

NLP
द्वारा
100% आत्मविश्वास
और सफलता

अशोक गुप्ता

ज्ञान गंगा, दिल्ली

प्रकाशक : ज्ञान गंगा, 2/42 अंसारी रोड, दरियागंज, नई दिल्ली–110002
 / संस्करण : 2024 / मूल्य : पाँच सौ रुपए
मुद्रक : नरुला प्रिंटर्स, दिल्ली
ISBN 978-93-82901-52-5

NLP DWARA 100% ATMAVISHWAS AUR SAFALTA
by Shri Ashok Gupta
₹ 500.00
Published by **GYAN GANGA**
2/42, Ansari Road, Daryaganj, New Delhi-110002

यह पुस्तक
मेरे नन्हे नातिन वान्या केसरी व नाती पूरब केसरी को समर्पित है
जो मन को इंद्रधनुषीय आभा से सदैव सराबोर किए रहते हैं
एवं हमें जीवन जीने के यथार्थ सतत
अर्थ प्रदान करते रहते हैं!

प्राप्त करें :

- प्रगति, प्रतिभा, लक्ष्य विजय का प्रज्वलन
- मस्तिष्क, सोच का सुचारुप संचालन
- मानसिक समस्या निवारण
- बहुआयामी आत्म-विकास
- बहुपयोगी संवादकला

प्रस्तावना

साधारण शब्दों में 'एन.एल.पी.' (NLP) सर्वोत्कृष्ट निष्पादन (पीक परफॉर्मेंस) व मानसिक, शारीरिक स्वास्थ्य की प्राप्ति हेतु के उद्‌देश्य पर आधारित पद्धति है, जो जिंदगी अधिक उत्तम बनाने में सहायक है। इससे मेरा पहला सामना अमेरिका प्रवास के दौरान एक कार्यशाला में हुआ। उस समय विश्वास नहीं हुआ कि इस महान् विषय में अपने अंदर कितनी विविधताएँ और गहराइयाँ छिपी हैं। उत्तरोत्तर में विभिन्न क्षेत्रों का इसमें समागम से इसका स्वरूप बहुमुखी हो गया। अन्य क्षेत्रों से अलग 'एन.एल.पी.' की बड़ी विशेषता रही; उसके द्वारा योग्यता, सफलता पर ध्यान केंद्रित कर व्यावहारिकता से उपयोग की। मानव जाति के इतिहास में यह पहला ऐसा विषय रहा, जो कम समय में अति शीघ्रता से विश्व की बड़ी जनसंख्या और प्रमुख भाषावादियों में इतना लोकप्रिय बना।

मातृभाषा हिंदी में 'एन.एल.पी.' पर यह प्रथम पुस्तक लिखने से पहले मैं मानसिक भार से ग्रस्त था कि किन-किन विवरणों को इसमें सम्मिलित किया जाए और पता नहीं उसके अंग्रेजी वैज्ञानिक शब्दों को यथावत् लेने में पाठकों की क्या प्रतिक्रिया हो। यदि मैं उनका हिंदी अनुवाद करता तो वे कठिन, हास्यास्पद हो जाते। अतएव मैंने उनको यथावत् रखने का निर्णय किया, जिससे इस विज्ञान की शाख की वास्तविक सार्वभौमिकता, वैज्ञानिकता यथावत् बनी रहे। आपके द्वारा विषय को विभिन्न परिप्रेक्ष्यों एवं राष्ट्रीय, अंतरराष्ट्रीय स्तरों पर प्रयुक्त करने को समर्थ बनाने के लिए मैंने आवश्यकतानुसार अंग्रेजी शब्द और व्याख्याएँ दी हैं। पढ़ते समय कुछ मनोवैज्ञानिक शब्द, पाठ या वक्तव्य समझ में न आने पर पिछला अध्याय या 'शब्दावली' (Glossary) पर अवश्य विचरण करें, अन्यथा अगला खंड पूरी तरह से आत्मसात् नहीं होगा। प्रथम चार अध्याय विषय से संबंधित ज्ञान एवं सीख है, उसके पश्चात् अध्यायों में उनका उपयोग है।

इस पुस्तक की विशेषता है आप इसे जितनी बार पढ़ेंगे, उतना यह सरल बनते हुए आपके बुद्धिमता (इंटेलिजेंस), विवेक व सोच स्तर में वृद्धि विकसित करने के साथ जीवन में उत्तमता लाता जाएगा।

क्या आपको कभी ऐसा लगा कि जब आप जागे तो कुछ पल पहले आप निद्रावस्था में सपनों की दुनिया में डूबे हुए थे। अब पुनः तैयार हो जाएँ अपनी दुनिया को आकर्षक रंग में रँग नवीन चेतनावस्था के स्वागत में।

—अशोक गुप्ता

काउंसलर (मानसिक स्वास्थ्य, लर्निंग/शैक्षणिक, एडिक्शन),
सर्टिफाइड लाइफ कोच, सर्टिफाइड 'एन.एल.पी.'
(NLP) प्रैक्टिशनर, 'एन.एल.पी.' ट्रेनर

भूमिका

हममें से ऐसा कौन है जो शिखर व उच्चस्तरीय जीवन के साथ स्वस्थ मन की चाह नहीं रखता? अधिसंख्य के अंतर्ग्रह में इस बीज का होना तय है, परंतु या तो प्रयास करके भी वे उसे प्राप्त नहीं कर पाते, या जानते हुए अथवा अनजाने में ओढ़ी गई अज्ञानतावश सही मार्ग से वे हमेशा कोसों दूर बने रहने में गर्वान्वित महसूस करते रहते हैं। बुद्धिमान् होना एक बात है, पर बुद्धिमत्ता को उत्कृष्ट रूप में व्यवहार में लाकर काँटों के बीच राह बनाना अलग बात।

पृथ्वी समष्टिगत चेतना और मानवता के बंधन से बँधी है, और परिवर्तन यहाँ अघोषित नियम है। ब्रह्मांड और मानव चेतना (कॉन्शसनेस) एक-दूसरे से संबद्ध होकर बहुदिशा में सतत गतिशील है। यह अदृश्य बल हमें पहले से और अधिक प्रभावशाली राह दिखाने हेतु सदैव चेष्टारत रहता है। गतिशील होना सृष्टि का चिर-अविरल नियम है; गतिहीनता से विध्वंस का आरंभ प्रकृति की ठोस सच्चाई है। परमाणु को निर्मित करनेवाले तत्त्व इलेक्ट्रॉन, प्रोटॉन यदि चिर वेग में न हों तो पृथ्वी का विघटन सेकंड के सूक्ष्मतम अंश में होना निश्चित है। खुले मन से बदलाव और सत्य स्वीकारना स्वयं को उज्ज्वल, प्रगतिशील, सुखी व सशक्त बनाने का सुदृढ़ माध्यम है। क्या कुएँ के मेढक की भाँति मात्र अपनी कार्य-पद्धति, धारणा और आंतरिक संसार को सार्वभौमिक सत्य मान इस परिवर्तनशील विश्व में मनुष्य जीवन में फूल की तरह खिल सकता है? गौरव पाने के हितार्थ हमें स्पष्ट, वैज्ञानिक, तार्किक और समयानुकूल उपयुक्त कदम उठाना ही होगा, अन्यथा ध्येय प्राप्ति तथा अपने स्तरानुसार अस्तित्व दिवास्वप्न रह जाएगा। है कि नहीं?

आत्म विकास की पारंपरिक व्यवस्थाएँ अपनी सीमाओं में दृढ़ता से बँध गईं हैं। अतः हम जितनी अधिक आधुनिक क्षेत्रों की ओर आँखें खुली रखेंगे, और जितना अधिक व्यावहारिक अनुभव से रुबरु होंगे, उतना अधिक उनसे संग्रहीत बोध एकीकृत होकर हमारे अंतर्ज्ञान, विवेक, जीवंतता, प्रगतिशीलता व दक्षता में वृद्धि लाएँगे।

शुभकामना!

धन्यवाद

कृतज्ञता

मैं कोटि-कोटि धन्यवाद देता हूँ अपनी बड़ी बेटी उज्ज्वला केसरी को। इन्होंने व्यस्त होते हुए भी पुस्तक में लगन से सभी चित्र चित्रित किए। मैं छोटी बेटी आकांक्षा गुप्ता को धन्यवाद देता हूँ जो ऑस्ट्रेलिया से हर पल कंप्यूटर की समस्याओं के निवारण हेतु सदैव तत्पर रहती हैं। भाई राजेंद्र गुप्ता और पत्नी उमा गुप्ता का पुस्तक लेखन में सहयोग देने के लिए अंतर्मन से आभार। उन सभी के हृदयगत सहयोग के बगैर मेरा लक्ष्य बिना ऑक्सीजन एवरेस्ट चढ़ने जैसा होता—सो आफ्टर ऑल दिस इज ए फैमिली अफेयर। और साथ ही उनको कैसे भूल सकता हूँ, जो हर समय मेरे मेडिकल आधारित किसी भी प्रश्न और शंका का अत्यंत धैर्य से उत्तर देने में संकोच नहीं करते, चाहे आधी रात ही क्यों न हो, वे हैं—डॉ. विजय अग्रवाल व डॉ. नलिन मिश्रा।

—अशोक गुप्ता

अनुक्रम

भाग-4

दिशा निर्धारण, जीतना

भाग-5

समय है हानिकारक बंधनों को तोड़ने का

भाग–1

आत्मप्रेरणा एवं सफलता की आधारशिला

'ब्रह्मांड की सारी शक्तियाँ पहले से हममें है, वह हम ही हैं, जो अपनी आँखों पर हाथ रख लेते हैं और फिर रोते हैं कि कितना अंधकार है।'

—**स्वामी विवेकानंद**

1

सफलता का मॉड्यूल : गति, प्रगति चारों ओर

क्या आप प्रतिदिन सुबह उठने के बाद दैनिक दिनचर्या के पहले 'क्या, कब एवं कैसे करेंगे' निर्धारित करते हैं? असंभव! पहले से बने विश्वास एवं विचार हमारी प्रतिक्रिया, कर्म और संवाद को निर्धारित करते रहते हैं, अप्रत्याशित घटना से निपटने की स्थिति में भी। यह हमें व्यर्थ की ऊहापोह, सोच और समय की बरबादी से बचाता है। हमारे चारों ओर बहुपयोगी तथ्य और विवेकपूर्ण सोच पंख पसारे हुए हैं। 'एन.एल.पी.' संस्थापकों व उनके उच्च शिक्षित विशेषज्ञ सहयोगियों ने गहन अध्ययन के पश्चात् भाषाविज्ञान, मनोविज्ञान, जनरल सिमेंटिक हिप्नोथेरेपी, मैनेजमेंट और अन्य विषयों में समाहित प्रमुख धारणाओं एवं प्रमाणित सिद्धांतों को लेकर 'एन.एल.पी.' पूर्वानुमान (NLP Presuppositions) तैयार किए हैं। यह निरा काल्पनिक एवं वैचारिक कार्यक्रम नहीं है। क्रिया की गुणवत्ता, सफलता और मानव व्यवहार से जुड़ी अधिकतम जगहों पर इस मॉडल का प्रयोग किया है, जैसे आत्म-विकास, व्यापार, मैनेजमेंट, कम्युनिकेशन··· । कुछ प्रमुख पूर्वानुमान इस प्रकार हैं :

1. विचार सत्य का पैमाना नहीं है (Map is not the territory.)

यहाँ 'मैप' का अर्थ 'विचार/सोच' और 'टेरीटरी' का अर्थ 'वास्तविकता' है। विख्यात पोलिश गणितज्ञ अल्फ्रेड कोर्जबस्की ने इसे प्रतिपादित किया था। उन्होंने विचार को 'मैप' अर्थात् मानचित्र के समकक्ष माना। विचार पूर्ण सत्य को परिभाषित नहीं करता, ठीक उसी प्रकार जिस प्रकार एक मानचित्र को देखकर आप उसमें

निहित क्षेत्रों को पूरी तरह से नहीं समझ सकते। क्या भारत का मानचित्र यहाँ के लोगों, जनसंख्या, संस्कृति, जलवायु के बारे में सही अनुमान देता है? वास्तविकता और समझ में विभेद होने की संभावना रहती ही है। 'बिग बॉस' कार्यक्रम ऐसी ही घटनाओं पर आधारित है। शहर में एक घटना के परिप्रेक्ष्य में आपने एक धारणा बनाई, परंतु वहाँ पहुँचने पर ज्ञात हुआ कि तसवीर कुछ और ही है! आपको लगा पार्टी में हँसकर राम ने मेरा उपहास किया। फलस्वरूप आपके लाल-पीले रवैये से बात बिगड़ गई, जबकि राम अन्य कारण से मुसकराया था, आपका परिहास उड़ाना उसका ध्येय नहीं था; आपका 'मैप' आपके 'टेरीटरी' से मेल नहीं खाया। राम के बोल, हाव-भाव को ठीक से न समझने के कारणवश आपने उसके साथ संबंध खराब कर स्वयं के लिए भविष्य में कठिनाइयों के बीज बो दिए। अनुमान के उपरांत सच्चाई का संज्ञान करने के पश्चात् प्रतिक्रिया करना सत्य के निकट ले जाकर समस्या से बचा सकता है।

2. लोग यथार्थ के प्रति नहीं, बल्कि यथार्थ के विचार पर प्रतिक्रिया करते हैं (People respond to their map of reality not to the reality itself.)

मानसिक, शारीरिक अभिक्रिया, जैसे—व्यवहार, भावना आदि व्यक्तिगत विचार निर्धारित करते हैं, न कि वास्तविकता। हम 'सत्य' से अधिक 'सोच' को महत्त्व देते हैं, क्योंकि हम अपने 'मैप' को ही 'टेरीटरी' मान लेते हैं। प्रत्येक का एक स्थिति से संबंधित 'मैप' अलग-अलग होगा, अतएव उस 'मैप' से प्रेरित प्रत्येक व्यक्ति का आचरण भिन्न होगा। यही कारण है कटु अनुभव से गुजरे दो लोग पृथक् मनोदशा, व्यवहार चुनकर पृथक् व्यक्तित्व में ढल जाते हैं। एक टूटकर बिखर जाता है, वहीं दूसरा पहले से अधिक आत्मविश्वासी बन जाता है। सैन्य प्रशिक्षण के पश्चात् कुछ सैनिक निखरकर पहले से अधिक दिलेर बन जाते हैं, वहीं कुछ भावनात्मक समस्याओं के शिकार, क्योंकि हर किसी के मस्तिष्क ने अपने तरीके से अनुभव को विश्लेषित करके उसका स्वरूप बनाया, तदोपरांत उसी अनुरूप आत्म प्रतिक्रिया ढली।

3. एक ही परिप्रेक्ष्य से संबंधित भिन्न सोच भिन्न प्रतिक्रिया उत्पन्न करते हैं (Different representation produces different kind of result in the nervous system.)

स्नायुतंत्र विचार के स्वरूप के अनुसार न्यूरोलॉजिकल और फिजियोलॉजिकल

क्रियाएँ उत्पन्न करता है। सोच का प्रतिरूप बदलने से पूर्व न्यूरोलॉजिकल और फिजियोलॉजिकल क्रियाएँ बदल जाएँगी। 'एन.एल.पी.' के प्रवर्तकों जान ग्रिंडर एवं रिचर्ड बैंडलर के कथनानुसार, 'घटना उतनी महत्त्वपूर्ण नहीं होती, जितनी उससे जुड़ी सोच।' अर्थात्, नकारात्मक घटना को पुन: सकारात्मक अर्थ देने से उससे उत्पन्न विकार स्वत: सकारात्मक हो जाएँगे।

4. अनुभव की संरचना होती है (Experience has structure.)

इस अत्यंत महत्त्वपूर्ण तथ्य का प्रतिभा, सफलता, गुण एवं मानसिक स्वस्थता प्रदान करने में अत्यधिक योगदान रहा। न्यूरोसाइंस के अनुसार दिमाग पाँच तत्त्वों— 'मानसिक विंब', 'स्वर', 'भावना', 'महक', 'स्वाद' द्वारा विचार उत्पन्न करता है। इनमें प्रत्येक को आधुनिक मनोविज्ञान 'रेप्रिसेंटेशनल सिस्टम' कहता है। सोच को संरचित करने में इनका उद्‍देश्यानुसार सभी या एक का होना अनिवार्य है। प्रमाण चाहिए। याद कीजिए, जब आप परिवार के साथ रेस्टोरेंट गए थे। आपकी स्मृति में बसा वहाँ का नजारा (कल्पना के रूप में), संगीत, बातचीत, खाने की सुगंध और स्वाद जीवंत हो गया होगा। अब बताइए अनुभूति में सब 'रेप्रिसेंटेशनल सिस्टम्स' हुए कि नहीं?

5. सभी अपने अनुसार सर्वोत्तम ढंग से कार्य करते हैं (People work perfectly.)

यह मैनेजमेंट और बच्चों के पालन-पोषण (पैरेंटिंग) के लिए अच्छा सिद्धांत है।

संतोषजनक या असंतोषजनक और सफल या विफल परिणाम सभी कर्त्ता द्वारा पूर्ण सामर्थ्य से कार्य करने का फल है। असंतोषप्रद फल प्राप्ति पर बुद्धिमानी इसी में है कि कर्ता पर दोष मढ़ना, कोसना छोड़ उसकी कार्यप्रणाली सुधारने पर ध्यान दें। इससे समय बचने के साथ उसकी योग्यता बढ़ेगी। कार निर्माता हेनरी फोर्ड (1863-1947) अपने साथियों, कर्मचारियों से यूँ ही नहीं कहा करते थे— गलतियाँ मत देखो, हल ढूँढ़ने की चेष्टा करो।

6. हम निश्चित क्षण में सर्वश्रेष्ठ विकल्प चुनते हैं (We always make best choices at any given moment.)

कोई भी आचरण अच्छा है या खराब, यह कर्ता की समझ से उस क्षण उसका एकमात्र सर्वोचित चुनाव है, उसके अनुसार उस समय इसके अतिरिक्त अन्य रास्ता

था ही नहीं। इसलिए वह अपने को सही ठहराने पर अड़ा रहता है। बहुतेरे लोग गलत जवाब देकर या क्रिया के पश्चात् पछताने में विशेषज्ञ होते हैं। भावावेश में आप उत्तम नौकरी छोड़ 'रंभा हो हो हो…' गाना गाते चल दिए। बाद में महसूस किया, 'हाय! मैंने ऐसा क्यों किया!' याद करें, उस क्षण आपने सोचा होगा 'यही मेरा सर्वोत्तम निर्णय है, अब मैं यह करूँगा, वह करूँगा।' बुद्धिमानी इसी में है कि बुजुर्गों की बात मान ली जाए कि 'महत्त्वपूर्ण निर्णय अति शीघ्रता से या भावावेश, विवेकहीनता से कदापि न लिया जाए।' गलती करनेवाले को प्रताड़ित करने से पहले संजीदगी से कारण का पता कीजिए, तत्पश्चात् दोष निवारण हेतु उचित कदम उठाइए। संवेदनशील प्रबंधक, माता-पिता, मालिक की यही पहचान है, न कि सदैव दोषारोपण करते रह नकारात्मक वातावरण और तनाव को जन्म देना।

7. सबमें हैं सभी आवश्यक मानसिक गुण (People have all the resources they need.)

'एन.एल.पी.' में 'मानसिक गुण' को 'रिसोर्स' नाम से संबोधित करते हैं। 'सहनशीलता', 'साहस' आदि सकारात्मक रिसोर्स हैं। उपरोक्त अवधारणा प्रतिपादित करती है कि सभी व्यक्तियों में प्रत्येक रिसोर्स नैसर्गिक रूप से विद्यमान होते हैं। समझदार इस सत्य को जान इसे उपयोग करता है; वहीं नासमझ इसके बारे में अनजान रह चेतन, अवचेतन रूप में अपनी मानसिक सामर्थ्य का प्रयोग नहीं करता। मानसिक क्षमता और शक्ति पर अविश्वास का अर्थ है—दु:ख, अशक्ति और विफलता का वरण करना। यह सोचना भारी भूल होगी कि मेरे अंदर 'आत्मविश्वास', 'आत्मबल', 'इच्छाशक्ति' नहीं है। हम हर परिस्थिति और पहाड़ जैसी समस्याओं का डटकर सामना करने में स्वयं ही दक्ष हैं। आवश्यकता है अपनी आत्मिक ताकत स्वीकार कर, उसे समयानुसार प्रयुक्त करने की। कोई सामर्थ्य तब तक उपयोग में नहीं लाई जा सकती, जब तक विश्वास न हो कि यह हमारे पास और हमारे नियंत्रण में है।

8. मस्तिष्क तथा शरीर एक ही इकाई है (Mind and body are one entity.)

मस्तिष्क एवं शरीर एक-दूसरे के पूरक हैं। इनमें किसी के प्रभाव को नकारना असंतोषजनक फल बोएगा—क्योंकि दोनों एक-दूसरे पर निर्भर हैं तथा प्रभावित करते हैं। शारीरिक समस्या की जड़ मानसिक हो सकती है, मानसिक समस्या की शारीरिक। कई चिकित्सकों द्वारा मनोभावना की ओर ध्यान न देकर केवल शरीर पर

ध्यान देने के कारण रोग निवारण नहीं हो पाता। इस कारण रोगी को या तो आंशिक लाभ होता है या दवा अप्रभावी हो जाती है। सुखद है वर्तमान में अनेक डॉक्टर शरीर के साथ-साथ मन की तह में जाने की चेष्टा कर रहे हैं। आयुर्वेद में मनोदशा पर विस्तार से लिखा गया है। कई वृहद् शोध कार्य भावना और व्याधि के परस्पर प्रभाव पर आधारित है। नया विषय 'साइकोन्यूरोआइम्यूनोलॉजी' ने 'भावना' तथा 'रोग प्रतिरोधक प्रणाली' के बीच गहन, सीधा संबंध सिद्ध कर दिया है। आपको आश्चर्य होगा मन की आकांक्षाओं पर ध्यान न देना केवल चिकित्सा नहीं, वरन् सफलता, उन्नति, कार्यकुशलता तथा प्रतिभा विकास पर गहरा असर डालती है।

9. प्रत्येक आचरण के मूल में सकारात्मक मनोरथ है (Underlying every behaviour is positive intention.)

संभव है आपको अविश्वनीय लगे, परंतु मनोवैज्ञानिक चिंतन के अनुसार नकारात्मक प्रतिक्रिया, व्यवहार (गलत व्यवहार, बुरी लत…)की भी उत्पत्ति की जड़ है सकारात्मक मानसिक कारण। इसे 'सेकंडरी गेन' कहते हैं। फोबिया का उद्देश्य है—पीड़ित में जिस खतरनाक स्थिति ने वह अवस्था उत्पन्न की, उससे उसको 'सावधान करना, बचाना'। बहुत से खिलाड़ी व रंगरूट मनोवैज्ञानिक वजह से मैदान छोड़ने को बाध्य हो जाते हैं। एक अच्छा कोच परिहास उड़ाकर उनको विवश नहीं करता, वरन् आंतरिक वजहों को दूर करके प्रेरित कर फिर कर्मभूमि में ले आता है। असफल चिकित्सक तथा काउंसलर क्लाइंट की आंतरिक स्थितियों पर ध्यान न देकर सभी उपाय अनजाने में व्यर्थ कर जाते हैं। सिद्ध है बहुत लोगों ने 'सेकंडरी गेन' के प्रयोजनार्थ कैंसर जैसी गंभीर या सर्दी जैसी साधारण बीमारी अवचेतन रूप से उत्पन्न कर रखी है, है न अचरज की बात, परंतु है सत्य। मैं आपको छोटा सा उदाहरण देता हूँ। बचपन में स्कूल जाने या परीक्षा के पहले क्या आपको बुखार होता था? इस तरह अवचेतन आपको समस्याओं से मुक्ति दिलाने हेतु प्रयासरत रही।

10. समयानुसार सबसे अधिक ढलनेवाला व्यक्ति सबसे अधिक प्रभावी है (The most flexible person will have most influence.)

यह उत्तम जिंदगी, उपयोगी मैनेजमेंट तथा सफलता हेतु जीवनदायिनी मंत्र है। कार्यप्रणाली, व्यवहार तथा नजरिए को समयानुसार परिवर्तित करनेवाला व्यक्ति सर्वाधिक प्रभावशाली और सफलता प्राप्य करने योग्य होगा, न कि श्रीमान अकड़ूँ!

पुराना ढर्रा बेअसर हो या इच्छित फल न प्राप्त हो तो भगवान् के लिए लक्ष्य-विजय हेतु दूसरा मार्ग अपनाएँ। एक ही ढर्रे पर माथापच्ची औसत दरजे या विफल लोगों की प्रकृति है। जीवन तथा क्रिया में यथानुसार लचीलापन अधिकतम प्रतिफल पाने के लिए अनिवार्य है। संसार में मिसाल भारत के पंजाबियों के विभाजन में हत्या, अपमान, लूट की आत्मा कँपा देनेवाली त्रासदी से ऊपर उठ विस्मयकारी प्रगति का यह स्वभाव प्रमुख कारण रहा। आज आशाविहीन, निराश और अवसादग्रस्त आत्माओं के वास्ते वे आदर्शस्वरूप हैं।

11. स्वयं परिवर्तन चहुँओर लाएगा परिवर्तन (Change makes change.)

दुनिया कभी नहीं बदलती, हमें स्वयं इसको बदलना होगा, वरना अपेक्षित उद्देश्य प्राप्ति की संभावना बहुत कम होगी। अपना विचार, विश्वास और शैली को न परिवर्तित कर दूसरों से बदलने की इच्छा करना नासमझी है। सकारात्मक और उचित आत्म रूपांतरण से व्यक्तिगत, व्यक्तित्व, व्यापार और प्रोफेशन में श्रेष्ठता मिलेगी। आत्म परिवर्तन से ही बहुआयामी विकास, सक्षमता और बुद्धि-विकास संभव होगा, अन्यथा कदापि नहीं। समयानुसार न बदलनेवाला मानुष सीमित जगहों पर पंख फैला सकता है, अधिकांश जगहों पर नहीं। एक अरबपति उद्यमी का घर में अकड़ूँपन या संकीर्णता उसका पारिवारिक जीवन निष्फल कर सकता है।

12. समस्त व्यवहार किसी-न-किसी परिप्रेक्ष्य में हितकारी हैं (Every behaviour is useful in some context.)

नकारात्मकता में समाई है सकारात्मकता, ठीक उसी प्रकार जैसे अंधकार में प्रकाश। स्वीकार न करने योग्य आचरण भी उपयोगी है, यदि उसे उसके गुणानुसार उचित परिप्रेक्ष्य में प्रयुक्त किया जाए। उसे नई दिशा देना समस्या समाधान का मार्ग प्रशस्त कर सकता है। उदाहरणस्वरूप, जल्द आवेग में आनेवाला छात्र अपनी इस प्रकृति को खेल, सैन्य जैसी विधा में लगाकर अनंत ऊँचाई को चूमने में समर्थ हो सकेगा। मेरा एक परिचित है जो स्फूर्तिवान एवं महत्त्वाकांक्षी था और एम.बी.ए. करना चाहता था। पिता की इच्छा के कारण वह पारिवारिक व्यापार करने को बाध्य हुआ। पिताश्री के अज्ञानवश आज वह न घर का है न घाट का। जो अपने कुछ विशेष गुण एवं व्यवहार के कारण दुःखी रहते हैं, यह पूर्वानुमान उनके गुणों का सही उपयोग कर उनके बेहतर भविष्य निर्माण में सहायक होगा।

13. सही समझ अनुभव से आती है (Right understanding only comes with experience.)

इंग्लैंड में कहावत है 'एक्स्पीरिएंस इज द बेस्ट टीचर', अर्थात् अनुभव ही सर्वश्रेष्ठ शिक्षक है। व्यावहारिक ज्ञान का कोई विकल्प नहीं। बंद कमरे में मात्र वाद-विवाद, सोच-विचार और पढ़ना पथ को पूर्णतया प्रशस्त नहीं करता, क्षेत्र में कर्म की बराबरी नहीं की जा सकती। कूप-मंडूक प्रिंसिपल, अधिकारी और मैनेजर साहब में व्यावहारिक योग्यता और कार्यक्षमता का अभाव होगा, जबकि लोगों के बीच जाकर सीखने, समझने और समस्याओं को स्वतः झेलनेवाले व्यक्ति अपेक्षाकृत अधिक योग्य तथा सक्षम होंगे। क्रिसलर मोटर कंपनी, अमेरिका के चेयरमैन महान् ली आएओकॉका कारखाने में स्वयं जाकर कार के निर्माण को जाँचते, परखते थे। वे प्रोडक्शन कर्मचारियों से बात कर उत्पाद संबंधी वास्तविक समस्या, गुणवत्ता के बारे में उनसे परामर्श लेने में अन्य अधिकारियों की अपेक्षा कहीं आगे रहते थे।

14. दोष, कर्म करनेवाले में नहीं, उसकी कार्य-प्रणाली में है, तथास्तु इसे सुधारें। दोषारोपण से काम नहीं चलता (People are not broken and do not need to be fixed.)

व्यवहार, कर्म में बदलाव लाया जा सकता है। प्राप्त असंतुष्ट परिणाम के लिए दोष कर्ता में नहीं, वरन् उसके मानसिक और शारीरिक क्रियाविधि में है। उसे सुधारने पर ध्यान न देकर कर्ता को डाँटना, मूर्ख कहना, तीव्र आलोचना करना उचित नहीं है। यह संवेदनहीन माता-पिता, मालिक और प्रबंधक की फितरत है। इससे कर्ता कुंठित एवं हतोत्साहित हो कर्म व लक्ष्य से दूर भागेगा, दिल से परामर्श नहीं मानेगा, साथ में व्यर्थ में धन, शक्ति, समय, साधन का अपव्यय होगा।

इसके अतिरिक्त निम्न अन्य उपयोगी सत्यानुमान हैं।

15. परस्पर संवादहीनता की स्थिति असंभव है। (You can not not communicate.)

16. आपके संवाद से प्रभावित होकर किसी की आपके प्रति प्रतिक्रिया उत्पन्न होती है, संभव है यह आपकी इच्छानुसार न हो (Meaning of your communication is response you get, not what you intend.)

17. **उद्देश्य प्राप्ति में लोगों का योगदान महत्त्वपूर्ण है।** (People are our best resources.)

18. **असफलता जैसा कुछ नहीं होता, महत्त्व है उससे प्राप्त फल का।** (There is no such thing as failure, but only result.)

19. **उत्कृष्टता विशेष शैली का परिणाम है।** (Excellence has structure.)

20. **यदि कार्य को टुकड़ों में किया जाए तो बड़ी सफलता संभव है।** (Big goal becomes easy to achieve if divided into smaller chunks.)

आप 'एन.एल.पी. पूर्वानुमानों' को सत्य मान समयानुकूल यथोचित् प्रयोग कर कुछ लाभ, आत्मप्रेरणा, एवं पहले से उत्तम परिणाम प्राप्त करके सफलता, श्रेष्ठता को गति दे सकेंगे। ये पूर्वानुमान अधिकांशत: कहीं-न-कहीं अवश्य सहयोग देते हैं। आवश्यक नहीं कि इनमें से प्रत्येक हर जगह, हर बार कारगर हो। लेकिन किसी एक स्थिति एवं उद्देश्य में कोई-न-कोई उपयोगी अवश्य होगा, दूसरा दूसरे में, आपको देखना है कहाँ कौन विषयानुरूप है। ये निराशा, कुंठा में रामबाण है और विभिन्न कर्मों को गति प्रदान कर सकते हैं, जैसे—लक्ष्य-विजय, गुण-वृद्धि, समस्या-समाधान इत्यादि। व्यक्तिगत विकास के अंतरराष्ट्रीय लेखक स्टीव एवं कोनरी एंड्रयॉस ने यहाँ तक कह डाला, "'एन.एल.पी. पूर्वानुमान' प्रत्येक अभिप्राय सिद्धि में सहायता प्रदान करता है।"

'एन.एल.पी. पूर्वानुमानों' की प्रयोगविधि

उद्देश्य है किस पूर्वानुमान में निहित विशेष तथ्य व सूचना आपकी सफलता प्राप्ति में सहायक बन सकती हैं।

* स्पष्ट रूप में लक्ष्य या समस्या निर्धारित करें। हर-एक पूर्वानुमान पर क्रम से विचरण कर देखें, कौन-कौन सा प्रासंगिक है। उदाहरणस्वरूप, जब लक्ष्य प्राप्ति में बारंबार असफल रहे तो संख्या 10, 11 आपका ध्यान इस ओर खींचेगी कि स्वयं को न बदलना प्रमुख कारण हो सकता है, या आपको किसी विधा या क्षेत्र (कम्युनिकेशन, योग्यता, व्यवहार, आत्मछवि⋯) में और अधिक या अनिवार्य गुण विकसित करने की आवश्यकता है। इसी के अनुरूप खेल, नौकरी⋯ में असंतोषजनक

परिणाम या निष्फलता की अवस्था में पूर्वानुमान संख्या 7, 10, 14, 18, 20 सहायक बन आपको आगे बढ़ने को उत्प्रेरित (मोटीवेट) करेगी। परिप्रेक्ष्यानुसार संबंधित अध्याय में मैं इसका विस्तार से वर्णन करूँगा।

✸ दो मनोवैज्ञानिकों ने सुझाया कि एक बीच बड़े गोले में लक्ष्य या समस्या अंकित करें। इसके चारों ओर छोटे-छोटे गोलों में सभी या आवश्यक 'एन.एल.पी. पूर्वानुमानों' को लिखें। बारी-बारी से सभी छोटे गोलों पर विचार कर देखें, कौन-कौन आपके लिए प्रेरणात्मक या कल्याणकारी है, अथवा रास्ता दिखा रहा है।

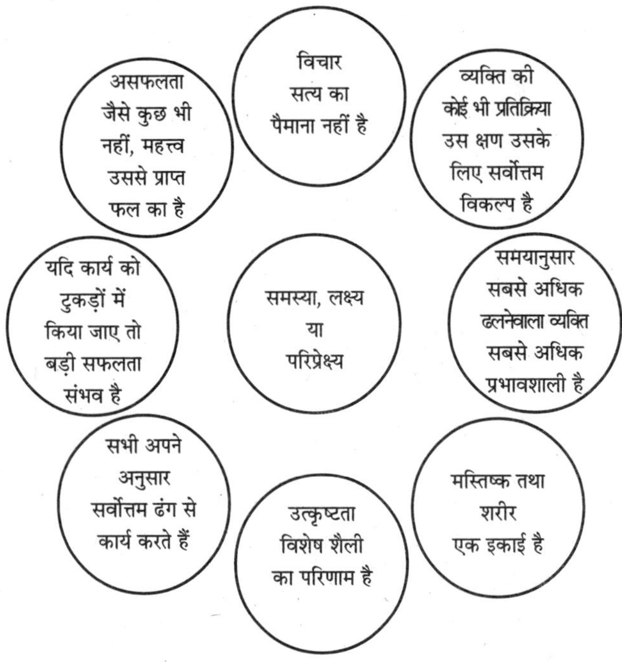

चित्र 1.1 : 'एन.एल.पी. पूर्वानुमानों' की प्रयोगविधि का एक मॉडल

'एन.एल.पी.' (NLP) परिचय

'एक विशाल कारण ही मन को तेजी से कर्म की ओर प्रेरित करने में सफल हो पाता है।'

—विलियम शेक्सपियर (महान् अंग्रेज नाटककार, 1564-1616)

क्या कभी आपको ऐसा लगा कि आपके मित्र, माता-पिता, गुरु सिर्फ काल्पनिक, सैद्धांतिक या भ्रमित करनेवाले परामर्श दे रहे हैं? ठोस, यथार्थ, प्रयोगात्मक नहीं?

कॉलेज और विश्वविद्यालय के समय मैं कर्म, असफलता एवं जिंदगी के भँवर में फँसा रहा। घंटों पढ़ाई करके, कड़ी मेहनत के बाद भी परीक्षा में इच्छित नंबर व वांछित फल प्राप्त नहीं हुआ। मनचाहे व्यक्तित्व के साथ व्यक्तिगत क्षमता-विकास दिवास्वप्न रहे। समझ नहीं आ रहा था क्या करूँ? अपने समय की प्रख्यात सेल्फ हेल्प पुस्तकें पढ़ीं। अध्यापक व सीनियर का कहना था, 'तुम्हारे अंदर 'आत्मविश्वास' तथा 'इच्छाशक्ति' की कमी है, उसको जाग्रत् करने की आवश्यकता है', 'तुमको पढ़ाई में और कड़ी मेहनत करनी है'। सब यही कहकर अपना पल्ला छुड़ाते रहे। वे अपनी जगह ठीक थे, क्योंकि विशेषज्ञ तो थे नहीं। भारत में तब विकट अनिश्चितता की स्थिति बनी हुई थी। अधिकतम मेहनत तो कर ही रहा था, समझ नहीं आया 'अब और कड़ी मेहनत' का अर्थ क्या है! भई, अब क्या सोना, खाना छोड़ दूँ? रात में ठीक से नींद आना दूर की बात थी। हम कुछ मित्र दिमागी प्रबलता (जैसा वे कहा करते थे, हम मित्रों के अंदर कमी थी) बढ़ाने और पढ़ाई में कुशलता का गुर सीखने सरकारी मनोविज्ञान इंस्टीट्यूट गए। वही ढाक के तीन पात, गोल-मोल जवाब। किसी ने साफ रास्ता नहीं दिखाया। कैसे 'आत्मविश्वास', 'इच्छाशक्ति' शर्तिया जाग्रत् हो। सारांश यह रहा हम सभी किशोर, युवावस्था में औसत दरजे के रह गए। मेरे विचार से यही हाल अधिकांश विद्यार्थियों, वयस्कों का था और गारंटी है कि अब भी है! इनमें सम्मिलित थे मेरे अधिकतम साथी, जो आज उच्च पदों पर विराजमान हैं।

सोचिए 'न्यूरो लिंग्विस्टिक प्रोग्रामिंग' का अर्थ? सतही तौर पर समझ गए होंगे कि इसका मंतव्य भाषा, मस्तिष्क और व्यवहार के परस्पर संबंध, तालमेल से होगा। यह नाम यूनिवर्सिटी ऑफ कैलिफोर्निया, अमेरिका के जॉन ग्रिंडर और रिचर्ड बैंडलर द्वारा दिया गया। दर्जनों आधुनिक विषयों से युक्त वर्तमान की यह सर्वाधुनिक मानसिक स्वास्थ्य और सफलता की तकनीक व्यक्तिगत, प्रोफेशनल, चिकित्सा और व्यापार में उच्चकोटि की सामर्थ्य शक्ति बढ़ाने में अभूतपूर्व रूप से सहायक है। विश्व के कुछ सफलतम लोगों के अध्ययन के पश्चात् जॉन ग्रिंडर और रिचर्ड बैंडलर ने प्रमाणित किया, 'गुण, शरीर और बुद्धि के बीच समानांतर समन्वय है।' उन्हें उन सभी में छुपी हुई और अभी तक न पकड़ी जानेवाली समानता और वैभवता की किरण दिखाई दी। सिद्ध हुआ कि मस्तिष्क का प्रयोग ही सफलता, असफलता के साथ-ही-साथ योग्यता और अवगुण का प्रमुख स्रोत है, न कि आनुवंशिक गुण एवं कारण।

ग्रंथ, ज्ञानी स्पष्ट राह नहीं दिखाते कि 'क्या, कैसे' करना चाहिए? कार्य व्यवस्था में 'क्या, कैसे' सोचना चाहिए? कैसे तन, मन का इस्तेमाल हो? महाभारत के समय भगवान् कृष्ण युद्ध से विरक्त अर्जुन से कहते हैं, 'अर्जुन, तुम अपना कर्म करो, फल की चिंता मत करो।' यह युद्ध के बीच यथोचित् था, परंतु वर्तमान में यदि गुरु यही कहें तो प्रश्न सर उठाएगा—कर्म का स्वरूप क्या हो, लक्ष्य से संबंधित क्या सावधानियाँ एवं मार्ग हमारी सफलता, योग्यता सुनिश्चित करेंगी या इनकी अधिकाधिक संभावना बनाएँगी!

'एन.एल.पी.' में जीवन परिवर्तन के लिए वर्तमान में सबसे सक्षम तकनीक होने की संभावना है।'

—साइकोलॉजी टुडे, मनोविज्ञान की सबसे लोकप्रिय अंतरराष्ट्रीय पत्रिका

अमेरिका प्रवास के दौरान मैं घंटों लाइब्रेरी में बिताकर जानने की कोशिश करता कि व्यक्तिगत व प्रोफेशनल गुण कैसे विकसित हो, क्योंकि अमेरिका ऐसा प्रगतिशील देश है जहाँ पुराने ढर्रे, पुरातनपंथी सोच से काम नहीं चलता। वहाँ आपको संसार के सभी राष्ट्रों से आए प्रवासियों से स्पर्धा करनी पड़ती है। लाइब्रेरी में मुझे अनेक अति महत्त्वपूर्ण और व्यावहारिक विषयों की जानकारी मिली, जिनकी उपयोगिता पढ़ाई, सोच, कार्य-विधि के अतिरिक्त वास्तविक जीवन में प्रयोज्य थी। यह कहना अतिशयोक्ति नहीं होगी कि संपूर्ण विद्या वही है जो जीवन-पथ और महत्त्वाकांक्षाओं के प्राप्ति में प्रयोग के योग्य हो, और कारगर, सुगम तथा व्यावहारिक हो, न कि चर्चा का विषय बन पन्नों व अध्ययन तक सिमटकर रह जाए!

'एन.एल.पी.' (NLP) क्या है?

पोलैंड के प्रख्यात गणितज्ञ अल्फ्रेड कोर्जबस्कि ने विषय के प्रवर्तकों द्वारा रखा गया पहला नाम 'न्यूरो लिंग्विस्टिक साइकोलॉजी' परिवर्तित कर 'न्यूरो लिंग्विस्टिक प्रोग्रामिंग' (Neuro-Linguistic Programming) कर दिया, पर अंतरराष्ट्रीय जगत् में संक्षिप्त नाम 'एन.एल.पी.' (NLP) अधिक चमका। परंपरागत तथा कई आधुनिक क्षेत्र, जैसे—कंप्यूटर साइंस, न्यूरोलॉजी, भाषा विज्ञान, गेस्टाल्ट थैरेपी, सिस्टम थ्योरी, जनरल सिमेंटिक के समागम ने इसकी प्रभावक्षमता में तेजी से वृद्धि की। एक अहम् विशेषता है कि यह विशेषज्ञों, व्यावसायियों, प्रोफेशनल लोगों के

अतिरिक्ति सामान्य जन द्वारा दैनिक जीवन में व्यक्तित्व विकास, आत्मोन्नति, मानसिक स्वास्थ्य एवं लक्ष्य-प्राप्ति हेतु प्रयुक्त की जानेवाली विधा है!

अंकुर का प्रस्फुटन

'एन.एल.पी.' की आधार-शिला भाषाविद् जॉन ग्रिंडर और साइकोथेरेपिस्ट रिचर्ड बैंडलर ने रखी। प्रारंभ में काउंसिलिंग, मनोचिकित्सा उद्देश्यार्थ रचित यह प्रणाली सीधी और तुरंत लाभ प्रदान करने के कारण कुछ ही वर्षों में अत्यधिक जनप्रिय हो नए युवा मनोवैज्ञानिकों, कंपनी मैनेजरों, मनोचिकित्सकों, काउंसलरों की चहेती बन गई।

> **'एन.एल.पी.' में समस्याओं को हल करने की अपूर्व कुशलता है। यह स्वयं द्वारा सीखने और सभी प्रयोजनार्थ प्रयुक्त होनेवाली टेक्नोलॉजी है।'**
>
> ***—टाइम, सबसे अधिक बिकनेवाली विश्वस्तरीय पत्रिका***

अपने अनुसंधानों के दौरान दोनों संस्थापकों ने दुनिया में अपने अलग-अलग क्षेत्रों में अग्रणी पाँच विशेषज्ञों की कार्य प्रणालियों पर गहनता से अध्ययन किया, इनके नाम थे—हिप्नोथेरेपिस्ट डॉ. मिल्टन एरिक्सन, 'फैमिली थेरेपी' को संस्थापिका वर्जीनिया सैटर, गेस्टाल्ट थेरेपी के प्रणेता फ्रिट्ज पर्ल और अन्य। आए नतीजों से वे यह देखकर आश्चर्यचकित हो गए, इन सभी दिग्गजों के चेतन, अवचेतन द्वारा अपनाई शैलियों और संवाद-पद्धति में कई विशेष समानताएँ है। ग्रिंडर तथा बैंडलर का दृढ़ मानना था, 'यदि कोई विधि व्यावहारिक नहीं है तो ठीक नहीं है।' अत: यथार्थ में परखने के प्रयोजनार्थ उन्होंने शोध से प्राप्त विधियों को अपने शिष्यों को सिखाया। उन शिष्यों ने आश्चर्यजनक रूप से बिना किसी अतिरिक्त प्रशिक्षण के काउंसिलिंग, सम्मोहन, मनोचिकित्सा तथा कम्युनिकेशन में आश्चर्यजनक रूप से अत्यंत कम समय में ऐसी उपलब्धियाँ हासिल कीं, जो उन पाँच महारथियों ने 20-30 वर्षों की मेहनत उपरांत प्राप्त थीं। ग्रिंडर तथा बैंडलर द्वारा वह प्रारंभिक खोज 'एन.एल.पी.' विकास के मूल आधार होने के अतिरिक्त शुरुआती दौर में उनकी अत्यंत लोकप्रिय पुस्तकों, विश्वव्यापी लेक्चरों, सेमिनारों का ज्ञान बन तत्कालीन कॉरपोरेट मैनेजरों, काउंसलरों, हिप्नोथेरेपिस्टों, मनोवैज्ञानिकों और कोचों के कौतूहल का विषय बन गए।

'एन.एल.पी.' : तत्त्व, आधारशिला

विचार, विश्वास, मूल्य को प्रधानता देनेवाली और उन्हें उपयुक्त ढंग से प्रयोग करनेवाली यह तकनीक अनुभवों से उपजे व्यक्तिगत विचार (subjective thought) के प्रारूप को अधिक महत्त्वपूर्ण मानती है, न कि अनुभवों को। 'क्या हो चुका है, कैसे हुआ है' पर रोते रहकर समय व्यर्थ करने से अधिक अर्थपूर्ण है, सोच को बदलकर नकारात्मक अनुभव को लाभदायक या सकारात्मक स्वरूप दे देना।

गुण, सफलता तथा प्रतिभा ग्रहण करने में मस्तिष्क की सर्वाधिक हिस्सेदारी होती है, जिसको सुनियोजित ढंग से चला हर कोई उन सबका हकदार बन सकता है, वह बेचारा भी, जो दृढ़ता से यह अवधारणा बना बैठा कि 'मैं जन्मजात नाकाम, निकम्मा हूँ।' एक महत्त्वपूर्ण 'एन.एल.पी.' सिद्धांत 'सफलता, योग्यता सभी प्राप्त कर सकते हैं, और ये पैदाइशी नहीं होती' को मद्‍देनजर रखते हुए 'एन.एल.पी.' दक्षता को उतरोत्तर उन्नत करने की भाषा है। असल सीख क्रिया होते देखने और उससे सीखने से होती है, न कि केवल किताबी अध्ययन, तथा असफलता एवं समस्या पर मुँह मारते रहने से। अपनी क्षमता को सर्वोत्तमता एवं पूर्णता से लागू करना हम शीघ्रता से सीख सकते हैं, यही वह गुण है, जिसने 'एन.एल.पी.' को बाकी सभी मनोविज्ञान, थेरेपी, योग्यता बढ़ाने तथा सफलता दिलानेवाले विज्ञानों से अलग श्रेणी में खड़ा कर दिया। आपने कभी सभी संभावित कर्म तथा चेष्टा कर डाली होंगी फिर भी अभीष्ट या मापदंड के अनुसार फल स्वप्न रह गया होगा। 'एन.एल.पी.' का प्रयोग संपूर्ण, बहुत, कुछ या निम्नतम लाभ प्रदान करने की अधिकतम संभावना प्रदान करता है। ख्यातिप्राप्त क्लीनिकल मनोवैज्ञानिक डॉ. विलियम हॉर्टन के कथनानुसार, ''एन.एल.पी.' एक अद्‍भुत मॉडल है, जो यह बताता है कि हम कैसे सीखें, कैसे स्वयं को प्रोत्साहित करें और व्यवहार बदलें, जिससे जो भी करें, उसमें श्रेष्ठता मिल सके।' ("NLP is a unique model of how people learn, motivate themselves, and change their behaviour to achieve excellence in any endeavour"— Dr. William Horton)

उन्नतशील, सफल, प्रतिभावान, और रोग तथा भावनात्मक कठिनाइयों से मुक्त होनेवालों पर शोध अधिक उपयोगी है। विफल, रोगी और मानसिक समस्याग्रस्त लोगों का अध्ययन अपेक्षाकृत कम लाभदायक होता है, परंतु इसी पर परंपरागत विशेषज्ञ सदियों से आवश्यकता से अधिक ध्यान देते आए, जिससे उनकी खोज और विषय लंबा, थकाऊ-उबाऊ होने के अतिरिक्त वांछित फल नहीं दिला पाता। नए मनोवैज्ञानिक

मानते हैं कि पारंपरिक मनोविज्ञान की अधिकतम पुस्तकें वर्तमान में पुस्तकालय की मात्र शोभा बन गई हैं। लेखक सैमुअल जॉनसन (1709-1784) सोचते हैं कि किताबें, जो जीवनोपयोगी सीख, लाभ न दे पाएँ व्यर्थ हैं। 'एन.एल.पी.' इसका समाधान तथा प्रत्युत्तर है। पुरानी और अप्रभावी प्राकृतिक एवं जैविक नियम तथा पद्धति को अधिक प्रभावी प्राकृतिक एवं जैविक नियम और पद्धति द्वारा समयानुसार प्रस्थापन ब्रह्मांड के चेतन की आधारभूत व्यवस्था है। यदि ऐसा न हो तो डार्विन के 'सरवाइवल ऑफ द फिटेस्ट' सिद्धांत के विपरीत जीवों का क्रम विकास ढह जाता और हमारा गर्त में जाना निश्चित था। ठीक यही संहिता जीर्ण-शीर्ण, पुरातनपंथी, निष्प्रभावी ज्ञान और प्रणालियों पर लागू होती है। दार्शनिक हॉब्स (1588-1679) मानते हैं, 'समय और तकनीक को नित नए ज्ञान अंकुरित करने ही हैं।' अप्रभावी तंत्रों को प्रस्थापित करनेवाले नवीनतम 'एन.एल.पी.' ने डर, फोबिया मिनटों में हवा कर अपनी गुणबद्धता व्यावहारिक रूप से जग-जाहिर की। दूसरी प्रणालियों के विपरीत यह 'लाभ न होने पर अगला पग क्या होगा तथा नया स्वभाव, फल भविष्य में स्वाभाविक रूप से आए' इसकी भी व्यवस्था प्रदान करता है। अधिकांश विधाएँ सतही लाभ तक सीमित रहीं, पर 'एन.एल.पी.' तकनीक जड़ से दूरगामी, बहुआयामी, स्थायी लाभ की संभावना प्रखर करती है, जिसे 'जनरेटिव इफेक्ट' कहते हैं।

लाभ, प्रभाव और क्षेत्र

पहले यह सिर्फ मनोचिकित्सा, हिप्नोथेरेपी तथा परामर्श देने में उपयोगी मानी गई, पर सन् 1980 के दशक के बाद से इसे सेल्स, व्यापार, मैनेजमेंट, चिकित्सा, खेल, शिक्षा और अन्य जगहों में समान रूप से कारगर और कल्याणकारी पाया गया—वास्तव में उन सभी जगहों पर जहाँ आदमी का दखल है। ग्रिंडर और बैंडलर ने आश्वस्त किया, 'एन.एल.पी.' का प्रयोग लगभग सभी ओर, जहाँ मानव संवाद करता है, होगा।' अब यह करोड़ों डॉलर का विश्वस्तरीय वैश्विक अखाड़ा बन चुका है। 'पाल मैककेन' संस्थान ने 600 कंपनी प्रतिनिधियों को इसका प्रशिक्षण देकर एक सप्ताह में दस लाख पाउंड कमा लिया! अफसरों तथा फील्ड स्टाफ का इसको सीखना उन्नति तथा बाजार में बने रहने के लिए सार्थक व अनिवार्य माना जाता है। बड़ी कंपनियाँ, प्रधानतः बहुराष्ट्रीय तथा 'फॉरचून फाइव हंड्रेड', ऐसा ही मानती है; समय के साथ चलनेवाले आधुनिक कंसल्टेंट, मनोविज्ञानी, मनोचिकित्सक, चिकित्सक, व्यवसायी, कर्मचारी, कोच और आत्मोन्नति के परवाने यही सोचते हैं। जग-प्रतिष्ठित, मानव व्यवहार विशेषज्ञ रॉबर्ट डिल्टस् ने सांताक्रूज, कैलिफोर्निया,

अमेरिका में 'एन.एल.पी. यूनिवर्सिटी' स्थापित की है। इसे जन-जन तक पहुँचाने में अमेरिका के एंथेनी रॉबिंस का अभूतपूर्व योगदान रहा। विस्मयकारी रूप से ये सिर्फ हाईस्कूल पास साधारण युवा मात्र दस वर्षों में अरबपति बेस्ट सेलर लेखक बने। इस गगनचुंबी उछाल के लिए उन्होंने 'एन.एल.पी.' को श्रेय दिया। इसका प्रयोग सभी उम्र के व्यक्ति अधिकाधिक क्षेत्रों में लक्ष्य निर्धारण, उच्चतम क्रिया, दक्षता, प्रतिभा और सफलता की अधिकतम संभावना के उद्देश्यार्थ कर सकेंगे। इससे निम्न में अभूतपूर्व गुणात्मक वृद्धि होगी।

- मानसिक स्वास्थ्य एवं शक्ति
- व्यक्तिगत एवं व्यक्तित्व विकास
- व्यवहार, क्रिया, निष्पादन, प्रस्तुतिकरण, प्रेजेंटेशन
- संवाद (कम्युनिकेशन)
- प्रेरणा (स्वयं व दूसरों में)
- सीखना, पढ़ना (लर्निंग)
- रचनात्मक लेखन
- बिक्री
- रोग-मुक्ति
- समस्या निवारण
- साहसिक कार्य
- बच्चों की देख-रेख (पेरेंटिंग)

'एन.एल.पी.' के उपयोग क्षेत्र होंगे—

- व्यापार, संस्थागत (ऑर्गनाईजेशनल), कॉरपोरेट, प्रबंधन (मैनेजमेंट), नौकरी।
- चिकित्सा, मनोचिकित्सा, मनोविज्ञान, हिप्नोथेरेपी।
- शिक्षा।
- काउंसिलिंग, कोचिंग, लाइफकोचिंग।
- सेना, खेल।
- नर्सिंग।

इस पुस्तक में उपरोक्त सभी क्षेत्रों पर प्रकाश डालना असंभव है, केवल कुछ पर विवरण संभव हो पाया। वर्णित वर्णन व्यक्तिगत के अतिरिक्त प्रोफेशनल और विविध दिशाओं में प्रयुक्त किए जा सकेंगे।

'एन.एल.पी.' (NLP) सीखना—आगे और पीछे

'केवल ज्ञान उत्तम है, सबसे बड़ी बुराई एवं हानिकारक अज्ञानता है।'

—सुकरात (469 ई.पू.-399 ई.पू.)

'न्यूरो लिंग्विस्टिक प्रोग्रामिंग' अनुभव को मन के द्वारा श्रेष्ठता से दिशा निर्देशित कर अपेक्षित मानसिक एवं शारीरिक परिणाम निर्धारित करने का विज्ञान है। इसमें समावेशित तीनों शब्दों के निम्नलिखित अर्थ हैं—

- 'न्यूरो' (Neuro)—नाड़ी-तंत्र सभी गतिविधियों का केंद्र है।
- 'लिंग्विस्टिक' (Linguistic)—भाषा से बाह्य और आंतरिक दुनिया से संवाद और उन दोनों में परस्पर संबंध स्थापित होता है।
- 'प्रोग्रामिंग' (Programming)—मस्तिष्क अनुभव को निर्धारित तरीके से कार्यक्रमबद्ध कर उसे क्रिया तथा संवाद में परिवर्तित कर देती है।

इसका नाम संदेश प्रसारित करता है कि इंद्रियाँ, दिमाग एवं कम्युनिकेशन हमारे चेतन और अवचेतन आदेश के द्वारा संयोजित और दिशा-निर्देशित होता है! अतएव, हम समस्याओं, असफलताओं, मानसिक/ शारीरिक रोगों के जन्मदाता हैं, तथा स्वयं द्वारा इनसे मुक्ति पानेवाले भी। यह सिद्धांत पुरातनपंथी विशेषज्ञों, चिकित्सकों के विश्वास के विपरीत है, जिसके अनुसार मानसिक व शारीरिक समस्या 'इन्वाइरनमेंटल वेरिएबल' है, इसका अर्थ है इन पर हमारा नियंत्रण नहीं है!

वास्तविक अनुभव और दूसरे व्यक्ति से प्राप्त सीख को आत्मसात् कर उसका बुद्धिमानी से प्रयोग 'मॉडलिंग' नामक अत्यंत लाभकारी युक्ति है। लक्ष्य पर विजय हेतु हर क्षेत्र से ग्रहण किया गया प्रभावी ज्ञान तथा अनुभव का यथोचित् समुचित प्रयोग समझदारी को एकीकृत कर हमें सफलतम लोगों की श्रेणी में खड़ा करने की पूरी संभावना प्रस्तुत कर देता है।

स्वयं परिवर्तन असंभव नहीं

व्यक्तिगत विकास की कई किताबें पढ़ीं, स्वयं पर ज्यादती की और इच्छाशक्ति थोपी, फिर भी अपने को बदल नहीं पाए। कारण अंदर छिपा है, बाहर कदापि नहीं। आप मन के आयामों, जिसे 'न्यूरोलॉजिकल लेवल्स' कहते हैं, की आकांक्षाओं को पहचान नहीं पाए। बिना आयाम बदले व्यक्तित्व, स्वभाव, विश्वास, व्यवहार बदलना

विकट मामला है, कभी-कभी असंभव! उदाहरणार्थ, **'विश्वास' (belief) बदले बिना व्यवहार बदलना अस्थायी परिवर्तन होगा। विश्वास बदलकर ही व्यक्तित्व में स्थायी परिवर्तन आ सकता है।**

समय के साथ न चलनेवाले काउंसलरों, मनोवैज्ञानिकों तथा आत्म-विकास पुस्तकों द्वारा चलता, फिरता सामान्य समाधान बताने के कारण सभी वर्ग लाभान्वित नहीं होते। उनकी जेबें भरती हैं, क्लाइंट का वर्षों का समय पानी में डूबता है और पुस्तकें मात्र पुस्तकालय की शोभा बढ़ाती हैं। हम सबकी समस्याएँ, व्यक्तित्व, प्रकृति, यथार्थ अलग होने की वजह से उपाय भी भिन्न होते हैं, अन्यथा परिणाम कतई स्थायी नहीं होगा। 'एन.एल.पी.' ऐसा प्रथम विज्ञान है, जो हर व्यक्ति की अपनी विशेष मानसिक समस्या, भावनात्मक अवस्था, वातावरण, तथा पियर्स और परिवार से संबंधों को मद्देनजर रखते हुए आकांक्षा, भावना के अनुरूप स्थायी हल निकालने के लिए प्रयासरत रहता है।

डीप अंडा फ्राई : पूर्वाग्रही होना, दूरी बनाना

श्रेष्ठ ज्ञान पहले से श्रेष्ठतर व्यक्तित्व की रचना करेगा। शायद ही कोई ऐसा सफल मानव हों, जो उन्नति के प्रयोजनार्थ किसी पशु या मनुष्य से न सीखें। मार्शल आर्ट में साँप, शेर, पक्षियों की मुद्राएँ हैं; महान् ब्रूसली की शारीरिक और मुख-मुद्राओं से आप को संज्ञान हो जाएगा। असफल, दुःखी व अहं से ओत-प्रोत आत्माएँ सीख के साथ छत्तीस का आँकड़ा रखते हैं। वैज्ञानिकता, व्यावहारिकता और सकारात्मक तर्क हमें ध्येय निर्माण तथा उसकी प्राप्ति के लिए दूर-दृष्टि प्रदान करते हैं। इसके बिन मन एक ऐसी नाव की तरह इधर-उधर डगमगाता है, जिसे यह ज्ञात है 'किस किनारे' जाना है, परंतु यह नहीं 'कैसे'। 'एन.एल.पी.' न केवल विजय अभियान, बल्कि मानसिक स्वास्थ्य, भावनात्मक संतुलन की प्रभावी विधा और वैज्ञानिक चिंतन का सुदृढ़ धरातल तैयार करती है!

'सीख बेकार की चीज है' सोचकर बहुसंख्य लोग सकारात्मक और तर्कसंगत पढ़ाई से दूरी बनाए रखते हैं। धार्मिक मतांध और रूढ़िवादी लोग आधुनिक, प्रमाणित, तथ्ययुक्त विद्या से घृणा करते हैं। वे कूप-मंडूक की तरह जीवन व्यतीत करने की तैयारी कर लेते हैं, पर मन में सौभाग्य की चाह सँजोए हुए एक मूढ़ मेढ़क की तरह एक ही जगह, एक ही ऊँचाई पर कूदते रहकर दूसरों से आगे दौड़ने का स्वप्न सँजोए रहते हैं। सर्वविदित है उनका व्यक्तित्व शक्ति से शून्य डीप अंडा फ्राई की तरह बना रहेगा। निस्संदेह, आपके लिए वर्तमान और भविष्य की जादुई दुनिया बेकार है—

यदि मानते हैं कि मुझे कूप-मंडूक ही रहना है, जो मिला है वही अंत है एवं जहाँ पर हैं वहीं पूर्ण और सत्यं, शिवं, सुंदरम् का वास है या शुतुरमुर्ग की तरह रेत में सर छिपाकर सोच बैठे, 'यार, मुझे सफलता, संपन्नता एवं खुशहाल, स्वस्थ जीवन की दरकार है ही नहीं!'

''एन.एल.पी.' (NPL) सिखाता है, कैसे सोचें और श्रेष्ठतर विकल्प कैसे ढूँढ़ें।'

—रिचर्ड बैंडलर, पुस्तक 'गाइड टू ट्रांस फॉर्मेशन'

गुणकारी शिक्षा को एकदम नकारने का एक प्रमुख कारण है, दिल के भीतर गहरी पैठ बनाएँ—चेतन व अवचेतन 'विश्वास।' यदि आप मानते हैं 'यह सीख मेरे धर्म, अहम् के लिए खतरा है, लाभकारी नहीं या अनुचित है' तो आप उसे तुरंत नकार देंगे, और वे निराश व्यक्ति की भी ऐसा करेंगे जिनकी धारणा है, 'अब कुछ नहीं हो सकता, हरदम ऐसे ही सबकुछ चलेगा, आशा की किरण कहीं दिखाई नहीं पड़ रही।' परिणामस्वरूप उनका अवचेतन, दिव्यता, बुद्धि, कामना और आशा के चमकते ललाट को बलपूर्वक पूर्णतः ढक देगा। आपको आश्चर्य होगा, ऐसे लोग भी हैं, (इसमें मेरे परिचित संस्थान के एक अधिकारी सम्मिलित हैं) जो नए विषय तथा वैज्ञानिक विवरण के परिप्रेक्ष्य में कुछ ऐसा कहते सुने जाते हैं, 'इसमें कुछ नया नहीं है, यह काम कर ही नहीं सकता या योग है, जिसे पश्चिमवालों ने भारत से नकल कर लिया है।' ये भ्रम में डूबे लोग यथार्थ आत्मसात् करने को कभी तैयार नहीं होते, सदैव अवास्तविक, काल्पनिक मतिभ्रम की उड़ान पर रहते हैं, जिस तरह धर्मांधों और संकुचित मनोदृष्टि रखे आदमी के संकुचित दुनिया में सिवाय उनके विश्वास, मर्म के अतिरिक्त तार्किकता और सत्य की पैठ कदापि नहीं है। उनका 'मैं' स्वयं रचित राख की भारी चट्टान से हृदय कपाट को प्रत्येक नवीन समझ के लिए बंद कर सो जाता है।

एक भयंकर मानसिक विडंबना है—सफलता और असफलता का डर। यदि 'मैं सफल हो जाऊँगा तो काम बढ़ेगा, उसका लाभ दूसरों को मिल जाएगा' या कोई अन्य कारण। 'असफल हो गए तो जगहँसाई होगी, मुफ्त में धन, समय की हानि अलग से।' ऐसी जड़, गूढ़ आत्मावाले इनसान न तो सफलता की कामना करेंगे, न ही असफलता के डर से लक्ष्य की ओर कदम बढ़ाएँगे! 'एन.एल.पी.' बंधनों को नकार प्रश्न पूछता है, 'क्यों नहीं?' कारण जान, उसका कर्ता द्वारा स्वीकार्य समाधान

प्राप्त कर उनको आगे बढ़ने के उद्देश्यार्थ प्रेरित करता है।

लचीला और खुलापन

खुले मन, दिमाग से तथ्य एवं ज्ञान ग्रहण करना व्यक्तिगत, व्यावसायिक तथा प्रोफेशनल उत्थान, कुशलता तथा कामयाबी की अधिकतम संभावना राम-बाण की तरह सिद्ध करता है। आप ध्यान दें, मैं किताबी पढ़ाई और औपचारिक शिक्षा के क्षेत्रों को नकार नहीं रहा, वरन् उनको साथ लेकर विभिन्न स्रोतों से बहनेवाली जल-धारा को भी अपने में समाहित करने की वकालत कर रहा हूँ। 'विप्रो टेक्नॉलोजी' के संस्थापक, अध्यक्ष अजीम प्रेमजी को पिताश्री की मृत्यु पर स्टैनफोर्ड यूनिवर्सिटी, अमेरिका से इलेक्ट्रिकल इंजीनियरिंग का अध्ययन बीच में छोड़ वापस वतन आना पड़ा। सॉफ्टवेयर इंजीनियर न होते हुए क्या अतिरिक्त ज्ञान और सीख के बिना वे दुनिया की 100 सबसे बड़ी सॉफ्टवेयर कंपनियों में से एक की स्थापना कर पाते! मेरी अवधारणा है—औसत दरजे से ऊपर उठकर श्रेष्ठ होने हेतु प्रामाणिक साधन और स्रोत से उपयोगी तत्त्वों को अंगीकृत करने में ही भलाई, समझदारी है। यह सफलता पाने, समस्या दूर करने, बौद्धिकता जगाने, एवं बुद्धि-कौशल तथा जागरूकता बढ़ाने में ठोस शक्तिशाली पतवार बनता है। यही नहीं, अवचेतन में मकड़ी के जाल की तरह फैले घातक विचार, खुराफात, वैचारिक दिवालियापन एवं विध्वंसक विश्वासों, तथा उनके प्रभावों को गर्त में भेजकर ही दम लेता है। लब्धप्रतिष्ठित सामाजिक मनोवैज्ञानिक एंड्रयू ब्रैडबरी के अनुसार, 'संभवत: 'एन.एल.पी.' आधुनिक मनोवैज्ञानिक विषयों में ज्ञान का विशालतम महासंगम है।'

बहुत से यह सोचकर हाथ-पर-हाथ धरे बैठे रहते हैं, 'मैं 40-50 पार कर गया' या 'अधेड़, बूढ़ा हो चला।' यह मतिभ्रम है, विशेषतया हम भारतीयों का। **यूरोप में मेडिकल अनुसंधानों से यह तथ्य खुला कि मानव मस्तिष्क बूढ़ापे में भी रचनात्मकता और सीख के लिए नया 'न्यूरल पाथ वे' बनाने में समर्थ तथा अपनी कोशिकाओं की यथास्थिति बनाने में सक्षम है।** कई महानतम हस्तियाँ, जैसे—पाब्लो पिकासो, महात्मा गांधी, मैडम क्यूरी और असंख्य सामान्य लोग भी सत्तर-नब्बे के पार पहुँचकर भी कार्यरत रहे, सक्रिय रहे। पश्चिम के बुजुर्गों में विश्वविद्यालय से उच्च डिग्रियाँ लेना आम है। क्रियाशील और रचनात्मक बने रहने तथा जीवन में आगे बढ़ने की इच्छा का यह प्रभाव है। 'एन.एल.पी.' हर उम्र में स्वयं हितार्थ सृजनशीलता प्रदान करेगा और जानवरों, बच्चों, अनजान लोगों के साथ संप्रेषण तथा संबंध बनाने के वास्ते सहायक होगा। है न अचरज की बात!

प्रगति एवं आत्मिक सुख का विशेषाधिकार रचनात्मक मनयुक्त पुरुषार्थी और कर्मयोगी व्यक्ति के पास सुरक्षित रहता है।

पूर्वाग्रही और स्वयं द्वारा थोपे मानसिक बंधनों से जकड़ी जीवात्मा में आत्मोत्थान असंभव है। आप ऐसे विद्वान् और आदमी से मिले होंगे, जो अपनी विद्वत्ता के दंभ-वश बाह्य दुनिया का मायावी सत्य और आधुनिक विषयों की ओर से आँखें मूँद साँप की तरह कुंडली मार यही सोचकर प्रसन्न होते रहते हैं कि उनके विशेषज्ञ बनने या उच्च शिक्षित होने के बाद नए आयामों का अंत हो गया है। **जीवन-उन्नति का बोध करानेवाली शिक्षा तभी भरपूर तरीके से आत्मसात् हो पाएगी, जब आप अपनी विद्वत्ता को दूर रखकर, अपने को सर्वज्ञानी न मान उसे खुले दिमाग से सीखने की मनोकामना रखें।** एक महापुरुष के कथनानुसार, 'यदि ज्ञान पाना है तो आवश्यक होगा आप अपने को अबोध, अज्ञानी समझें।'

मंद-बुद्धि और अविवेक में अँधेरे का वास है, प्रकाश का कदापि नहीं। जिज्ञासु मन, सतत प्रयासरत और वैज्ञानिकता की भावना रखनेवाले लोग 'एन.एल.पी.' को सशक्त दिशा एवं भाषा मानते हैं। यह सर्जनात्मक, व्यावहारिक, प्रयोगिक व यथार्थवादी है, अत: उचित होगा सीखनेवाले में अधोलिखित गुणों का होना—

- विचार और मानसिकता में खुलापन
- मनोदृष्टि में लचीला रवैया
- सृजनशील मन
- प्रत्येक अवस्था में लक्ष्य-प्राप्ति की लालसा

अधिकता से अनावश्यक कारण एवं प्रश्न पूछने या बहुत अधिक सोचनेवाले यदा-कदा पीछे छूट जाते हैं। वे अनभिज्ञ रहते हैं भौतिक विज्ञान के इस नियम से कि 'बिना कारण परिणाम/प्रभाव संभव नहीं'। यदि एक वस्तु गुणकारी है तो इसके लाभ के कारण जानने की चेष्टा जड़ उखाड़ने जैसी मूल्यहीन होगी। क्या कार, बाइक खरीदने के पहले आप डीलर से पूछते हैं, 'मियाँ, यह चलती कैसे है?' विद्युत प्रयोग करने के पहले क्या आप विद्युत की कार्यविधि जानना आवश्यक समझेंगे? एंथोनी राबिन्स 'अनलिमिटेड पावर' में लिखते हैं, 'सफल व्यक्ति यह नहीं मानते कि सभी वस्तुओं का इस्तेमाल करने के लिए सबकुछ जानना परिहार्य है।' फल स्वस्थ है तो बीज का अच्छा-खराब होना अर्थविहीन होगा। स्थायी रूप से सीखने एवं विविधता की प्रवृत्ति से मानसिक स्वास्थ्य, विपुलता और सफलता की संभावनाओं में वृद्धि होती है, इसको नकारना कूप-मंडूकता, मूर्खता नहीं तो क्या है? कारण और

प्रभाव का पूर्णतया ध्यान रखते हुए 'एन.एल.पी.' ज्ञान बढ़ाने के अतिरिक्त परिप्रेक्ष्यानुसार प्रक्रिया और तकनीक दिखाती है।

अनुचित प्रयोग की चेतावनी

एल्फ्रेड नोबल ने सन् 1867 में डायनामाइट की खोज की। मानव द्वारा इसका भयंकर दुरुपयोग नोबल जी के सपने में भी नहीं आया होगा। विधान का नकारात्मक नियोजन दुष्परिणाम तो लाएगा ही। विज्ञान, सीख, सत्यता और बुद्धिमत्ता का दुष्प्रयोग करनेवाले सदैव विध्वंसकारी रहे हैं। मात्र दुरुपयोग ही मतांधों की फितरत रही, सदुपयोग कदापि नहीं। विवेक, संवेदनशीलता और मानवता की भावना से लबालब प्रगतिशील मनुष्य उनका शुभ कार्यों में उपयोग करेगा, कुप्रयोग कदापि नहीं। यही विभेद रहा कौरवों और पांडवों के चेतन में, और परिणाम आपने देख लिया। कौरवों का विनाश हुआ, पांडव अमर हुए। फ्रांसीसी लेखक फ्रांको रेबेलिएस ने सही कहा है, 'विवेक बिन पांडित्य आत्मा को विकृत कर देता है।' 'एन.एल.पी.' के अध्ययन एवं प्रयोग के पूर्व संकल्प लें कि आप इसका उपभोग स्वयं और मानव के कल्याण तथा उत्कृष्ट विकास में करेंगे, अन्यथा नहीं। किसी विषय, विज्ञान के नकारात्मक उपभोग की संभावना का खंडन देवतागण भी नहीं कर सकते। जेन लैबोर्ड 'इन्फ्लूएंसिंग विद एंटीग्रिटी' में सावधान करती हैं, 'एन.एल.पी.' को द्वेष, क्रोध, प्रतिशोध में उपयोग किए जाने से इनकार नहीं किया जा सकता।'

पुस्तक को क्रम से बाँचना अनिवार्य है। कुछ समय उपरांत सीख अवचेतन हो जाएगा, तत्पश्चात्, 'एन.एल.पी.' प्रयोगार्थ आप स्वतः बिन चेतन चेष्टा प्रवीण हो जाएँगे। उपभोग के पल कुछ भूलने पर उचित अध्याय देखने से पूर्ण लाभ का मार्ग प्रशस्त होगा।

अब आप शीघ्र ही नए लोक में प्रवेश करने जा रहे हैं, जिसे कभी न देखा, न सुना! जीवन और व्यक्तित्व का कायाकल्प उन्हीं का होगा जिनका अंतर्मन श्रेष्ठता, शुभता और लक्ष्य-विजय हेतु सदैव बाँहें खोले रहता है।

□

भाग–2

संवाद बाह्य और आंतरिक दुनिया के मध्य

'सबसे महत्त्वपूर्ण विचार वह है, जो आप अपने लिए बनाते हैं, और सबसे अधिक सार्थक, अर्थपूर्ण संवाद, जो आप दिन भर करते रहते हैं, वह है आपका स्वयं से संवाद।'

—अज्ञात

2

शरीर कैसे और क्या बोले!

स्वयं और बाह्य दुनिया के मध्य संवाद नाड़ी-तंत्र में निश्चित क्रिया-कलापों का परिणाम है। 'न्यूरो लिंग्विस्टिक प्रोग्रामिंग' के अंतर्गत 'न्यूरो' यही आशय प्रदर्शित करता है। हमारे 'विचार' और 'अभिलाषा' संवाद निर्धारित करते हैं। आंतरिक और फिजियोलॉजिकल प्रदर्शन, जैसे—हाव-भाव, शारीरिक ऊर्जा आदि, तथा वैचारिक प्रक्रिया में गहरा आपसी संबंध है। अभी तक विशेषज्ञ सोचते आए हैं कि सोच का प्रभाव भावना और स्वास्थ्य आधारित अंदरूनी प्रणालियों पर पड़ता है, परंतु अब देखा गया है कि सोच का इनके अतिरिक्त शाब्दिक एवं शब्देतर (वर्बल, नॉन वर्बल) अभिव्यक्ति पर भी गहरा प्रभाव पड़ता है। कल्पना कीजिए आप एक सुबह खुशगवार मौसम में सुंदर पार्क में टहल रहे हैं। वहाँ के मनोहारी दृश्यों की कल्पना और भीनी सुगंध में दस मिनट सराबोर रहें। आपकी मनोस्थिति के अतिरिक्त श्वास गति, त्वचा का तनाव पहले की तुलना में परिवर्तित हो गया होगा, जबकि आप कमरे के अंदर विराजमान हैं! आपसे बातचीत करने पर आपके शब्द और शैली पहले से भिन्न होगी।

हर व्यक्ति समझता है कि उसका व्यक्तिगत सोचने, बोलने का तरीका सर्वाधिक उत्तम है। परस्पर संवाद के समय वह इस विचार से प्रभावित तरीका अपनाता रहता है। कोई उस सोच को बदलना नहीं चाहता, यह अभिलाषा रखते हुए कि 'दूसरे भी उसकी तरह सोचें और संवाद करें'।

अभिव्यक्ति की रीति

इंद्रियाँ अर्थात् आँखों द्वारा चित्र, कानों द्वारा आवाज, त्वचा द्वारा स्पर्श, नाक द्वारा गंध और जीभ द्वारा स्वाद से बाह्य अनुभूतियों को स्नायु-प्रणाली (नर्वस

सिस्टम) तक पहुँचाया जाता है। न्यूरोलॉजिकल अनुसंधान इस निष्कर्ष पर पहुँचा है कि यह पाँच मूल तत्त्व—चित्र, आवाज/बोली, भावना, गंध, स्वाद-विचार स्मृति एवं दुनिया के बारे में अवधारणा निर्मित कर मानसिक क्रिया सुनिश्चित करते हैं। इन सभी अवयवों को आधुनिक मनोवैज्ञानिकों ने बहुवचन में 'रेप्रेजेंटेशनल सिस्टम्स' कहा, वहीं प्रत्येक को 'रेप्रेजेंटेशनल सिस्टम'। इन 'वैचारिक अवयवों' को लेखक आल्डस हक्सले ने 'बोध का द्वार' कहा था। जॉन ग्रिंडर, रिचर्ड बैंडलर और सहयोगियों ने पुस्तक 'न्यूरो लिंग्विस्टिक प्रोग्रामिंग : द स्टडी ऑफ स्ट्रक्चर ऑफ सब्जेक्टिव इक्सपीरिअंस (भाग एक)' में अवलोकित किया कि 'इन आधारभूत तत्त्वों से मानव अपने व्यवहार और कर्म को निर्मित कर समाज में अपनी क्रियाशीलता या सक्रियता के लिए प्रयुक्त करता है।' इंद्रियों को आधार मानते हुए प्रत्येक अंशों को ऐसे पुकारा गया—

1. **मानसिक चित्र :** 'विजुअल रेप्रेजेंटेशनल सिस्टम' या केवल 'विजुअल सिस्टम' (Visual Representational System)
2. **आवाज/बोली :** 'ऑडिटरी रेप्रेजेंटेशनल सिस्टम' या मात्र 'ऑडिटरी सिस्टम' (Auditory Representational System)
3. **भावना :** 'काइनस्थेटिक रेप्रेजेंटेशनल सिस्टम' या संक्षेप में 'काइनस्थेटिक सिस्टम' (Kinesthetic Representational System)। 'एन.एल.पी.' में 'भावना' के अंतर्गत भावना, स्पर्श, मांसपेशी का तनाव और महसूस करने की अवस्था आती है
4. **गंध :** 'अल्फॅक्ट्री रेप्रेजेंटेशनल सिस्टम' (Olfactory Representational System)
5. **स्वाद :** 'गस्टेट्री रेप्रेजेंटेशनल सिस्टम' (Gustatory Representational System)

आँख बंद कर एक सुखद अनुभव ध्यान में लाइए, जैसे बाग में आप आम खाने का मजा लूट रहे हैं। देखिए इसमें कौन-कौन से 'वैचारिक अवयव' हैं। आपके बिन कहे मैं जानता हूँ कि उसमें सभी रेप्रेजेंटेशनल सिस्टम मौजूद हैं। वातावरण की आकृति (विजुअल), पक्षियों का चहकना (ऑडिटरी), भाषायी संवाद (ऑडिटरी), सुखात्मक मनोभूति (काइनस्थेटिक), आम की गंध (अल्फॅक्ट्री) एवं स्वाद (गस्टेट्री)। मनोविचार तथा स्मृति में एक, कई या सभी तत्त्व हो सकते हैं। स्वयं से बात करते समय केवल बोल यानी ऑडिटरी सिस्टम प्रयुक्त होगा। अवचेतन सिस्टम चेतन रूप से संज्ञान में नहीं आता है। साधारणतया अवचेतन आकृति और आवाज का होना साधारण अवस्था है, जैसे बचपन की कोई प्रमुख घटना, जिसका विवरण आपको

याद नहीं, पर वह अचेतन में है ही। स्नायु-प्रणाली की यह प्राकृतिक विशेषता हमें बड़ी मानसिक समस्याओं से बचाती है।

भाषा, चित्र, गंध, स्वाद और भावना में प्रत्येक की अपनी महत्ता है। मनोवैज्ञानिक अध्ययनों में यह पाया गया है कि लोग सोच में विजुअल, ऑडिटरी या काइनस्थेटिक अवयवों में केवल एक प्रमुख रूप से अपनाते हैं, जिसमें वह दिन, जीवन का अधिकतम समय व्यतीत करते हैं एवं संवाद (स्वयं तथा बाहरी दुनिया से) करते हैं। इस आधार पर हमारे विश्व की जनसंख्या तीन भागों में विभाजित है (स्त्री, पुरुष सम्मिलित रूप से)—

1. **विजुअल :** जिनकी मानसिक कार्यविधि अधिकता से चित्र द्वारा होता है।
2. **ऑडिटरी :** इनकी मस्तिष्क क्रिया में आत्मबोल का मुख्य भाग होगा।
3. **काइनस्थेटिक :** ये भावना, फीलिंग को तरजीह देते हैं।

व्यक्ति की पसंदीदा मानसिक क्रिया और उसके सोचने की शैली को 'प्रेफर्ड रेप्रेजेंटेशनल सिस्टम' कहेंगे, संक्षेप में 'पी.टी.एस.' (PTS) कहा जाता है। इनका प्रयोग विषयानुसार संज्ञा, विशेषण दोनों में होता है, जैसे—'विजुअल व्यक्ति तीव्रता से श्वास लेता है', 'वह विजुअल है'। इस तरह संसार का हर समाज प्रमुखत: तीन वर्ग—विजुअल, ऑडिटरी, काइनस्थेटिक में विभाजित है।

संवाद में प्रायोजित शब्द सोच के सलीके, अर्थात् उस समय प्रयुक्त किए जा रहे 'रेप्रेजेंटेशनल सिस्टम' का प्रतिबिंब होते हैं। सभी 'प्रेफर्ड रेप्रेजेंटेशनल सिस्टम' वाले अपने विशिष्ट शब्दों का चुनाव एवं शब्देतर अभिव्यक्ति प्रदर्शित करते हैं, जिसे देख, सुनकर उस व्यक्ति विशेष का प्रेफर्ड रेप्रेजेंटेशनल सिस्टम या उस समय उसके द्वारा प्रयुक्त किए जा रहे रेप्रेजेंटेशनल पद्धति का आंकलन निश्चित रूप से किया जा सकता है, क्योंकि हमारा मस्तिष्क सोच में प्रायोजित रेप्रेजेंटेशनल ढंग के अनुरूप ही भाषा और अन्य शारीरिक (फिजियोलॉजिकल) भंगिमा दरशाता है। ('एन.एल.पी.' में 'लिंग्विस्टिक' एवं 'प्रोग्रामिंग' का आपसी क्रियात्मक संबंध इसी का द्योतक है।)

'दुनिया के प्रति हमारी मनोदृष्टि वैसी होगी जैसा हम स्वयं हैं, या दुनिया के प्रति विशेष मनोदृष्टि की हमारी आदत पड़ चुकी होती है, न कि जैसी दुनिया यथार्थ में है।'

—लेखक स्टेफन कवे, पुस्तक 'द सेवन हैबिट ऑफ हाएली एफेक्टिव पीपल'

'एन.एल.पी.' शिक्षा का केंद्र रेप्रेजेंटेशनल सिस्टम का ज्ञान परंपरागत मनोविज्ञान

के पुनरुत्थान में रीढ़ की हड्डी सिद्ध हुआ है। आपको यह जानकर आश्चर्य होगा कि इसके उचित प्रयोग से साधारण या निम्नतम प्रदर्शन करनेवाला व्यक्ति भी श्रेष्ठता प्राप्त करने में समर्थ हो जाता है। यह ज्ञान आपको इस अध्याय तथा व्यापक रूप में इस पुस्तक में प्राप्त होगा। जॉन ग्रिंडर, रिचर्ड बैंडलर और सहयोगियों ने 'न्यूरो लिंग्विस्टिक प्रोग्रामिंग: द स्टडी ऑफ स्ट्रक्चर ऑफ सब्जेक्टिव एक्सपिरिअंस (भाग एक)' में इसे व्यवहार और मानसिक प्रक्रियाओं का स्तंभ कहा है।

अब तक माना गया है कि इंद्रियाँ विशिष्ट कृत्य के उद्देश्यार्थ दूसरे अंगों की तरह अंग है। परंतु अब वैज्ञानिक रूप से सिद्ध हो चुका है कि ये भावना, व्यवहार के साथ अन्य समस्त स्नायु एवं बॉयोफिजियोलॉजिकल क्रिया का केंद्रबिंदु है। पर बाध्यता यह है कि इंद्रियाँ उसी फ्रेम में देखती, सुनती, समझती हैं जैसा मन ने पहले से 'विश्वास' बना रखा है। ये बाहरी अनुभूतियों को 'विश्वास' रूपी आंतरिक छलनी से छानने के बाद ही मस्तिष्क की ओर संप्रेषित करती हैं। उदाहरणार्थ, यदि आपने मान लिया कि आज कुछ-न-कुछ अशुभ होना है तो आप धन की सामान्य हानि को भी इसका संकेत मानेंगे!

विजुअल

'विजुअल' व्यक्ति के मस्तिष्क में वैचारिक संरचना अधिकाधिक चित्रात्मक होता है। इन्हें आप 'कल्पनाशील' व्यक्ति कहते हैं और सपनों में ये ज्यादा विचरण करते रहते हैं। मित्र इनसे मजाक करते हैं, 'यार, कल्पना से बाहर निकलो।' बहुधा वास्तविकता से दूर, बहुत जतन करने या दुःख भोगने के बाद ही ये सच्चाई जान पाते हैं। निरंतर चलती मानसिक तसवीर संवाद और निर्णय में अहम भूमिका निभाता है। अत: इनकी बोली में उन शब्दों की भरमार होगी, जिनसे उनके अंदर बन रहे चित्र का आभास होगा, उन शब्दों को 'विजुअल प्रेडीकेट' कहते हैं (क्रिया, विशेषण या क्रिया विशेषण (एडवर्ब) जो कर्ता के साथ कोई नाता रखे या कर्ता के कार्य, कर्म के विषय में सूचना दे 'प्रेडीकेट' या विधेय कहलाता है)। उदाहरणस्वरूप, हिंदी में कुछ विजुअल विधेय : 'दर्शन करना', 'कल्पना करना', 'दृश्य बनाना', 'तसवीर बनाना', 'निगाह डालना', 'रंगीन' आदि हैं। अंग्रेजी में : 'visual', 'imagine', 'look', 'colourful', 'perception'... । याद रखें, आपसे ऐसी बात करनेवाले अवश्य टकराए होंगे—

- 'मैं *देखता* हूँ आप बार-बार समस्या खड़ी कर रहे हैं।'
- 'दुनिया कितनी *रंगीन* है।'

- 'सबसे पहले आप अपने लक्ष्य की निश्चित *रूपरेखा* बनाइए।'
- "*Create* frame of your life."
- "Describe the subject the way you have *seen* it."

भाषा में 'विजुअल प्रेडीकेट' की अधिकता प्रकट करता है कि वह पुरुष/स्त्री विजुअल है या उस पल विशेष में वह विजुअल मानसिक अवस्था में है। अमेरिका में विजुअल 50-55 प्रतिशत हैं। हिंदी भाषी क्षेत्रों में विजुअल जनसंख्या 25-30 प्रतिशत है। पंजाब, दिल्ली में मात्र 15-20 प्रतिशत होगी। जीवनोपयोगी आवश्यक सामाजिक सुविधाओं का अभाव, आर्थिक कठिनाइयाँ, विशेष सामाजिक व्यवस्था, व्यक्तिगत विश्वास या शारीरिक श्रम में अधिकता के कारण कल्पना के लिए बहुत कम समय मिलने की संभावना रहती है।

विजुअल की शारीरिक संरचना व स्वभाव : इकहरे बदन, अपेक्षाकृत पतली आवाज के धनी विजुअल लोग परिवेश के बारे में अधिक संवेदनशील होते हैं। घर में फैला सामान इन्हें विक्षुब्ध कर देगा। अतः यदि आपकी पत्नी, बॉस विजुअल हैं तो कार्यस्थल, मेज पर समान समेटकर रखें अन्यथा उन पर आपका नकारात्मक प्रभाव पड़ेगा ('हे भगवान्, वह कितना फूहड़ है')। ये सूक्ष्मता से परिप्रेक्ष्य व विषय को परखते हैं, अतः इनसे परामर्श लेना लाभप्रद होगा। संवाद के बीच में टोकने से इन्हें गुस्सा आ जाता है। इसलिए बोलते वक्त इन्हें टोकिए मत, बाद में सवाल कीजिए। कमरे में व्याख्यान देने की अवस्था में ये चलते-फिरते रहेंगे। राह में चलते समय इधर-उधर आँख घुमाना फितरत है, क्योंकि दृश्य इन्हें लुभाते हैं। विपरीत सेक्स की सुंदरता को निहारने से रोक नहीं पाते, अतः शादी के लिए यही उनका मुख्य मापदंड होता है, उसका स्वभाव क्या, कैसा हो अधिक महत्त्वपूर्ण नहीं! बातचीत में आँख मिलाना पसंद है, उसे हटाने से महोदय अपनी उपेक्षा या अपमान समझेंगे, जबकि आप तब भी उनकी बात पूरी एकाग्रता से सुन रहे हो सकते हैं। अतः विजुअल बॉस, साक्षात्कारकर्ता, ग्राहक से संवाद के क्षण आँख मिलाना बरकरार रखें, तभी वह आपकी ओर आकर्षित होगा और आपसे संवाद बनाए रखेगा।

ऑडिटरी

इनकी वाणी 'बोलने', 'कहने' का आभास देता है। स्वभाव से ये सीधे, सपाट तथा बहुत कम भावुक, काल्पनिक होते हैं, दूसरी भाषा में व्यावहारिक। उनकी बातचीत में 'ऑडिटरी प्रेडीकेट' ('कहना', 'सुनना', 'बोलना') की प्रमुखता होगी। अंग्रेजी में ऑडिटरी प्रेडिकेटस् हैं—'speak', 'say', 'ask', 'rattle'...। संवाद

शैली ऐसे होगी—

- 'मैं जो कह रहा हूँ उसे ध्यान से *सुनो*।'
- 'आपके बोल मेरे *कान फाड़* रहे हैं।'
- 'विषय को अपनी *भाषा* में *वर्णन* करो।'
- 'इस घर में हवाएँ जैसे *गाना गा* रही हों।'
- 'That *sounds* good to me.'
- 'An idea suddenly *clicked* in my *ear*.'

मेरी जानकारी के मुताबिक भारतीय हिंदी भाषी जनसंख्या में ऑडिटरी लगभग 50–55 प्रतिशत हैं, जबकि दिल्ली, पंजाब में 55 प्रतिशत से ऊपर। आपने देखा होगा यहाँ के अधिकांश वाशिंदे कम भावुक, तीक्ष्ण व्यक्तित्व के धनी हैं—यह ऑडिटरी के गुण हैं। यह हुनर सिक्खों को दुनिया का बेहतरीन सैनिक बनाता है। भारत में और द्वितीय विश्वयुद्ध के दौरान प्रदर्शित इनकी वीरता तथा युद्ध-कौशल इतिहास में अमर है। इंग्लैंड, अमेरिका में 20–30 प्रतिशत ऑडिटरी हैं।

हम अपना आंतरिक लोक व्यक्तिगत दृष्टि से निर्मित कर उसी चश्मे से सोचकर व्यवहार करते हैं, एवं जीवन की विविधताओं को देखते, समझते तथा विश्लेषित करते रहते हैं।

ऑडिटरी की शारीरिक संरचना तथा स्वभाव: संतुलित जिस्म, तीव्र आवाज के धनी और दूसरों पर प्रभुत्व की कामना रखनेवाले ये वाक्पटुता के कारण महफिल में प्रमुखता रखते हैं। इनमें अच्छे वक्ता, लीडरशिप और वाद-विवाद में आगे होने का नैसर्गिक गुण विद्यमान रहता है। शोर से ये उद्वेलित होंगे, अत: यदि आपके पति, बॉस ऑडिटरी हैं तो कमरे में काम के वक्त आपके द्वारा ज्यादा खटर-पटर से वे क्रोधित हो जाएँगे। शांत वातावरण में रचनात्मक होने के कारण ये सुबह शीघ्र उठकर काम करनेवाले और ऑफिस पहुँचनेवाले हैं। विचार-विमर्श में इनके आँख न मिलाने से आपको प्रतीत होगा ये आपकी अवहेलना कर रहे हैं, परंतु ऐसा कतई नहीं, वरन् आप जो कह रहे हैं, उन्हें ये विजुअल, काइनस्थेटिक जनों से अधिक ध्यान से सुन रहे होते हैं, क्योंकि सुनना, बोलना ही तो इनकी सीरत है। अत: यदि ऑडिटरी क्लाइंट, साक्षात्कारकर्ता, मैनेजर आदि आपसे आँख न मिला रहे हों तो भी बोलना जारी रखें—पुरातनपंथी प्रशिक्षकों की सीख 'सामनेवाला आँख न मिला रहा हो तो चुप रहें' के विपरीत।

काइनस्थेटिक

ये भावुक प्राणी होते हैं। इनमें एक वर्ग, सम्मिलित है—सूरदास भाई, जो आपको स्पर्श कर बात करना चाहेंगे। डॉ. मनमोहन सिंह, मुलायम सिंह गहरे काइनस्थेटिक हैं। इनकी भाषा में काइनस्थेटिक प्रेडिकेट की बहुतायत होगी, उदाहरणस्वरूप, 'भावना', 'स्पर्श', 'छूना', 'मनोभाव', 'आवेग', 'ठोस' आदि। अंग्रेजी में है 'emotion', 'sentiment','heavy'... । ये हिंदी, अंग्रेजी में ऐसे बोलते हैं—

- 'मेरा *सख्त* विचार अभी कायम है।'
- 'आपने मेरी *भावनाओं* को चोट पहुँचाई।'
- 'Right now, I am *touching* my *sentiment*.'
- 'I have *warm feelings* towards her.'

काइनस्थेटिक की शारीरिक संरचना एवं स्वभाव : भारी तन रखे आराम-पसंद काइनस्थेटिक से तनावजन्य परिस्थिति में कार्य करवाने के पहले जाँच-परख लें, क्योंकि ऐसे लोग उसके लिए अनुपयुक्त होंगे। हर काम अपनी संतुष्टि के लिए, मन मुताबिक धीमी गति से करेंगे। साधारणतया ये आत्ममुखी होते हैं। काम करने तथा निर्णय करने में समय जैसे पीते हैं, क्योंकि मानसिक क्रिया में भावना का प्रवेश उसे मंद कर देता है। एक बार निर्णय करने के पश्चात् उसे मुश्किल से बदलते हैं, भावना को सोच, विचार का आधार बनाने के कारण ऐसा होता है। यदि ये आपके बॉस, मित्र, ग्राहक हैं तो इन्हें तर्क द्वारा समझाना टेढ़ी खीर है। काइनस्थेटिक साक्षात्कार और संवादकर्ता व मैनेजर से तर्क-वितर्क से बचें एवं उनकी बात कदापि न काटें।

यूरोपीय सभ्यताओं में भावुक कम हैं, लगभम 10-15 प्रतिशत। लगभग 45-50 प्रतिशत भारतीय महिलाएँ काइनस्थेटिक हैं, पश्चिम जगत् की स्त्रियों से अधिक। वजह साफहै, पश्चिमी नारियाँ अधिकतर नौकरी पेशा या व्यवसायी हैं, अतः उन्हें यथार्थवादी होना ही होगा।

विजुअल, ऑडिटरी, काइनस्थेटिक (सम्मिलित रूप से VAK) मूल तत्त्व है, जिनके द्वारा सोच और वातावरण संबंधी विचार सँजोया जाता है। इस प्रक्रिया में सर्वप्रथम इच्छित (प्रेफर्ड) रेप्रेजेंटेशनल सिस्टम को वरीयता दी जाती है, तत्पश्चात् अन्य को। एक ऑडिटरी आवश्यकतानुसार प्रमुखता के क्रम में 'ऑडिटरी विजुअल, काइनस्थेटिक' (AVK) सिस्टम अपना सकता है, वहीं दूसरा ऑडिटरी सज्जन 'ऑडिटरी, काइनस्थेटिक, विजुअल' (AKV)।

स्वाद (गस्टेट्री) और गंध (अल्फॅक्ट्री) विशेषावस्था में या विरलता से प्रयोग किया जाता है। इनके अनुरागी भी असाधारण होते हैं। लखनऊ के नवाब और हैदराबादी लोग सुगंध एवं स्वाद के लिए विश्वविख्यात होते हैं। मेरे एक निकटतम रिश्तेदार दिन भर खाने और स्वाद की बात किया करते हैं, जैसे खाने में उनका जीवन रचा-बसा हो! बस आप उनसे किसी का पता पूछ देखिए, वे शुरू हो जाएँगे अधिकांशत: रेस्टोरेंट, होटल, हलवाई का ब्यौरा देते हुए पता समझाने में।

अवचेतन मानसिक आवाज, भावना और छवि का प्रभाव अवचेतन रहता है, आपका चेतन इसकी अनूभूति से कोसों दूर रहेगा, आपको पता भी नहीं चलेगा; यदि यह सकारात्मक है तो अत्यंत लाभप्रद, यदि नकारात्मक है तो विनाशकारी! इसमें रेप्रेजेंटेशनल सिस्टम और उसकी विशिष्टताओं ('सबमॉडल्टी', अध्याय 3) की ठोस भूमिका है। अवचेतन अवसाद घातक, और अवचेतन नकारात्मक मानसिक आवाज अनर्थ कर सकती है, जैसे, आत्महत्या की प्रवृत्ति का जागना। इनकी जड़ें काटने में 'रिफ्रेमिंग' (अध्याय 12) समर्थ हैं, जो मानसिक अवरोधों को मूल से विश्लेषित और परिवर्तित कर श्रेष्ठतर मनोदिशा अंकुरित करनेवाली तकनीक है।

वैमनस्य, विभेद के मूल में?

एक ही स्थिति या परिप्रेक्ष्य को अलग-अलग प्रेफर्ड सिस्टमवाले विभिन्न मनोदृष्टि से समझेंगे, सोचेंगे, देखेंगे। एक दुर्घटना को काइनस्थेटिक, ऑडिटरी और विजुअल का मस्तिष्क विभिन्न मापदंड व कोण से ग्रहण करता है। पुलिस को विजुअल नागरिक बता रहा है, 'बड़ा भयंकर दृश्य था। लाल रंग की कार से काले रंग की बाइक टकराई। बाइक पर हरी शर्ट पहने युवक था।' ऑडिटरी गवाह कह उठेगा, 'कार और बाइक में बहुत जोर की टक्कर से धमाका हुआ। बाइकवाला रॉकेट जैसा तेजी से चल रहा था।' काइनस्थेटिक चश्मदीद आँख में आँसू भर सूचित करेगा, 'मेरा दिल दहल गया। दोनों सवारों के दिल पर क्या बीती होगी, यह सोचते ही मेरा दिल बैठ गया।' 'एन.एल.पी.' पंडित न होने से इंस्पेक्टर साहब की खोपड़ी घुमंडी खा जाएगी! एक 'एन.एल.पी.' शिक्षित चतुर इंस्पेक्टर उक्त तीनों साक्षियों से प्राप्त सूचनाओं को एकीकृत कर 'टेरीटरी', यानी सत्य का संज्ञान कर लेगा न कि अक्षम इंस्पेक्टर की तरह एक ही चश्मदीद से पूछताछ कर स्वयं अवधारणा बना लेगा। ऐसा नजारा तब देखने को मिलेगा, जब एक ही फ्लैट बेचनेवाले अलग-अलग काइनस्थेटिक, ऑडिटरी और विजुअल प्रोपर्टी डीलर ग्राहकों को अपने-अपने 'मैप' (अपने-अपने प्रेफर्ड रेप्रेजेंटेशनल सिस्टमयुक्त

विचारधारा) से मकान के गुणों का बखान करेंगे।

किसी मीटिंग में सदस्यों की अभीष्ट इच्छित रेप्रिजेंटेशनल शैली जाँचिए। विषय पर कैसे वे अपनी अभीष्ट प्रणाली द्वारा उत्पन्न भाषा से विचार-विमर्श, वाद-विवाद कर रहे हैं। प्रतिभागियों की शारीरिक संरचना देखें, क्या यह उनके प्रिय वैचारिक अवयव से मेल खा रही है? भिन्न प्रेडीकेट के कारण क्या उनमें विभिन्नता है? उनमें आपसी बातचीत का अंदाज कुछ इस तरह होगा—

- **'लक्ष्य पर पुनः प्रकाश डालने की और इसे दुबारा तय करने की आवश्यकता है।'**
- **'मैंने महसूस किया कि लक्ष्य ठोस है। अब भी इस पर दृढ़ता से चलने पर बल क्यों दिया जा रहा है?'**
- **'मेरी बात ध्यान से सुनिए, पत्ते की तरह खड़खड़ाने से बेहतर है निष्कर्ष निकाला जाए।'**

अवलोकन कीजिए, समान पद्धतिवालों में मैत्री भाव है या नहीं।

दो या अधिक लोगों के बीच विचारों के आदान-प्रदान में द्वंद्व, भ्रांति और अंतराल का आधार व्यक्तिगत विश्वास-प्रणाली, पूर्वाग्रह के अतिरिक्त उनमें प्रत्येक का अपना प्रेफर्ड सिस्टम है। संभव है उनमें विशेष विभेद न हो, मन में उनका मैप लगभग समान हो, परंतु बचपन से आई आदतन वांछित रेप्रिजेंटेशनल पद्धति से उत्पन्न भाषा अनेकता की जड़ बन जाती है (Mostly, the difference is not in opinion but in how we communicate and think.)। अधिकतम संभावना है एक विषय पर काइनस्थेटिक, ऑडिटरी तथा विजुअल में आपसी एकमत का अभाव होना; यदि सर नहीं फूटा तो, विभेद अवश्य होकर रहेगा!

परिचित एवं अपरिचित विजुअल, ऑडिटरी और काइनस्थेटिक व्यक्तियों के दृष्टिगत संप्रेषण का ढंग, शारीरिक भाव-भंगिमा (बॉडी लैंग्वेज) देखकर उनसे स्व लक्ष्य प्राप्ति हेतु अत्यंत प्रभावकारी संवाद किया जा सकता है, और उनसे अल्पतम समय में परस्पर मेल-जोल, संबंध व आपसी सहमति लाई जा सकती है, इसका चित्रण अध्याय 10 में दिया गया है।

अभी तक आपने सीखा

इंद्रियाँ और नाड़ी-तंत्र रेप्रिजेंटेशनल सिस्टम (चित्र, भावना, शब्द/आवाज,

गंध, स्वाद) द्वारा संवाद और कार्यकलाप करते हैं। विशेष शारीरिक और मानसिक अवस्था उत्पन्न करनेवाले मूल तत्त्व विजुअल, ऑडिटरी व काइनस्थेटिक सिस्टम हमारे स्वभाव, व्यवहार, गुण, प्रतिभा तथा शाब्दिक, शब्देतर (वर्बल, नॉन वर्बल) संवाद का निर्धारण करते हैं। हम जानते हैं सोच का प्रभाव तन-मन पर पहले है, परंतु कैसे, किस तरह इस विषय में अज्ञानता रही। 'एन.एल.पी.' ने सोच के प्रारूप के संघटकों का पहली बार गहन अध्ययन कर इसके भारी प्रभावों पर प्रकाश डालते हुए स्पष्ट, वैज्ञानिक मार्ग विकसित किया। हम स्वयं और बाहरी दुनिया से मनोवांछित तरीके से संवाद और संबंध स्थापित करते हैं, इस उद्देश्यार्थ विजुअल, ऑडिटरी या काइनस्थेटिक सिस्टम में से किसी एक का चयन करके उसे अपना 'प्रेफर्ड रेप्रेजेंटेशनल प्रणाली' चयनित कर लेते हैं, मन में आकांक्षा रखे हुए कि सभी ऐसा ही करें। प्रत्येक प्रेफर्ड पद्धति से विशेष मानसिक और शारीरिक फल सामने आता है एवं व्यक्तित्व को निश्चित स्वरूप आकार प्रदान होता है।

मंथन

1. यह अध्याय पढ़ते समय आप अपना प्रेफर्ड रेप्रेजेंटेशनल सिस्टम जान गए होंगे! क्या नहीं? बस एक प्रयोग करें। किसी उल्लासित करनेवाली स्मृति या अपने प्रिय रेस्टोरेंट की कल्पना करें, जहाँ कभी गए थे। उसे आप किस प्रकार सोच रहे हैं? आपकी अधिक रुचि उससे संबंधित आकृति, भावना, आवाज/संगीत/संवाद में से किसमें है? जो पहले या प्रमुखता से आए वही संभवतः आपकी वांछित रेप्रेजेंटेशनल शैली है। यदि अब भी नहीं तो अध्याय 10 आपके लिए अधिक सहायक रहेगा।
2. हीरो, हीरोइनों के टी.वी. इंटरव्यू देखकर उनके मनभावन रेप्रेजेंटेशनल प्रारूप का संज्ञान लें।
3. जिन मित्रों से आपकी पटती है और जिनसे दूरी है, उनसे अपने संवाद के तरीके तथा रेप्रेजेंटेशनल सिस्टम की तुलनात्मक विवेचना करें।
4. एक घटना के उपरांत जानने का प्रयास कीजिए कि विभिन्न लोगों का घटना से संबंधित 'मैप' (अवलोकन, विचार) में क्या भिन्नता है।

□

3

सोच तथा मस्तिष्क नियंत्रण

आपने कभी देखा होगा एक व्यक्ति दुखद घटना के उपरांत अधिक आत्मविश्वासी बनकर उभरा, वहीं दूसरा मनोसमस्याग्रस्त। अब प्रश्न उठता है कि समान घटना ने दो भिन्न प्रभाव कैसे उत्पन्न किए, जबकि दोनों के मस्तिष्क की प्राकृतिक संरचना में कोई विभेद नहीं?

लोगों का विचार एक हो सकता है, पर उसे अभिव्यक्त करनेवाले भावनात्मक और मानसिक कारण समान नहीं हो सकते, ऐसा असंभव है। अनेक लोगों द्वारा व्यक्त भाषा से लगेगा उनकी आपस में सोच एक है, परंतु उन सबके मन में चल रही सोच का स्वरूप व प्रक्रिया शत-प्रतिशत विभिन्न होगी। इसे ऐसे देखिए, मंत्रीजी के सामने उनका हर प्रशंसक उनकी जय बोल रहा है, परंतु प्रत्येक प्रशंसक के अंदर क्या है इससे आप भली-भाँति अवगत होंगे। मियाँ, क्या मैं झूठ कह रहा हूँ?

भाषा सतही अभिव्यक्ति हैं इसलिए इसे 'सरफेस स्ट्रक्चर' कहते हैं। हृदय के अंतर्ग्रह में इनके अंकुररूपी रहस्य छुपे हैं। भाषायी संवाद के उद्‌गम में गहरी पैठ बनाए अवचेतन में 'विश्वास' एवं वैचारिक अवयवों (रेप्रेजेंटेशनल सिस्टम्स) का अत्यधिक योगदान होता है, जिसे 'डीप स्ट्रक्चर' कहते हैं, यही स्नायु-प्रणाली के माध्यम से व्यवहार, भावनाजन्य और अन्य आंतरिक, बाह्य क्रियाओं को सक्रिय करती है।

भिन्न चित्रण, भिन्न प्रतिक्रिया

'एन.एल.पी.' इस मुख्य चिंतन पर आधारित है कि अनुभव पर नहीं, वरन् उससे संबंधित सोच पर ध्यान केंद्रित करना है। सोच बदलने से अनुभव स्वत: बदला जाएगा। विचार को विभिन्न रूपों में ढालकर हम हर स्थिति में सुखी बन

सकते हैं या दु:खी, हार की स्थिति में विजेता बन सकते हैं या विजयी बन हारा हुआ। प्रथम पैराग्राफ के उदाहरण में दो जनों ने समान प्रसंग को अलग-अलग रंग के शीशे से देखकर ग्रहण किया। इसलिए उनके दिमाग ने एक-दूसरे से अलग प्रतिक्रिया की। अनुभव सकारात्मक या नकारात्मक नहीं होता, उसका कोई स्वरूप और अर्थ नहीं होता, मन ही उसे निश्चित स्वरूप, अर्थ देता है। लेखक आल्डस हक्सले (1894-1963) ने लिखा है, 'हमारे साथ क्या हुआ महत्त्वपूर्ण नहीं, महत्त्वपूर्ण है हमने उसके बारे में क्या सोच बनाया है।' **कोई भी पल और अनुभव गहरा है, सतही है, आकर्षक है, अनाकर्षक है, प्रभावपूर्ण है या प्रभावहीन है, यह साँचा अंदर मस्तिष्क की फैक्टरी में तैयार होता है। कुम्हार निर्णय लेता है कि मिट्टी का आकार कैसा हो, न कि मिट्टी।**

एक अभ्यास करें। शरीर शिथिल छोड़कर आँखें बंद कर लें। अब अपने को घर का कोई एक नियमित कार्य करते हुए कल्पना में देखें, जिसे आप प्रतिदिन करते हैं, जैसे, वाशिंग मशीन से कपड़े धोना, नहाना… (यह न्यूट्रल अनुभव 'नंबर 1' है)। इस तसवीर के रंग, विस्तार, दूरी पर ध्यान दें। तदैव आवाज, बोली की तीव्रता पर। अब इसे मटर के दाने जैसा आकार दें, मानसिक पटल में किनारे पर जड़ दें। तत्पश्चात्, अपना जन्मदिन जैसा हसीन लम्हाँ लें (यह आकर्षक अनुभव 'नंबर 2' है)। इसके विजुअल और ऑडिटरी रेप्रेजेंटेशनल सिस्टम्स पर गौर फरमाएँ। अब किनारे रखे मटर के दाने (न्यूट्रल अनुभव 'नंबर 1') को बड़ा कर दोनों अनुभवों को बारी-बारी से देखकर तुलना करें—क्रम से चित्र (विजुअल), आवाज/बातचीत (ऑडिटरी) अंतत: भावना (काइनस्थेटिक)। आप देखेंगे दोनों के अवयवों में गहन अंतर पाया जाता है। पहली छवि (न्यूट्रल अनुभव 'नंबर 1') सफेद और अस्पष्ट, वहीं दूसरी (आकर्षक अनुभव 'नंबर 2') रंगीन, पास, स्पष्ट होगा। अन्य तत्त्वों में आपने क्या असमानताएँ पाईं? हम बताएँगे, पहली में आवाज/बातचीत धीमी या साफ नहीं होगी, जबकि जन्मदिन में ये साफ, तेज। पहली छवि उदासीन, और दूसरी आनंददायक। बीते वर्ष का होली का त्योहार लेने पर आप बिना फोकस किए सबकुछ फटाफट बताएँगे।

मानसिक संरचना को अलंकृत करनेवाले सूक्ष्म तत्त्व 'सबमॉडल्टी' कहलाते हैं। ये इंद्रियों द्वारा संप्रेषित वैचारिक अवयवों की विशिष्टता है। इनसे हमारी सोच नहीं बनती, यह काम तो रेप्रेजेंटेशनल सिस्टम का है। सैकड़ों साल पूर्व ग्रीक के महान् दार्शनिक अरस्तु भी इस पर प्रकाश डाल चुके हैं। ऊपर आपने एक छोटा अभ्यास किया, अनुमान लगाइए उनमें सबमॉडल्टियों का, यदि नहीं तो हम बताते हैं:

मानसिक फोटो का रंग, प्रखरता, विस्तार आदि सबमॉडल्टी है। इस पर विस्तारपूर्वक चर्चा आगे करूँगा। सबमॉडल्टी सोच (दूसरे रूप में रेप्रेजेंटेशनल सिस्टम्स) में विलक्षणता और गहराई भरते हैं, जैसे—भवन-निर्माण में ईंट, सीमेंट की अपनी विशिष्ट संरचना एवं गुण उसे एवं भवन को मौलिकता और गुणबद्धता प्रदान करते हैं। चूँकि प्रत्येक रेप्रेजेंटेशनल सिस्टम का अपना अलग अस्तित्व, स्वरूप, कार्यप्रणाली है अतएव इनकी विशेषता भी भिन्न होगी जो इसको सूक्ष्मता देनेवाले तत्त्व (स्ट्रक्चरल ऐलीमेंट) अर्थात् सबमॉडल्टी प्रदान करती है; सबमॉडल्टियाँ सोच को निखारती हैं, जिसका निर्धारण अवचेतन और 'विश्वास', यानी 'डीप स्ट्रक्चर' द्वारा होगा। विजुअल, ऑडिटरी, काइनस्थेटिक की सब मॉडेल्टीज को क्रमशः 'विजुअल सबमॉडल्टी', 'ऑडिटरी सबमॉडल्टी' एवं 'काइनस्थेटिक सबमॉडल्टी' कहते हैं।

'मन अपनी स्वर्ग जैसी दुनिया को नर्क बना सकता है और नर्क जैसी दुनिया को स्वर्ग भी।'

—अमर कवि जॉन मिल्टन (1608-1674)

विजुअल सबमॉडल्टी

आँख बंद कर आराम से बैठ या लेटकर नीचे लिखा अभ्यास कीजिए। मन में किसी पार्टी या अन्य पल को लाएँ, जहाँ आपको साधारण आनंद मिला हो। इसमें समाहित दृश्यों पर ध्यान दें। इसे धीरे-धीरे अपने से दूर करते रहें, जब तक वह अनुभव छोटा धूमिल तारा न बन जाए। पहले पार्टी आनंददायक थी, पर अब वह समाप्त! खैर कोई बात नहीं, अब उसे हौले-हौले पास लाते हुए बड़ा करते रहिए। उपस्थिति सभी लोगों, सामान, पृष्ठ-भूमि में उज्ज्वल रंग उड़ेलिए, जैसा 'कलर' चैनल के सीरियल में होता है। अब पार्टी अभ्यास के पहले से अधिक मस्ती भरी हो गई होगी है कि नहीं!

विजुअल रेप्रेजेंटेशनल सिस्टम, अर्थात् मानसिक चित्र, का नीचे लिखी प्रधान सबमॉडल्टीज अधिकांश लोगों में प्रमुख मानसिक और शारीरिक (न्यूरोलॉजिकल, फिजियोलॉजिकल) क्रियाओं को उत्पन्न करती है—

- **रंग :** रंगीन या श्वेत-श्याम।
- रंग का **गाढ़ापन**।
- **आकार :** आकृति छोटी, बड़ी या मध्यम।
- **स्पष्टता :** स्पष्ट, अस्पष्ट या धुँधली।

- रंग की **प्रखरता**।
- **दूरी** : दूर या पास, कितनी दूर?

ऑडिटरी सबमॉडल्टी

पार्टी को पुराने स्तर पर ले आएँ। बातचीत, शोर और संगीत में प्रत्येक का विस्तार, लय, तीक्ष्णता अपनी इच्छानुसार मध्यम, हलका या बड़ा दें। प्रत्येक में जब सर्वाधिक रस आए तो वहीं पर रुक जाइए। निम्नतम या कानफोड़ू आवाज में संभव होगा— मस्ती का द एंड।

आवाज/बोल (ऑडिटरी) की महत्त्वपूर्ण सबमॉडल्टीज हैं—

- **तेजी** : वह कितना तेज या धीमा है?
- उसकी **तीक्ष्णता (टोन)** क्या है?
- **लय (रिद्म)**।
- **स्थान** : आवाज/बोल मस्तिष्क में कहाँ से आ रहा है।

काइनस्थेटिक सबमॉडल्टी

ऊपर वर्णित तकनीकों ने आपको अच्छा अहसास बढ़ाने, घटाने में समर्थ कर दिया है। अब बारी है— भावना (फीलिंग, इमोशन) पर और नियंत्रण की। ध्यान दें वर्तमान में हर्षोल्लास शरीर के पूरे हिस्से में है या केवल एक विशेष जगह, जैसे सीने के बीच। यदि एक स्थान या कई अंगों पर है तो उसे फैलाकर सर से पैर तक कर दें, जैसे एक लहर पूरे तन में आनंद की अनुभूति प्रवाहित कर रही है। इसकी तीव्रता अपने अनुसार बढ़ाकर, प्रसन्नता का मदमस्त रस पीएँ।

देखा आपने, कब क्या और किस गहनता से भावना विकसित हो—यह आपका निर्णय है, न कि स्थिति या व्यक्ति विशेष का! आप सोच सकते हैं, 'हें-हें, ऐसा कैसे? सबकुछ इतना शीघ्र!' जी हाँ, हममें से प्रत्येक का 'भेजा' समर्थ है ऐसा करने में। कैसे, मैं बताता हूँ। सोचिए आप एक फिल्म के पात्र हैं, कामेडियन का पात्र अभिनीत करने जा रहे हैं। आप कितने ही गहरे गम में गोता लगा रहे हों प्रसन्नता तुरंत दस्तक देगी! कलाकार इससे खूब अवगत होते हैं। स्मृतियों के झरोखे में झाँकिए, आपने प्रत्येक सुखद याद के विजुअल, ऑडिटरी एवं काइनस्थेटिक सबमॉडल्टीज को उपरोक्त जैसी मनोहर और प्रभावकारी संरचना दी होगी, जैसे, प्यारी दुल्हनियाँ से पहली बार मिलन, या कॉलेज खेल में पहली बार जीतना। सुखात्मक या दु:खात्मक संवेदना (फीलिंग) का फैलाव जितना अधिक होगा,

उतना वह प्रभावपूर्ण होगा, जितना कम, उतना कम। ड्रग में व्यसनी बनाने का सबसे बड़ा कारण इसका तन-मन को उड़ानेवाला नशा 'फ्लाईंग एक्सपीरिअंस' है, जो संपूर्ण जिस्म को परम आनंद से सराबोर कर देता है। मुख्य काइनेस्थेटिक (भावनात्मक) सबमॉडल्टियाँ हैं—

- **स्थान**
- **क्षेत्रफल**
- **तीव्रता**
- **गति**

माइग्रेन में प्रचंड दर्द सिर के पूरे एक भाग में लगातार टपकता रहता है—इस उदाहरण में उपरोक्त सभी काइनस्थेटिक सबमॉडल्टी आ गई है। सोचिए, कैसे? भावना की महत्ता से इनकार नहीं। व्यक्ति सदा सुखानुभूति की ओर भागता है, दुष्टात्मा के लिए अर्थहीन होगा कि इसके हितार्थ वह नकारात्मक मार्ग अपनाए या सकारात्मक। आपको हँसी आ रही होगी कि बुद्धि का पथ-प्रदर्शन इतना सुगम। लोग असंख्य पुस्तकें और ग्रंथ पढ़ते हैं, फिर भी सफल नहीं हो पाते। परिस्थिति से जनित अनुभव कैसा हो मन उसे विशेष संरचना देकर स्वयं हेतु प्रतिकूल या अनुकूल, लाभकारी या हानिकारक बनाता है। शेक्सपियर ने लिखा, 'अच्छा-बुरा जैसा कुछ नहीं, विचार और मन उसे ऐसा बनाते हैं।'

प्रभाव

मनोविज्ञान और न्यूरोलॉजी का नियम है—मस्तिष्क स्मृति को जैसा सँजोएगा उस आधार पर प्रतिक्रिया उपजेगी। वह सबमॉडल्टी के अनुरूप व्यवहार की प्रोग्रामिंग करता है। अभौतिक तत्त्व सबमॉडल्टी न दिखाई पड़नेवाले अमूर्त और दिखाई पड़नेवाले मूर्त प्रभाव जानने योग्य है। सबमॉडल्टी का सबसे प्रमुख कार्य भावना उत्पन्न करना है ऐसा तंत्रिका तंत्र एवं इसके बीच गहरा पारस्परिक संयोजन होने के कारण होता है। अमेरिका की सर्वाधिक बिकनेवाली पुस्तक 'अवेकन द जॉइंट विदिन' के लेखक एंथनी रॉबिंस के अनुसार, 'भावनाओं को बदलने की क्षमता इस पर निर्भर करती है कि हम सबमॉडल्टी बदलने में कितने दक्ष हैं।'

सबमॉडल्टी अनुभवों को अनूठा तथा निश्चित प्रारूप देकर, उनको मस्तिष्क के विभिन्न भागों में कालक्रम अनुसार सँजोता है; इस प्रक्रिया में मन द्वारा उनकी तुलनात्मक महत्ता का महत्त्वपूर्ण योगदान होता है। *प्रखर* क्षण, नकारात्मक या सकारात्मक, विशेष सबमॉडल्टियों में संग्रहीत होते हैं। निन्यानबे प्रतिशत जनसंख्या

में *रंगीन, व्यापक* और चटक आकृति, *ऊँची आवाज/बोली* एवं *भावनामय* क्षणों के रूप में ऐसा होता है। वहीं अप्रभावी एवं साधारण अनुभव *फीकी, छोटी* छवि, धीमी या न सुनाई पड़नेवाली आवाज/भाषा और भावशून्यता से युक्त सबमॉडल्टी में संरचित होगी।

शोध के निष्कर्षों से पता चला है कि हम सभी सकारात्मक यादों को एक समान सबमॉडल्टी और नकारात्मक यादों को अलग एक समान सबमॉडल्टी से संरचित कर रखते हैं—और उन सकारात्मक यादों और नकारात्मक यादों की सबमॉडल्टियों के बीच गहरा परस्पर विभेद रहता है। इस सिद्धांतानुसार सभी विषादपूर्ण स्मृतियाँ समान सबमॉडल्टी, और सभी उल्लासपूर्ण, प्रिय स्मृतियाँ अलग समान सबमॉडल्टी में होती है और उन दोनों वर्ग की सबमॉडल्टियों में प्रगाढ़ विषमता होती है। समानता और विभेद का यह प्रारूप भविष्य में भी आनेवाले हर पलों और कल्पना पर आदतन इस्तेमाल किया जाता है। व्यक्तिगत 'डीप स्ट्रक्चर' ('विश्वास'…) हमारी इस मानसिक नीति का निर्धारण करता है। पलों को रोचक, अरुचिकर, महत्त्वपूर्ण, महत्त्वहीन बनाने के लिए कोई एक रणनीति अपनाता है, वहीं दूसरा अन्य रणनीति अपनाता है, जिसके अनुसार सबमॉडल्टियाँ क्रियाशील हो स्नायुतंत्र को उसी अनुरूपता से संचालित कर मानसिक कार्य-प्रणाली में निर्णायक भूमिका अदा करती हैं। **प्रत्येक सबमॉडल्टी अपनी पृथक् कार्यबद्धता से तन-मन पर मौलिक भावनात्मक असर, मांसपेशियों में तनाव, व्यवहार और मनोवृत्ति (attitude) को जन्म देता है।** आपको आश्चर्य होगा मूढ़ता, बुद्धिमानी, आत्महीनता, आत्मविश्वास, यादों की विशिष्टता और अन्य विशेष आंतरिक व बाह्य क्रियाएँ विशेष सबमॉडल्टी की ही परिणाम हैं। ये भूत, वर्तमान तथा भविष्य को निश्चित प्रारूप देने के साथ उनको आकर्षक या अनाकर्षक बनाने में मुख्य भूमिका निभाती हैं।

> **'हम जैसा दिन भर सोचते रहते हैं, वैसा बनते हैं। हम जैसे हैं, जो हैं, अपनी सोच का परिणाम हैं।'**
>
> *—महात्मा बुद्ध (563 ईसा पूर्व-483 ईसा पूर्व)*

कुछ सबमॉडल्टी अकेले प्रखर परिणाम देने में कुशल हैं, जैसे विजुअल सबमॉडल्टी का रंग, दूरी व आकार। आप खूबसूरत कल्पना की दूरी, गति यथास्थिति रखकर उसके रंग का गाढ़ापन, आकार परिवर्तित करते रहें। आप देखेंगे बाकी सबमॉडल्टियों का यथास्थिति रहते हुए भी इस सोच का अर्थ और उसका आप पर

मनोप्रभाव बदल गया। ऐसी प्रभावशाली सबमॉडल्टी को 'क्रिटिकल सबमॉडल्टी' कहते हैं। सामान्यत: लोगों में आंतरिक और बाहरी प्रखर, तेज बोली क्रिटिकल सबमॉडल्टी है, यदि यह धीमी हो जाए तो बेअसर हो जाएगी। आप हतोत्साहित हैं, मन में गर्जना कीजिए, 'मैं सफल हूँगा, मैं आत्मविश्वास से भरपूर हूँ।' देखें बिजली दौड़ेगी नसों में! अपनी असफल फिल्मों के बाद लोकप्रिय हॉलीवुड अभिनेता आर्नल्ड श्वार्सनेगर ठोस आवाज में स्वयं से प्रतिज्ञा करते रहते, 'मैं कर सकता हूँ, मैं करूँगा।'

दुःखदायी अनुभवों के प्रताड़ना से मुक्ति

मस्तिष्क का क्रिया कलाप सोच के आकार-प्रकार पर निर्भर करता है, यदि उसे बदलना है तो सोच की संरचना बदलनी होगी और इस उद्‌देश्य प्राप्ति का श्रेष्ठ, त्वरित मार्ग सबमॉडल्टी का परिवर्तन है।

दर्दनाक घटना बार-बार याद करना अधिकांशत: उसकी पीड़ा से स्वतंत्रता नहीं दिलाती, इससे कष्ट बढ़ने की संभावना प्रगाढ़ होती जाती है—हम जितना दु:ख को याद करेंगे, सोचेंगे, उतना मन विचलित होगा। आपने देखा होगा ऐसे जीव जो सदैव किस्मत व व्यथा के मारे बन जिंदगी कोसते रहते हैं, बीते दर्द पर विचार कर रोते रहते हैं, जैसे कोई और काम नहीं। वैसे हम सब के आंतरिक संग्रहालय में दर्द भरे पलों की भंडार है, परंतु सुखी इनसान इसे *बिन* या *धीमी आवाजयुक्त रंगविहीन, दूर, छोटी* व *अस्पष्ट* मानसिक छवि के प्रारूप में ढाल मन के कोने में रखी तिजोरी में बंदकर केवल जरूरत पड़ने पर उन अनुभवों को चेतन जगत् में लाता है।

एक परेशान करनेवाला प्रसंग लें, जैसे कहीं आपका उपहास उड़ाया गया हो। ध्यान रहे यह भयावह न हो। देखिए इसमें कौन-कौन से वैचारिक घटक विद्यमान हैं और उनकी सबमॉडल्टियाँ कैसी हैं। पहले तसवीर लीजिए—इसका *रंग, प्रखरता, आकार, दूरी, स्थान* क्या है, संख्या एक या कई हैं, और उन्हें किस प्रकार सँजोया गया है। अब इसे बिगाड़िए, या भवन मानकर चकनाचूर कर हवा में मिला दें। यदि सिनेमा की तरह है तो उसे अचल रंगहीन स्लाइड बना मन के पटल में धीरे-धीरे दूर करते हुए अंतत: ओझल कर दें। इसके अंदर की आवाज, संवाद को इतना धीमा करें कि सुनाई न पड़े। पृष्ठभूमि में लुभावना मनभावन संगीत प्रवाहित कर सकते हैं। अपमान का अहसास धीरे-धीरे विलीन हो रहा है¨; अब वह आपको परेशान नहीं कर रहा; वह पीड़ादायक अनुभव अब सामान्य हो गया होगा। क्या इसे आप बच्चों का खेल समझकर हँस रहे हैं। यह आत्म परिवर्तन रंग दिखाएगा, क्योंकि सबमॉडल्टी दिमाग को सुचारु

ढंग से चलानेवाली चाभी है। हिप्नोथिरेपि की यह मनभावन प्रक्रिया है। विश्वास करें—हम अवचेतन रूप से यही करते रहते हैं। कोई ऐसी अप्रिय घटना जेहन में लाएँ, जो महत्त्वहीन है, या जिसे आपने भुला दिया हो। इसकी सबमॉडल्टी पर ध्यान दें, आप मान जाएँगे। यह अधिकांशत: वैसा होगा, जैसा आपने उपरोक्त स्मृति के सबमॉडल्टियों को रचित किया है। मानव मस्तिष्क महान् है, अनुभव कितना प्रताड़क क्यों न हो यह क्षमतावान है, उसे पलटने में, नए सिरे से सँवारने में, यही चेतन गुण हमें जानवरों से श्रेष्ठतर बनाता है। हम दु:खदायी अनुभवों को बदल नहीं सकते, परंतु उसके बारे में अपनी मनोदृष्टि, सोच को नवीन रूप से गढ़कर पूर्व अवस्था बदलने में या सुखानुभूति को आमंत्रित करने में अवश्य समर्थ हो सकते हैं। मैंनेजमेंट कंसल्टेंट रोजर एलर्टन ने कहा है, 'हम अतीत की घटना को बदल नहीं सकते, परंतु उसका सबमॉडल्टी बदलकर उसका प्रभाव पलट सकते हैं।'

सोच को निर्देशित करने में प्रवीणता उच्च जीवन का मार्ग प्रशस्त करता है। महात्मा बुद्ध ने शिष्यों को समझाया, 'जैसे धनुर्धर अपने बाण को नियंत्रित करता है, उसी प्रकार सिद्धहस्त अपने विचार को।' 'सक्सेस थ्रू सेल्फएनालिसिस' के लेखक मनोवैज्ञानिक ई. गिलबर्ट ओकले ने लिखा है, 'हमें सोच पर नियंत्रण अवश्य रखना होगा।' इसके लिए हमें मात्र दो कानों के बीच सजे 'कंप्यूटर' के सॉफ्टवेयर को सदैव स्वयं हितार्थ बुद्धिमता से अनुकूल रूप से ढालकर चलायमान करते रहना है। **समझदारी से प्रयोजित परिप्रेक्ष्यानुरूप और विषयानुरूप उचित सबमॉडल्टी जिंदगी में नीरसता को ढककर सरसता लाती करती है, बुद्धिमान् वही जो इस ज्ञान को अपनाए।**

हाई स्कूल में मेरे सहपाठी दुबले-पतले सरदारजी। आगे के दाँतों के बीच गड्ढा, जिससे उनको देखते ही हँसी आ जाए। हर दिल अजीज और सदैव हँसने, हँसानेवाले। अध्यापक पढ़ा के जाते नहीं कि वे आ टपकते और एक्टिंग करके सबको लोट-पोट करते रहते। बात-बात में बोलते यह दुनिया कितनी अच्छी है, फलाँ विषय पढ़ने में मजा आ गया। मैं सोचता वे ऐसा कैसे कह रहे हैं! बाद में पता चला कि बिजली के करेंट से उनकी मृत्यु हो गई। मैं जड़ हो गया, विश्वास नहीं हुआ, क्योंकि उन्होंने मेरे दिल में गहरी छाप छोड़ी थी। पर सत्य तो सत्य है। अब समझ में आया निम्न मध्यमवर्गीय परिवार की वह पुण्यात्मा कैसे समस्त विषमताओं के बीच अपनी

दुनिया हसीन बनाकर सबके बीच खुशी का कण बिखेरता रहा।

घटना को मन ही सुखदायी बनाता है या दु:खदायी। धुँधले शीशे को धवल बनाना मानव का श्रेष्ठ गुण है। मस्तिष्क का सुचारु ढंग से नियोजन मन और हृदय को वेदना से सर्वथा के लिए मुक्त करेगा, अच्छे लम्हों को आनंदमयी बनाकर जीवन में खुशियों की बौछार करेगा। दुखद प्रसंगों को सुखदात्मक बनाना विनोदप्रिय आदमी की स्वाभाविक प्रकृति है। वह साधारण-से-साधारण पलों में जीवनशक्ति का रस घोल उस सोम रस को ता जिंदगी पीते हुए भोगे गए तिरस्कार, बरबादी, अत्याचार को धुएँ में उड़ाता रहता है, अमर अभिनेता देवानंद अपनी अधिकांश फिल्मों में यही संदेश देते रहे। 'हम दोनों' में उनका लोकप्रिय गीत है—

'मैं जिंदगी का साथ निभाता चला गया...हर फिक्र को धुएँ में उड़ाता चला गया...'

अभागे लोग यह मानते हुए 'मेरी प्रत्येक सफलता, सुख मूल्यहीन है' अच्छे पलों को आदतन दूर, अस्पष्ट, श्वेत-श्याम तथा छोटा, पर नकारात्मक क्षणों को प्रखर, आकर्षक, पास आकृति में रचकर स्वयं ही अपना भूत, भविष्य और वर्तमान काल को दुखद बना अकेलेपन के बाशिंदे बन आसमान देख गम से लबालब शायरी ता जिंदगी करते रहते हैं।

सुख को बढ़ाना या उसे नए सिरे से सृजित करना, एवं व्यथा को ढहाना हमारे हाथ में है, न कि विधाता के हाथ में। थककर रात में दिन भर के क्लेश, अनचाहे पलों को अनाकर्षक बनाकर तथा उल्लासपूर्ण व सुखद क्षणों को बहुआयामी तथा मनोहर स्वरूप में सीने से लगाकर गहन निद्रा लेना—हर परिस्थिति में सुखी रहनेवाला व्यक्ति आदतन इन्हीं मार्गों से जीवनयापन करता है। याद रखें, हम जितना सबमॉडल्टी का दक्ष उपयोग करेंगे, उतना अधिक हमारी सोच पर नियंत्रण होगा, और उतना अधिक जीवन पर नियंत्रण। हम अतीत के अधीन नहीं, वरन् वह हमारे अधीन है। **सवाल है बुद्धिमानी अतीत की गुलामी में है या स्वयं की सार्थक गुलामी में!**

नकारात्मक आवाज से अब प्रताड़ना नहीं

बचपन में एक कहानी पढ़ी थी। नायक ने प्रेमिका को धोखा दिया। बाद के घटनाक्रम में आंतरिक आवाज द्वारा प्रताड़ित होकर, उसे अंतत: प्रेमिका से शादी करनी पड़ी! हा...हा...हा...दिल की आवाज सशक्त रूप में हमें उत्प्रेरित करती है। यह फूल बिछाती है, काँटे भी; सकारात्मक होती है, नकारात्मक भी; प्रेरक होती है, निराशाजनक भी। यदि सकारात्मक है तो प्रखर परिवर्तन लाकर मानसिक स्वास्थ्य

को गतिमान करती है। यदि लक्ष्य आधारित या प्रेरक है तो लक्ष्य प्राप्ति में सहायक बनेगी। सदियों की कहावत 'सदैव मन की आवाज की मानो' अर्द्धसत्य है। सन् 1919 में वर्साय संधि के उपरांत हिटलर की आत्मा चीखी, 'तुम्हें जर्मन जाति के लिए कुछ करना होगा।' फलः वह नराधम पाँच करोड़ लोगों की दर्दनाक मृत्यु का कारण बना। **प्रतिकूल अंदरूनी आवाज का परिणाम आत्महीनता, कुंठा आदि होता है, यह यदि अचेतन हुआ तो स्थायी अवसाद, आत्महत्या की प्रवृत्ति जागृत् होना बड़ी बात नहीं है!** (इसके विलोपन के लिए अध्याय 12 में वर्णित 'सिक्स स्टेप रिफ्रेमिंग प्रोसेस' अत्यंत सहायक है।)

आपके अंदर से आवाज आई 'तुम मंच पर बोल नहीं सकते', या 'साक्षात्कार में विफल होगे' इसे इस प्रकार निष्प्रभावी कर सकते हैं—

- इसके स्वर की तेजी को धीरे-धीरे धीमा करते हुए अंततः विलुप्त कर दें।
- उसे मनपसंद कार्टून की बोली में ढाल दीजिए। कार्टून द्वारा मजाकिया लहजे में कही गई बात पर आपको हँसी आएगी कि नहीं, अतः नकारात्मक असर भाग खड़ा होगा।
- जिस स्थान से आवाज आ रही, वह जगह बदलकर आवाज को ऊपर/नीचे/दाएँ/ बाएँ से निकलते हुए महसूस करने की चेष्टा करें। कइयों में उद्गम स्थल बदलने से वह पूर्णतया अप्रभावी हो जाती है—पुरानी जगह की कड़ी किसी पूर्व अप्रिय घटना से होने के कारण।
- कल्पना कीजिए आपके पास टी.वी. का रिमोट कंट्रोल है। उसके 'वॉल्यूम कंट्रोल' से अंदरूनी आवाज की तीव्रता इतनी कम कर दें कि सुनाई न पड़े, या उसे 'म्यूट' से पूर्णतया बंद कर दें। मैं ऐसा ही करता हूँ।

आप 'विचार' से अवगत होंगे, परंतु उसकी तात्त्विक संरचना के बारे में अभी तक अज्ञान रहे होंगे। सबमॉडल्टी का ज्ञान और उचित उपयोग जीवन सजाने व वैभवशाली आत्मिक स्तंभ खड़ा करने में अहम भूमिका अदा करता है। अभी तक मानव के सामने बड़ी चुनौती रही, बाधा रही—मस्तिष्क, सोच, अनुभव का कैसे नेतृत्व करें, कैसे हम इसके स्वामी बनें, न कि चाकर। सबमॉडल्टी दिशा-निर्दिष्ट करता है कैसे अनचाही अवस्था में भी मस्तिष्क, सोच को स्वयं हितार्थ संचालित करने में हम समर्थ बनें। सबमॉडल्टी में मानसिक चित्रण के आकार-प्रकार को नए सिरे से ढालकर उसका अर्थ बदलने की अपूर्व क्षमता होती है। उत्पीड़क यादों को निष्प्राण करना युग में मनुष्य की महान् विजय है। इसका आविष्कार मनोविज्ञान और

मानव-व्यवहार में मौलिक क्रांतिकारी लानेवाला है—जो संपूर्ण मानव जाति का अभूतपूर्व कल्याण करेगा। तभी तो 'एन.एल.पी.' के सह संस्थापक रिचर्ड बैंडलर के मुख से उद्गार निकला, 'सबमॉडल्टी मॉडल संभवतः मेरे द्वारा किए गए सबसे महत्त्वपूर्ण कार्यों में से एक है।' उन्होंने इस पर विस्तृत अध्ययन कर अनेक अभिनव खोज किए हैं।

अभी तक आपने सीखा

'सबमॉडल्टी' वैचारिक अवयव की विशेषता की जननी है। प्रमुख सबमॉडल्टी व्यवहार, भावना और मनोदृष्टि विकसित कर जीवन की दिशा निर्धारित करती है। 'क्रिटिकल सबमॉडल्टी' गहन प्रभाव उत्पन्न कर मनोदशा और संवेदन की दृष्टि से मुख्य भूमिका निभाती है। हम अच्छे, खराब, साधारण क्षणों को उनके अनुरूप भिन्न सबमॉडल्टी द्वारा संरचित कर स्मृति में सँजोते हैं। समानता और विभेद की यह प्रणाली सभी का निजी निर्णय है, मामला है, और भविष्य में अपनाई जानेवाली नैसर्गिक व्यक्तिगत व्यवस्था है। सबमॉडल्टी परिवर्तन द्वारा नकारात्मक या सकारात्मक चित्रण तथा सोच को निष्प्रभावी या पहले से अधिक प्रभावी बनाया जा सकता है। संतुलित और प्रसन्न प्राणी सुखात्मक अनुभव को प्रखर, वहीं नकारात्मक को निष्प्रभावी बनाकर रखते हैं। दुःखी, हताश व्यक्ति ठीक इसके विपरीत करते हैं। इच्छा एवं लक्ष्यानुसार मानसिक कौशल का विकास मानव की चिर अभिलाषा रही; रेप्रिजेंटेशनल सिस्टम और सबमॉडल्टी का सुचारु ढंग से क्रियान्वयन आत्मबल प्रयुक्त किए बिना मानसिक स्वास्थ्य, सफलता दिलाने में अत्यंत सहायक है, साथ-ही-साथ रोग, व्यसन (फोबिया) तथा अधिक खाने जैसी हानिकारक अभिक्रियाओं से मुक्ति दिला सकता है।

मंथन

1. क्या आपमें बेहतर, सफल जिंदगी का द्वार 'आत्म-विश्लेषण' करने का स्वभाव है। यह दार्शनिक अरस्तु की दैनिक प्रक्रिया थी। प्रतिदिन ऐसा करनेवाले ऐसा न करनेवालों की तुलना में अधिक संतुलित, बुद्धिमान् और संयमी होते हैं।
2. रात में सोने से पहले भूतकाल में धीरे-धीरे जाएँ, मानो रेलवे लाइन के पीछे जा रहे हों। अपने सभी अनुभवों को बारी-बारी से देखें। क्या कोई अच्छा क्षण है जिससे आप अज्ञान हैं, वह दिल के कोने में अँधेरे में ढकेल दिया गया हो। एक-एक कर प्रत्येक आनंददायक, सकारात्मक पलों को सिनेमा जैसा

जीवंत बनाकर मन के पटल में सामने बाएँ ऊपर (यदि बाएँ हाथे हैं तो दाहिने ऊपर) फिक्स कर दें। अब क्रम से सभी अनचाहे अनुभवों को गतिहीन, सफेद अपारदर्शी बनाकर इतना दूर करिए कि वे सिर्फ धुँधले तारे रह जाएँ। भूत के असफलता और अपमान पर रोनेवाले सहयोगी, क्लाइंट को यह अभ्यास कराकर उनकी जिंदगी में रंग घोलें।

□

4

आँखों से हृदय में प्रवेश

'नेत्र व्यक्त करते हैं हम कैसे सोच रहे हैं।'

—सु नाइट, अंतरराष्ट्रीय बिजनेस कंसल्टेंट,
पुस्तक 'एन.एल.पी. ऐट वर्क'

पुरानी कहावत 'आँख मन का दर्पण है' को आपने हलके में लिया होगा। महापुरुषों ने इसे मन का प्रतिबिंब कहा था। तथ्यों के अभाव में अब तक अनिश्चित था कैसे निगाहों को देखकर हालेमन जाना जाए, वर्तमान में यह आधार मिल चुका है कि ये आंतरिक विचार तथा संसार की झाँकियाँ दरशाती हैं। विज्ञान के नए युग में इनसे अब वैचारिक संरचना, भावना को भली-भाँति समझने में सहायता मिल रही है।

वैचारिक तत्त्व (रेप्रेजेंटेशनल सिस्टम) से न्यूरोलॉजिकल संदेश उत्पन्न होते हैं और इनके समुरूप दृष्टिगोचर एवं अगोचर शारीरिक तथा आंतरिक अभिव्यक्ति प्रदर्शित होती है। प्रत्येक अवयव का अपना विशिष्ट भाषागत व भाषाइतर फल, जैसे, विशेष हाव-भाव, श्वास गति, शब्दों का चुनाव एवं अन्य क्रियागत उत्पाद हैं, जो दूसरे वैचारिक तत्त्व से अति भिन्न होंगे। आप पत्नी से प्रश्न पूछिए, जिससे वे कल्पना में चली जाएँ और तदोपरांत ऐसा प्रश्न पूछें, जो उन्हें भावुक कर दें। देखिए दोनों अवस्थाओं में उनकी आँखें अवचेतन रूप से अलग-अलग दिशाओं का रुख करेंगी, साथ-ही-साथ भाषा, त्वचा का तनाव, श्वास गति, भंगिमा पहले से पृथक् हो जाएगी। 'एन.एल.पी.' संस्थापकों, उनके सहयोगियों रॉबर्ट डिल्ट्स और अन्य ने इस पर आधारित अध्ययन के उपरांत 'न्यूरो लिंग्विस्टिक प्रोग्रामिंग—द स्टडी ऑफ

स्ट्रक्चर ऑफ सब्जेक्टिव एक्सपिरिअंस (भाग एक)' में लिखा है, 'हमने पाया सोच प्रक्रिया और बाह्य दुनिया पर आधारित सूचना के विश्लेषण के समय आँखों की गति वैचारिक तत्त्वों व इंद्रियों से प्रभावित शारीरिक अभिव्यक्ति को जन्म देनेवाली मानसिक क्रियाओं के बारे में स्पष्ट एवं महत्त्वपूर्ण ज्ञान प्रदान करती हैं।'

विचार तथा संवाद के दौरान निगाहों का विशेष दिशा में घूमना इंगित करता है कि केंद्रीय तंत्रिका-तंत्र एक विशेष रेप्रिजेंटेशनल सिस्टम द्वारा निर्धारित होकर कार्यरत है। सोच एक या कई वैचारिक घटकों से बनती है। निर्णय करने के समय और मानसिक गतिविधि में बहुधा ज्ञानेंद्रियों द्वारा भेजी गई बाह्य संवेदनाओं एवं जानकारी की अपेक्षा स्मृति में एकत्रित सूचनाओं को अधिक प्रधानता दी जाती है। इन प्रतिबद्ध कारणों से वैचारिक प्रक्रिया में नेत्र उचित दिशा में देखकर मस्तिष्क के अनुकूल भाग से संपर्क स्थापित कर सूचनाओं, संवेदनाओं का आपसी आदान-प्रदान करते रहते हैं।

आधुनिक मनोवैज्ञानिक नेत्र को अशाब्दिक संवाद (नॉन वर्बल कम्युनिकेशन) का उत्तम स्रोत मानते हैं। आपने महसूस किया होगा कई लोग बातचीत में आपकी निगाहों पर नजर गड़ाए रखते हैं, उनका उद्देश्य आपकी मनोदशा पढ़ना होता है। नेता, धार्मिक गुरु इस गुण में सिद्धहस्त बन कुशल संवादकर्ता के रूप में दूसरों की भावना व निर्णय क्षमता समझने में सफल रहते हैं। उनकी यह कला व्यावहारिक अनुभवों से प्राप्त पांडित्य और सहज बोध का परिणाम है। चीनी डायमंड व्यापारी ग्राहक की आँखों की भाषा पर ध्यान देते हैं। 'एन.एल.पी.' ने सर्वप्रथम इस नॉन वर्बल अभिव्यंजना का विस्तृत अध्ययन कर निश्चित मॉडल विकसित किया। विदित हुआ ये न केवल मनोस्थिति दरशाती हैं, वरन मन 'कैसे' मनन कर रहा है यह भी प्रदर्शित करती हैं। यहाँ 'कैसे' का आशय सूक्ष्म है। नेत्रों के परिचालन से 'पकड़ा' जा सकता है कि दिमाग उस समय शब्द अथवा चित्र प्रयुक्त कर रहा है या भावनाजन्य अवस्था में है। इतना ही नहीं, यह भी कि सोच भूत या भविष्य में से किससे संबंधित है! है न विस्मयकारी! इस प्रारूप का विस्मयकारी उपयोग है, जो गुणी संवादकर्ता एवं प्रबंधकर्ता बनने हेतु अति आवश्यक होगा। उदाहरणस्वरूप, अब हम जान सकते हैं कि अभ्यार्थी, नेताजी या अपराधी जो कह रहे हैं, उसकी अधिकतम संभावना सत्य की है या झूठ की, और सफलता के लिए व्यक्ति क्या रणनीति अपना रहा है, जिससे उसकी तकनीक अपनाई जा सके, अर्थात् मॉडलिंग की जा सके।

'आँख बिन बोले हृदय का रहस्य प्रकट कर देती है।'

—संत जरोम

नेत्रों का दिशाबोध सोच के तरीके का द्योतक होता है, इसे 'आई एसेसिंग क्यू' कहा जाता है। इससे हम नैनों के द्वार झाँक मानसिक जगत् का काल और तत्त्व जान पाते हैं। काल और रेप्रिजेंटेशनल सिस्टम लेखन का 'एन.एल.पी.' ढंग है—

- विजुअल रेप्रेसेंटेशन एब्रीविएशन 'V' ऑडिटरी 'A' व काइनस्थेटिक 'K' से प्रदर्शित होता है।
- आने वाले समय की सोच 'कंस्ट्रक्टेड' कहलाएगी, जो रेप्रेसेंटशनल पद्धति के एब्रीविएशन के बाद सुपरस्क्रिप्ट 'C' द्वारा अंकित होगा।
- अतीत की सोच को 'रिमेंबर्ड' पुकारेंगे और इसे रेप्रिजेंटेशनल सिस्टम के बाद सुपरस्क्रिप्ट 'R' से दरशाएँगे।

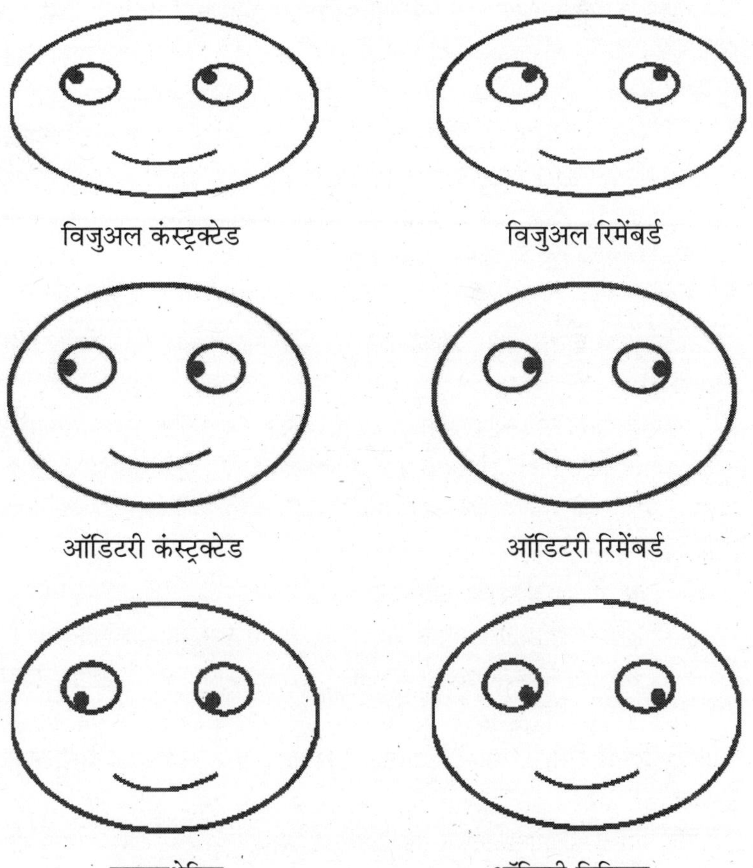

चित्र 4.1 : आई एसेसिंग क्यू

'आई एसेसिंग क्यू' चिंतन-शैली एवं काल को स्पष्ट तौर पर उजागर करता है जब संवादकर्ता शाब्दिक और अशाब्दिक संवाद एवं सोच के समय अवचेतन रूप से निश्चित दिशा में देखता है, क्योंकि 'आई एसेसिंग क्यू' तथा काल का गहन परस्पर समायोजन है। निम्न 'आई एसेसिंग क्यू' दाहिने हाथ से कार्य करनेवालों के लिए होगा (इन्हें पढ़ने के साथ-साथ ऊपर की आकृति देखते जाइए)।

1. ऑडिटरी रिमेंबर्ड : व्यक्ति द्वारा अवचेतन रूप से बाईं ओर देखना

बाईं तरफ देखने से हमारे द्वारा उस समय अतीत के बोल, आवाज को सोचकर मानसिक गतिविधि का पता चलता है, जैसे—जब आप याद करने की चेष्टा में हैं 'सुबह पत्नी ने क्या कहा था।' ऊपर वर्णित नियमानुसार इसको 'ऑडिटरी रिमेंबर्ड' कहेंगे, संक्षेप में 'A^r' (आपसे एक प्रश्न : यहाँ सुपरस्क्रिप्ट में 'r' क्यों लिखा जाएगा?)। व्यक्ति के इस क्यू को जानने के लिए आप उससे वे प्रश्न पूछिए जिसका उत्तर अतीत के वाक्य, शब्द द्वारा हो, उदाहरणस्वरूप—

- 'पिछले साल स्कूल समारोह में आपने क्या गाया था?'
- 'आपकी बैठक का दरवाजा कैसे आवाज करता है?'
- 'पार्टी में राम ने मेरी क्या बुराइयाँ कीं?'

2. ऑडिटरी कंस्ट्रक्टेड : व्यक्ति द्वारा अवचेतन रूप से अपने दाएँ देखना

यह भविष्य के लिए बोल, आवाज के प्रयोग का संकेत है, जैसे—'कल समारोह में मुझे क्या कहना होगा।' इसे 'ऑडिटरी कंस्ट्रक्टेड' कहेंगे, एब्रीविएशन में 'A^c' (प्रश्न : ऐसा क्यों?)। व्यक्ति अवचेतन रूप से अपने दाएँ देखेगा जब आप उससे कहेंगे—

- 'कंपनी की बैठक में आप क्या कहने जा रहे हैं?'
- 'यदि दर्जनों बिल्लियाँ एक साथ म्याऊँ करें तो कैसी आवाज निकलेगी?'
- 'आप राम से क्या बहाना बनाएँगे?'

3. विजुअल रिमेंबर्ड : व्यक्ति द्वारा अवचेतन रूप से ऊपर बाएँ ओर देखना

यह अतीत में घटित अनुभव की मानसिक तसवीर से संपर्क कर सोचने की व्यवस्था है (जैसे, बीते दिनों के हसीन पल…)। इसका संबोधन 'विजुअल रेमेंबर्ड'

एवं संक्षिप्तीकरण ‘V^r’ है (प्रश्न : ऐसा क्यों?)। बातें जो यह विजुअल संकेत उत्पन्न करेगा—

- ‘घटना में क्या हुआ?’
- ‘आपके पहलेवाले घर के दूसरे रूम का रंग क्या था?’
- ‘नैनीताल का दृश्य कैसा रहा?’

4. विजुअल कंस्ट्रक्टेड : व्यक्ति द्वारा अवचेतन रूप से ऊपर दाएँ देखना

जब नजर की स्थिति ऊपर दाएँ आए तो उस समय दिमागी पटल में भविष्य से संबंधित कल्पना उपस्थिति होगी, जैसे, ‘मेरी दुल्हनियाँ कैसी होगी’ सुखानुभव में खोए रहना! यह दिशाबोध ‘विजुअल कंस्ट्रक्टेड’ (V^c) है। सामनेवाला अपनी दृष्टि अवचेतन रूप से इस संकेत में ले जाएगा जब उससे आप निम्न बात कहेंगे—

- ‘लाल रंग के हाथी की कल्पना करें?’
- ‘आपके सपनों का बँगला कैसा होगा?’
- ‘मन में स्वयं को जोकर के रूप में देखिए।’

5. ऑडिटरी डिजिटल : व्यक्ति द्वारा अवचेतन रूप से नीचे बाएँ देखना

निगाह को नीचे बाएँ दिशा कर हम स्वयं से बात, या दूसरे रूप में शब्दों से आत्म-मंत्रणा कर रहे होते हैं, जिसे ‘डिजिटल थिंकिंग’ कहते हैं। यह ‘ऑडिटरी डिजिटल’ (A^d) क्यू होगा। व्यक्ति के इस मोड को जानने के लिए कहें—

- ‘दिमाग में कोई मंत्र बार-बार उच्चारण कीजिए।’
- ‘आपके अंदर आत्मा की आवाज किस स्थान से आती है?’
- ‘दिल में राष्ट्रीय गीत गाइए।’

6. काइनस्थेटिक : व्यक्ति द्वारा अवचेतन रूप से नीचे दाएँ देखना

हमारी भावुक अवस्था (K) में आने पर नेत्र नीचे दाहिने चले जाते हैं। मीरा बाई की तसवीर देखें, उन्हें सदैव भाव-विभोर चित्रित किया जाता है। जब आप निम्न उदाहरण जैसा संवाद करेंगे तब व्यक्ति काइनस्थेटिक क्यू में आँख ले जाकर ध्यान मग्न हो जाएगा अथवा बातचीत करेगा—

- ‘अपने बनाए घर में रहने पर कैसा लगा?’

- 'सोचिए आपका पैर बर्फीले पानी में डूबा है।'
- 'उनकी दास्ताँ सुन आपने कैसा महसूस किया?'

वाम हस्त और दोनों हाथ समानता से प्रयोग करनेवाले का 'आई एसेसिंग क्यू' उपरोक्त के विपरीत होगा, क्योंकि मस्तिष्क के अर्धगोलार्द्धों, हाथ, काल और वैचारिक संरचना का परस्पर गहनतम स्नायुविक संबंध है। जैसे—उनमें ऑडिटरी रिमेंबर्ड अवस्था में नयनों की परिदिशा दाहिने रहेगी, वहीं ऑडिटरी कंस्ट्रक्टेड में बाएँ। इसी प्रकार दूसरे संकेत उलटे रहेंगे। यह बहुत स्पष्ट एवं महत्त्वपूर्ण नियम है, अन्यथा उनकी आँखों की भाषा का गलत या उलटा आकलन हो जाएगा।

आँखों की दिशा मस्तिष्क के विपरीत अर्धगोलार्द्ध भाग से संवाद स्थापित करती है। दाहिनी ओर की दिशा बाएँ अर्धगोलार्द्ध तथा बाईं ओर की दिशा दाहिनी अर्धगोलार्द्ध द्वारा संचालित होती है। अतएव, दाएँ ओर देखने की स्थिति दिमाग के बाएँ अर्धभाग की क्रियाशीलता के कारण ही मस्तिष्क उस भाग की क्षमताओं, कौशल का उपयोग कर पाता है।

आईने के गलियारे से

लक्ष्य और मॉडलिंग के प्रयोजनार्थ आँखों के संकेतों को सही रूप से ग्रहण कर उपयोग करना अत्यंत हितकारी रहता है। इसका 'एन.एल.पी.' अंतर्गत बॉडी लैंग्वेज अध्ययन में व्यापक स्थान है।

कर्ता द्वारा वैचारिक प्रणाली की अवस्था में डूबे रहने पर आपके द्वारा उससे दूसरी प्रणाली से संवाद करने पर वह संवाद उसके चेतन को पार कर अवचेतन में जा सकता है, उस व्यक्ति को इसका संज्ञान नहीं होगा। माताजी को टी.वी. देखते वक्त (या जब वे भूत या भविष्य से संबंधित कल्पना कर रही हों, अर्थात् विजुअल रेमेंबर्ड अथवा विजुअल कंस्ट्रक्टेड अवस्था में हों) धीमे से कहिए जिसे वह चेतन रूप से सुन न सकें 'नौ बजे आपको सोना है'। संभव है नौ बजे वे कह उठें, 'बच्चा, बहुत नींद आ रही है, टी.वी. बंद कर दो!' ऐसा आप तब भी कर सकते हैं जब बेटे का पढ़ने का समय हो गया, परंतु वह टी.वी. से उठ न रहा हो। टी.वी. देखते क्षण वे विजुअल मोड में होंगे, अतः ऑडिटरी संवाद चेतन को पार कर अवचेतन में प्रवेश कर जाते हैं। ऐसी लक्ष्यानुरूप भाषा उत्तम हिप्नोथेरेपी, काउंसिलिंग का अंग है। 'क्या और कैसे कहना है' पहले से स्पष्ट तौर पर इसका निर्धारण करने पर अनुरूप फल आपकी झोली में टपक सकता है।

'आँखें आत्मा की दर्पण हैं।'

—येदिश कहावत

बहुत से लोग भविष्य के सपने देखते ही नहीं हैं, कल्पना में अपने भविष्य की कोई रूपरेखा नहीं होती, उनका काल वर्तमान में ही थम सा जाता है। इसलिए उनके जीवन में लक्ष्य और दिशा का ज्ञान विलुप्त हो जाता है। इनमें कुंठा, गहन निराशा या अत्यधिक व्यसन, जैसे—शराब, ड्रग के शिकार होने की गहन संभावना होगी। वे 'जब भविष्य नहीं हैं तो क्या करूँ' सोच अवसादग्रस्त हो सकते हैं, या 'खूब मस्ती मारो जब आगे कुछ नहीं है, बस जो है वर्तमान है' सोचकर व्यसनी बन सकते हैं! कल्पनाशून्य स्थिति भविष्य निर्माण में बाधा बन जाती है। वे अपने नेत्रों को विजुअल कंस्ट्रक्टेड दिशा (दाहिने ऊपर) में रख कल्पनाशील अवस्था में स्वाभाविक रूप से आ भविष्य की साफ तसवीर बनाकर कुंठा, अवसाद, व्यसन से निजात पा सकते हैं! यदि आप कोच, काउंसलर हैं तो देखना है कि पीड़ित दाहिने या उल्टे हाथ से काम करता है, उसी के अनुरूप उसकी आँखों को विजुअल कंस्ट्रक्ट्रेड अवस्था में रखने को उससे कहना है।

बनावटी बात या झूठ पकड़ना बड़ी विकट समस्या है। किंतु अब हम इसे परखने की उपयुक्त क्षमता विकसित कर सकते हैं, जो पुलिस, साक्षात्कार लेनेवाले, माता-पिता आदि के लिए लाभप्रद है। विलंब से आने पर पुत्र से पूछिए, 'तुम कहाँ से आ रहे हो?' यदि वह विजुअल या ऑडिटरी कंस्ट्रक्टेड क्यू प्रयोग करें यानी उत्तर के समय उसकी दृष्टि अवचेतन रूप से दाहिने ऊपर या बिलकुल दाहिने आ जा रहा हो तो दाल में काले की उम्मीद है या सकारात्मक कारण हेतु संभवतः वह बातें बना रहा है, क्योंकि 'कंस्ट्रक्टेड क्यू' द्वारा उसकी बुद्धि उस समय नई आकृति या वाक्य रचित कर प्रत्युत्तर दे रहा होगा। अतएव परामर्श है अगला कदम उठाने से पहले सच्चाई जान लें। अनिवार्य होगा उसका प्रमुखता से काम आनेवाला हाथ का संज्ञान। इस संदर्भ में ऊपर वर्णित क्यू जाननेवाला प्रश्नों से मिलता-जुलता संवाद कर पहले उसके 'आई एसेसिंग क्यू' को जान लें। 'एन.एल.पी.' दक्ष प्रेमिका से अब लफंगे प्रेमी की खैर नहीं!

विभिन्न कारणों से संवादकर्ता अपने सामान्य क्यू के विपरीत प्रतिक्रिया कर सकता है, अनुरूप बातचीत कर उस दौरान उसके द्वारा शब्दों, भाषा का काल, हाव-भाव पर ध्यान देकर संवादकर्ता के उस प्रतिकूल स्वभाव के कारणों का सही आकलन किया जा सकता है। जैसे, बीती बातों पर आधारित प्रश्न पूछते समय

उसका 'आई एसेसिंग क्यू' भविष्य में जाने के पश्चात् भूतकाल की स्थिति में आए। इसका एक प्रमुख कारण भविष्य से कोई जानकारी का संबंध उसके भूतकाल के अनुभव से होना हो सकता है। संकेत को पहचानते वक्त कर्ता को घूरिए मत। सामान्य और अनौपचारिक रूप से उसकी आँखों की दिशा पर ध्यान देकर निर्णय कीजिए। संवाद के समय उसकी दृष्टि त्वरित अचेतन रूप से ऊपर, नीचे या कहीं और जाएगी, जिसे आपको दक्षता व सूक्ष्मता से 'पकड़ना' होगा। अध्याय 6 आपको एसेसिंग क्यू के नियोजन से शिक्षा व अनेक क्षेत्रों में प्रतिभा विकास का मार्ग दिखाने की चेष्टा है।

अभी तक आपने सीखा

सोचने और संवाद के समय मन में प्रयुक्त हो रहा रेप्रिजेंटेशनल सिस्टम बाह्य रूप से नेत्र संचालन और अन्य गैर भाषायी शारीरिक अभिक्रिया के स्वरूप में अभिव्यक्त होता है। 'आई एसेसिंग क्यू' व्यक्ति की सोच-पद्धति व काल को उजागर करता है। मनोविज्ञान, न्यूरॉलोजी के सम्मिलित अध्ययन के उपरांत इस क्रांतिकारी अन्वेषण से आंतरिक/बाहरी संवाद, सोच और शारीरिक अंगों में परस्पर सीधा संयोजन प्रकट होता है। आई एसेसिंग क्यू है : 'विजुअल रेमेंबर्ड' (V^r), 'ऑडिटरी 'रेमेंबर्ड' (A^r), 'ऑडिटरी कंस्ट्रक्टेड' (A^c), 'विजुअल कंस्ट्रक्टेड' (V^c), 'काइनस्थेटिक' (K), 'ऑडिटरी डिजिटल' (A^d)। इनमें से प्रत्येक वर्तमान, भूत एवं भविष्य पर आधारित विचार, अनुभव व उसकी संरचना और इंद्रियों द्वारा मस्तिष्क को संचारित अनुभूतियों के बारे में जानकारी देता है। एक प्रखर संवादकर्ता, सेल्स अधिकारी, कोच को आँखों की भाषा पढ़ने में प्रवीण होना होगा। यह विधा संवादकर्ता और विशेषज्ञों को पहले से अधिक गुणवान बनाता है। इस बहुपयोगी क्रिया का व्यापक उपयोग पूछताछ, सम्मोहन और लक्ष्य निर्धारित संवाद में सम्मोहित अवस्था लाने, घनिष्ट मेल-जोल बनाने, एवं प्रतिभा तथा रचनात्मक विकास आदि में है।

सांकेतिक (नॉन वर्बल) अभिव्यक्ति का अहम यंत्र नेत्रों को कुशलता से निहारने पर आप अन्य गैर वर्बल संदेश के अतिरिक्त प्यार, घृणा, झूठ, सत्य का अनुमान लगा सकते हैं। केवल पूर्वाग्रहमुक्त जिज्ञासु मन अवचेतन द्वारा निस्तारित मनोदशा और हाव-भाव को पूर्णता से देख पाने में समर्थ हो पाता है।

मंथन

1. टी.वी. पर समाचार देखते समय संवाददाता के प्रश्न पूछने पर व्यक्ति, चश्मदीद गवाह के आई एसेसिंग क्यू से उसकी झूठ अथवा सत्यता की संभावना जानिए। बाद में प्राप्त सूचनाओं से—झूठ या सच—क्या प्रमाणित हुआ? पात्र, चश्मदीद द्वारा प्रयुक्त प्रेडिकेट उसके क्यू से मेल खा रहा है या नहीं, जैसे विजुअल रेमेंबर्ड अवस्था में रहने पर वह विजुअल प्रेडिकेट और भूतकाल में वाक्य संरचना (पास्ट टेंस) प्रयोग कर रहा है अथवा नहीं।
2. क्या मीराबाई के चित्र में उनका 'आई एसेसिंग क्यू' उनकी भावनात्मक अवस्था से मेल खा रहा है? सही चित्र वह होगा जिसमें उनकी आँखें भावमय अवस्था में नीचे दाईं ओर हों।

☐

5

उजाला बुद्धिमानी, रचनात्मकता का और संज्ञान सत्य का

सुखे-दुःखे समे कृला लाभालाभौ जयाजयौ।
ततो युद्धाय युज्यस्व नैवं पापमवाप्स्यसि।

(2.38)

('महाभारत' में श्रीकृष्ण धर्मयुद्ध विरक्त अर्जुन से, 'हे अर्जुन! सुख और दुःख को, लाभ और हानि को तथा जय और पराजय को समान मानकर युद्ध के लिए तत्पर हो जाओ। ऐसा करने से तुम पाप को प्राप्त नहीं होगे।')

आपने देखा होगा सहयोगी वास्तविकता जाने बिना आपसे वैमनस्यता की गाँठ बाँध लेते हैं। एक सासू-माँ बंद आँख से आचरण कर घर में काँटे बिछा लेती है। कैसा लगता होगा जब मित्र सुनी-सुनाई बात पर विश्वास कर कंपनी में अपरिहार्य कदम उठा स्वयं की प्रगति में रोड़ा खड़ा कर देता है। समाचार-पत्रों में हम हवाई बातों पर और एक-दूसरे की भावना, विचार, संवाद न समझ पाने से प्रतिदिन शादियाँ टूटते हुए एवं बात का बतंगड़ बनते हुए देखते हैं। अधिकांशतः समस्याओं के मूल में अज्ञानवश अँधेरे में तीर चलाना, निरुद्देश्य होकर प्रतिक्रिया एवं संवाद करना, और दूसरों के विचार, भावना की अनदेखी होती है। सही दिशा के अता-पता न होने से बाण इधर-उधर जाएगा ही! कारण का सही संज्ञान होने से ही स्थायी समाधान प्रस्तुत हो पाता है अन्यथा निस्तारित हल अस्थायी या निष्फल हो

जाता है, अँधेरे में तीर चलाने की तरह। **यथार्थ का अधिकतम ज्ञान, तत्पश्चात् बुद्धिमानी व संजीदगी से उठाया गया कदम हमें दिशा भ्रमित होने से बचाकर उचित मार्ग की ओर बढ़ाने में समर्थ बनाता है।**

आवश्यक नहीं समस्या के बारे में हम जो सोच रहे हैं वह सत्य पर आधारित हो, क्योंकि विचार सत्य का पैमाना नहीं है (मैप इज नॉट द टेरीटरी)। प्रत्येक पक्ष का अपने ढंग से देखना, समझना, महसूस करना वास्तविकता का आधार नहीं। किसी के द्वारा कही गई बात पर या अँधेरे में रह मूर्खता से कदम पग उठा वर्षों से फले, फलाए व्यक्तिगत एवं व्यावसायिक रिश्तों का मटियामेट करना असाधारण उदाहरण नहीं हैं। क्लब, परिवार, कंपनी में यह आम है। देवरानी, जेठानी द्वारा शाम को थके-हारे पतियों को सामान्य पारिवारिक कलह बढ़ा-चढ़ाकर सुनाना सुनील के समृद्ध परिवार की तबाही का कारण बना। उनके पतिगण अन्य सदस्यों के विचार, भावना न समझ सिर्फ अपने चश्मे से मन-ही-मन गुबार इकट्ठा करते रहे, जो अंततः ज्वालामुखी बन फूटकर सुखी परिवार के विनाश का कारण बना। यही दृश्य सामने आता है, जब न्यायाधिकारी वादी-प्रतिवादी के कर्म और न्यायालय में उपस्थिति के समय उनकी मनोदशा और सोच को समुचित रूप से न समझ पाने के कारण अनुचित निर्णय कर बैठते हैं, या अनजाने में अथवा अज्ञानतावश निष्पक्ष न रह पाते हैं। स्थिति को व्यक्तिगत तरीके से ग्रहण करने में प्रेफर्ड रेप्रेजेंटेशनल सिस्टम का महत्त्वपूर्ण योगदान है, जैसा आपने अध्याय 2 में देखा। विभिन्न व्यक्तियों में एक विशेष स्थिति के प्रति भिन्न अहसास, रुख एवं प्रतिक्रिया का जन्म होना स्वाभाविक है।

सत्य श्रेष्ठतर दिशा तथा ज्ञान-बोध प्रदान कराता है। अज्ञानता दुःख और अप्रिय परिणामों की भरमार लगाती है। असत्य को आधार मान कदम उठाना भयंकर भूल व अबौद्धिकता का परिचायक है, जो अनुचित अभिवृत्ति की ओर ले जाएगा; अनुचित अभिवृत्ति गलत निर्णय तथा गलत आचरण की ओर और अनुपयुक्त निर्णय तथा गलत आचरण अंततः दुःखदायी अंत की ओर ले जाएगा!

> **'एक ही दृष्टि समस्या से संबंधित पूर्ण सत्य समेट नहीं सकती। समय, स्थिति, मनोदशा, वातावरण व्यक्ति की विचारधारा को प्रभावित करते रहते हैं, अतएव समस्या पर विभिन्न कोणों से मनन आवश्यक है।'**
>
> ***–अनेकांत (जैन दर्शन)***

विवाद, समस्या और अनुभव को हम जितने परिप्रेक्ष्य (पर्स्पेक्टिव) से

देखने में समर्थ होंगे उतने ही नवीन स्वरूप में वह प्रकट होता है, यह हमारा सहायक होता है, हमारे अंदर मुश्किलों का निवारण जैसा उत्तम गुण भरता है। 'एन.एल.पी.' निपुणता प्रदान करती है कैसे हम अपनी जगह रहते हुए अपने दृष्टिकोणों में वृहदता लाएँ, दूसरों के मन में निहित विचार को जान व्यावहारिकता से संकट निपटाने में सक्षम बनें, या सच्चाई से अधिकतम निकटता से परिचित होकर उचित व्यवहार, प्रवृत्ति अपनाकर जीवनरूपी कमल को विशालता से खिला सकें। 'परसेप्चुअल पोजीशन', हिंदी में कहूँगा 'परिदृष्टि', हमें आंतरिक आँख से एक घटनाक्रम, जाने या अनजान व्यक्ति तथा भौतिक, अभौतिक संदर्भ को अनेक कोणों से देखने में गुणवान बनाता है। यह मॉडल 'मैं', 'तुम', 'वे' की व्यक्तिगत सोच और उनके बीच पक्षपातरहित प्रवृत्ति के साथ आपसी सामंजस्य की स्थिति है। इसकी संरचना में जान ग्रिंडर, ज्यूडिथ दे लॉजियर ने प्रमुख भूमिका निभाई हैं। तीन प्रमुख परिदृष्टि हैं—

1. प्रथम परिदृष्टि या अवस्था (First Position)

यह मेरी सोच, विश्वास है; 'मैं क्या देख तथा महसूस कर रहा हूँ' की मनोवृत्ति है। कथन 'मेरे विचार से उसका तर्क निराधार है' संवादकर्ता का इस परिप्रेक्ष्य में होकर सोचना, देखना प्रकट रहा है।

विवाद निवारण, तथा उपयोगी संवाद एवं क्रिया के लिए मात्र स्वयं की अवधारणा पर निर्भरता और दूसरों की अनदेखी करने की भारी भूल है। यह प्रवृत्ति समस्या सुलझाती नहीं, उलझाती है। इस स्वभाव के कारण माता-पिता, न्यायाधीश एवं राजनेता स्वयं और दूसरों की राह में कठिनाइयों के बीज बोते रहते हैं। न बदलनेवाला अभिमानी पुरुष इस मनोवृत्ति की चादर जिंदगी भर ओढ़े रहता है। धर्मांधों का अंधविश्वास 'केवल मेरा धर्म सत्य है' उनके विध्वंसक कर्मों की जनक है। महान् भौतिक शास्त्री अल्बर्ट आइंस्टाइन गमगीन हो बोल उठे थे, 'स्वयं को सत्य का महारथी समझनेवाला परमात्मा के उपहास का शिकार बनता है।' केवल व्यक्तिगत आधार पर विचारना सत्य की राह में रोड़ा है, उस पर आधारित आकलन हानिकारक होता है। आँखों से केवल स्वयं को देखनेवाला और अपनी सोच को महत्ता देनेवाला श्रीमान अकड़ूजी अधिकांशतः नासमझी भरा कदम उठाता रहता है। मेरे परिचित रमेश की जीवन दिशा से संबंधित फैसला उसका नहीं, वरन् लौहपुरुष पिता का होता था। रमेश की महत्त्वाकांक्षाएँ मूल्यहीन थीं। आज अत्यंत प्रतिभाशाली रमेश पारिवारिक व्यवसाय से भागकर क्लबों में अपना

अस्तित्व ढूँढ़ता फिर रहा है।

परंतु, कितनी बड़ी बाधा हो स्वयं के सकारात्मक मूल्यों पर सुदृढ़ विश्वास रखकर प्रथम अवस्था से सत्य, धर्म का दृढ़तापूर्वक पालन महानता का मार्ग प्रशस्त करता है। ईसा, अब्राहम लिंकन अपने मूल्यों के रक्षार्थ अडिग रहकर अपने प्राणों का बलिदान कर दिए। लक्ष्य और आत्म-प्रेरणा हेतु तथा आत्मविश्वास जगाने के उद्देश्य से इस परिदृष्टि में रहना आवश्यक है।

2. द्वितीय परिदृष्टि या अवस्था (Second Position)

वास्तविकता से रुबरु होने के लिए हमें दूसरों के आकलन को महत्ता देनी होगी, केवल अपने घड़े का पानी पीना, पिलाना बुद्धिमानी से परे है। इस अवस्था का उद्देश्य है अहं को कुछ समय दरकिनार कर यह बोध करना कि तुम, आप, दूसरा या विपक्ष क्या सोच, देख और महसूस कर रहा है। तुम, आप और विपक्ष सजीव, निर्जीव, जड़ और अजड़ हो सकते हैं, जैसे—कंपनी, सहयोगी, ब्रह्मांड, सामान… । यह संतों की तरह दूसरों के चिंतन, मनोभावना समझने और सम्मान करने की वृत्ति है। सच्चाई के संज्ञान तथा विभिन्न प्रेफर्ड रेप्रिजेंटेशनल सिस्टमवालों द्वारा दी गई सूचनाओं को एकीकृत कर तथ्यपरक 'मैप' बनाने हेतु पुत्र, पुत्री, कर्मचारी, दु:खी और अभियुक्त की आँखों से देखना आवश्यक है। अच्छे माता-पिता, अध्यापक, नेता, वक्ता, स्वागतकर्ता, विक्रय अधिकारी की यह मूलभूत दृष्टि होनी चाहिए। परंतु ऐसा हो कैसे! ऐसा व्यक्ति की आंतरिक दुनिया में प्रवेश करने से होता है (to enter into other's shoes)। यह यथार्थ उत्तम तकनीक है—कल्पना और अभिनय करें कि आप वह हो गए; श्वास गति, मुख-मुद्रा और अन्य शारीरिक अभिव्यक्ति ठीक वैसा कर लें, जैसे उसका है!

इसका उपयोग निम्नांकित में उत्तमता लाएगा—

- संबंध प्रगाढ़ करना।
- झगड़े, समस्या और मत अनैक्यकता समाप्त करना।
- दूसरे की धारणा, भावना, व्यवहार व आकांक्षाएँ उसके अनुसार समझना।
- लक्ष्यानुरूप संवाद।
- अपनी बातें मनवाना।

3. तृतीय परिदृष्टि या अवस्था (Third Position)

यह दूर से स्वयं और दूसरे को जाँचने की स्थिति है, जिससे दोनों में एक-

दूसरे के प्रति तथा एक-दूसरे की दृष्टि से समान स्तर से कमियाँ, अच्छाइयाँ और अन्य गुण, दोष, लाभ की विवेचना की जा सके।

तृतीय परिदृष्टि का एक प्रमुख भाग '**प्रेक्षक परिदृष्टि**' (Observer) है, जो प्रथम और द्वितीय परिदृष्टि से संदर्भ को परखने के बाद पक्षपातरहित हो अपना विश्वास, विचार त्यागकर दूर से विचार करने, महसूस करने की स्थिति है, छत पर बैठी मक्खी की भाँति। यहाँ स्वयं 'मैं' एवं वे 'वह' द्वारा पुकारे जाएँगे।

भिन्न-भिन्न मत, भावना को समझने के पश्चात् तथ्य को अधिकतम पूर्णता से ग्राह्य बनाकर व्यक्तिगत उद्देश्य, संकीर्णता तथा पूर्वाग्रह के बिना निर्णय व संवाद करना, परामर्श देना एवं सभी की ध्येयापूर्ति में सहायक होना बुद्धिमता का परिचायक है। प्रथम और द्वितीय परिदृष्टि के उपरांत यह मनोवृत्ति उच्चस्तरीय राष्ट्रीय/अंतरराष्ट्रीय स्तर का नेता, मैनेजर, जज और निर्णायक का गुण भरने के लिए समदर्शी दृष्टिकोणयुक्त संतुलित व्यक्तित्व का रत्न आपमें जड़ेगी। इस विषयनिष्ठ व्यवस्था के लाभ व क्षेत्र इस प्रकार हैं—

- सभी के द्वारा स्वीकृत साझा कार्यक्रम बनाना, जिससे सभी पक्ष समान रूप से लाभान्वित हों।
- सम्मिलित सदस्यों की समस्या का सर्वहित, सर्वमान्य समाधान।
- तटस्थता से आलोचना और मीमांसा।
- अंतिम सर्वसमर्थित निर्णय पर आना।
- मध्यस्थता।

प्रयोगविधि

- स्पष्ट उद्देश्य निर्धारित करें (रचना, कहानी, पेंटिंग''), विवाद सुलझाकर सभी पक्षों द्वारा स्वीकृत समाधान बनाना, सत्य परखना'')
- प्रथम परिदृष्टि में आकर देखें आपका परिप्रेक्ष्य के बारे में क्या विचार/विश्वास है, व वहाँ आप अपनी दृष्टि से क्या देख, सुन, महसूस कर रहे हैं।
- ऊपर वर्णित प्रक्रिया से द्वितीय परिदृष्टि में आएँ। यदि एक से अधिक सदस्य, कलाकार या पात्र हैं, तो सभी में क्रम से अपनी आत्मा प्रविष्ट होने की कल्पना करें। प्रत्येक की सोच, अनुमान और वह क्या देख, सुन, महसूस कर रहा है से अवगत हों। आवश्यकतानुसार साफ लक्ष्ययुक्त संवाद प्रयुक्त

करें, जैसे, 'आपके विचार से क्या हुआ था?', 'आपने क्या देखा?', 'इसका हल क्या है?', 'आप क्या सोचते हैं?', 'आप किस अवस्था में सबसे प्रभावकारी होंगे?'...।

- तृतीय परिदृष्टि में प्रविष्ट कर पूरी स्थिति की विवेचना करें। प्रत्येक सदस्य की खुद की निगाह और विचार में उनका मनोवृत्ति, कारण ('दूसरे के विशेष आचरण या कठिनाई के लिए क्या मैं उत्तरदायी हूँ, यदि हूँ तो कहाँ तक') आदि का आकलन करें। यहाँ आपको क्या लगता है कि संबंध प्रणाली में समस्या, हल के लिए कौन जिम्मेदार हो सकता है? कहाँ किस पात्र को सुधार करने तथा दृष्टिकोण बदलने की आवश्यकता है?
- अंत में निष्पक्ष परिदृष्टि से विश्लेषण कर समाधान या अगले कदम की प्रक्रिया की रूपरेखा बनाएँ। मतभेद के बीच आपसी सहमति से ऐसा हल निकालिए जिससे सभी पक्षों की समस्या का समान स्तर पर समाधान हो। हर एक पक्ष क्या करे कि वे एक-दूसरे की लक्ष्य प्राप्ति और हित साधन में सहायक हो।
- विवाद में समय, स्थान एवं मनोवस्था के अनुसार सदस्यों का मत बदलना संभव है, अतएव संतुष्टि तथा सत्यापन तक सोद्देश्य अनेक बार परिदृष्टि में प्रविष्ट हों।
- उपर्युक्त क्रिया दो बार दोहराएँ, ताकि उच्च परिणाम की प्राप्ति हेतु पहली बार से प्राप्त अंतर्ज्ञान का उपयोग दूसरी बार श्रेष्ठता से हो सके।

क्या आप व्यक्तित्व और आत्मविकास में असमर्थ रहे? अपनी कमी, अच्छाई से अनभिज्ञ रह मछली की तरह जल की सीमित दुनिया में सिमट गए हैं? आत्म-विश्लेषण हेतु पहली ('मैं'), तृतीय व द्वितीय (अपने प्रिय एवं आलोचक की नजर से) नजरिए में आकर दूरी से स्वयं को, तदोपरांत, निर्भाव मन से आत्म मंथन कर आत्म उन्नति के लिए उचित मार्ग और गुण विकास का निर्धारण करें। इससे आप स्वयं को व्यापक प्रगतिशील स्वरूप देने में समर्थ हो सकेंगे।

क्लब, व्यावसायिक मीटिंग में सदस्यों के शारीरिक प्रदर्शन, भाषा पर ध्यान देकर उनकी परिदृष्टियों से अवगत होने की चेष्टा करें। आप देखेंगे अध्यक्ष, मैनेजर, डायरेक्टर की अधिकांशतः निष्पक्ष मनोवृत्ति हैं और वे साधारणतया सभी सर्वनाम 'मैं', 'तुम', 'आप',

'वे' प्रयुक्त कर रहे हैं और सबसे निगाह मिला संवाद कर रहे हैं। अपने को महत्ता देनेवाले सदस्य अधिकतर 'मैं' का उपयोग कर करेंगे, एवं ये अंतर्मुखी होंगे, बहुत कम आँख मिलाकर बोलेंगे। दूसरे को अधिक सम्मान देनेवाला व्यक्ति द्वितीय अवस्था में हो 'तुम', 'आप' का प्रयोग कर रहे होंगे, और प्रथम दृष्टिवाले से अपेक्षाकृत अधिक नेत्र मिलाएँगे।

अल्बर्ट आइंस्टाइन अंतरिक्ष में न जाकर उसकी व्यापकता की पृथक्-पृथक् कल्पना करने में महारथी रहे। आप यह जानकर विस्मित हो जाएँगे कि उन्होंने अंतरिक्ष, प्रकाश, पृथ्वी और स्वयं को सभी परसेप्चुअल पोजीशन से केवल कल्पना में देख 'थ्योरी ऑफ रिलेटिविटी' सिद्धांत प्रतिपादित किया, जो ब्रह्मांड के बारे में हमारी अवधारणा, मानव जाति के इतिहास एवं भौतिक विज्ञान में अमूल्य क्रांति ले आया। उद्योग मूलभूत अधिकार है। अमेरिका में एक बहुत बड़े कारखाने ने गाँव का दैनिक जीवन तहस-नहस कर डाला। पेड़ कटने से वातावरण प्रभावित होता गया। झगड़ा न्यायालय पहुँचा। बुद्धिमान् न्यायाधीश की योजना से सभी पक्ष लाभान्वित हुए। गाँववालों को कंपनी ने न्यूनतम दर पर बायोगैस देकर घर में उजाला भर दिया और उनके भोजन बनाने की लागत में कमी लाई। प्रत्युत्तर में ग्रामीणों ने पेड़ लगा पर्यावरण बचाया और कंपनी को अपने स्तर पर मूल्यवान नैतिक व शारीरिक सहयोग दिया। प्रत्येक ने एक-दूसरे की समस्या, अभिप्राय तथा जरूरत को समझा। तत्पश्चात्, परस्पर विश्वास और सहयोग ने हर एक की स्थायी प्रगति सुनिश्चित की।

'कला और सही सोच का मूलभूत अर्थ मानव को परिवेश के लाभार्थ सभ्यता के नकारात्मक मूल्यों से मुक्त कराना है, जिससे वह विभिन्न दृष्टिकोण विकसित कर स्वतंत्रता से निर्णय लेने में सक्षम हो सके।'

—सोप्रेनो गायिका बेवर्ली सिल्स (1929-2007)

आपको ध्यान देना होगा परसेप्चुअल पोजीशन का उद्‌देश्य समस्या निवारण है, न कि उसको बढ़ाना या उस पर साँप की तरह कुंडली मारकर बैठना। यह असफल एवं अप्रभावी इंसान, मैनेजर और व्यापारी की प्रमुख सीरत है! संकुचित आधार और नजरिया संकुचित सोच व दर्शन उभारता है। यह प्रत्युत्तर में निम्नतर

फल, संकीर्ण सृजनशीलता एवं अवगुण देता है। एप्पल कंप्यूटर के संस्थापक स्टीव जॉब ने अपने कंप्यूटर उत्पाद को श्रेष्ठ बनाने के हितार्थ मैनेजरों को परामर्श दिया, 'हमारे उद्योग में लोगों में अनुभवों की कमी रही है। व्यापक दृष्टि के अभाव से वे समस्या को मोटे तौर पर एक तरह एक दिशा में सुलझाने की चेष्टा करते रहे, चहुँओर देखने में असमर्थ रहे। जितनी हमारे अंदर लोगों के अनुभवों, विचारों को समझने की क्षमता होगी, उतनी गुणवत्ता से हम कंप्यूटर हार्डवेयर, सॉफ्टवेयर का निर्माण कर सकेंगे।'

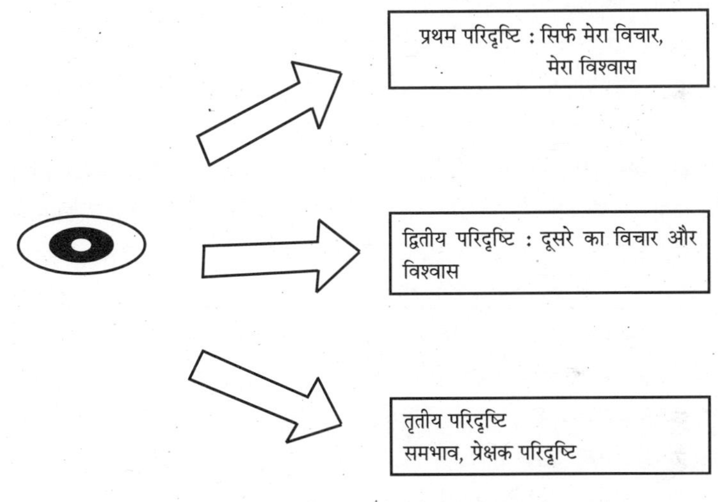

चित्र 5.1 : परिदृष्टि

सभी परिदृष्टियों की विषयानुरूप उपयोगिता एवं महत्ता है। कब किसे प्रयुक्त करना है समझदारी से इसका संज्ञान बुद्धिमता, पांडित्य और सृजनशीलता का मार्ग प्रशस्त करेगा। विश्वप्रसिद्ध मानव व्यवहार विशेषज्ञ रॉबर्ट डिल्टस् ने कहा, 'तृतीय परिदृष्टि अंतर्ज्ञान है, व द्वितीय परिदृष्टि अन्य के आंतरिक लोक से परिचित होने की स्थिति है।'

समस्या निवारण और सृजनात्मकता का अंकुर

- **प्रथम परिदृष्टि :** स्थिति का प्रारूप और उसकी गंभीरता देखें, किस प्रकार आप संकट या संबंध में मतभेद का सुलझाव, अथवा किसी रचनात्मक कार्य की प्रगति चाहेंगे, इसे (X) कह सकते हैं। क्या किसी बाह्य सहयोगी एवं आंतरिक

संसाधन को अपनाने की आवश्यकता है? द्वितीय परिदृष्टि पर जाने के पूर्व आलोचना करने से बचें।

स्वप्नदर्शी बनकर आत्मविश्वास युक्त होकर आँख अपने विजुअल कंस्ट्रक्टेड क्यू (V^c) अवस्था में ला मन में 'मेटाफोरिक चित्र' बनाएँ, जैसे—आप श्रीकृष्ण की तरह सर्वशक्तिमान, सर्वक्षमतावान, महाबलि हैं, जिन्होंने समस्या को भविष्य में पूर्ण संतुष्टता से सुलझा लिया है (वर्तमान में हल नजर न आते हुए भी)।

- **द्वितीय परिदृष्टि नंबर 1 :** दूसरे की नजर में आपका स्वभाव उसके प्रति कैसा है। वे आपसे ऐसा कैसे सुधार की आकांक्षा रखते हैं, जिससे वे भी आपकी इच्छानुसार अपने में बदलाव लाकर आपके मनोभाव के अनुसार आचरण करें? व्यक्ति में आपके प्रति सद्भावना, सम्मान है या दुर्भावना?

- **तृतीय परिदृष्टि :** दूर से विषय/व्यक्ति/पक्षों पर नजर डालें। क्या कोई नई बात पता चली, पृथम व द्वितीय परिदृष्टि के बीच अड़चन के मूल में क्या है? अब हालत पहले की तरह गंभीर है या उतने नहीं, जितने प्रथम परिदृष्टि से प्रतीत हुए थे। अधिकांशतः यहाँ परिप्रेक्ष्य का प्रभाव बदलता है और आपका अपना नजरिया भी पहले से भिन्न हो जाता है। किसी नई सूचना के आगत से इनकार न करें।

- **द्वितीय परिदृष्टि नंबर 2 :** कल्पना करके या भौतिक रूप से रोल मॉडल या अपने सबसे विश्वासपात्र से मिलकर समस्या निवारण के बारे में उनका विचार जानें, लाभकारी सूचना प्राप्त करें। उनसे प्रत्यक्ष मिलकर उनके मूल्य और स्तरानुसार उनका सहयोग ले सकते हैं।

- **द्वितीय परिदृष्टि नंबर 3 :** एक ऐसे शख्स से मिलें जिसने पहले समान समस्या (X) को पुरजोर रचनात्मकता और बुद्धिमानी से निपटाया था। ठीक वही मानसिक शक्ति, गुण और बल, तथा चातुर्य ओढ़ लें, जो उसने अपनाया था। उसकी कला आप उससे बातचीत करके जान सकते हैं या कल्पना करें आप बिलकुल वह बन गए और समाधान कर रहे हैं।

- **तृतीय परिदृष्टि :** इसमें आप वर्तमान दशा पर अवलोकन करें, क्या अब वह उतना विकट है जैसा पहले था या अब आपमें नए आत्मविश्वास और सूचनाओं के कारण पहले जैसा गंभीर नहीं रहा। संभव है महसूस हो कि पिता का तीव्र क्रोध या बॉस द्वारा दिल छेदनेवाली आलोचना उनका स्वभाव है, न कि आपसे दुर्भावना (जैसा आपने प्रथम परिदृष्टि से पाया रहा होगा)। अपनी और परिप्रेक्ष्य (X) में सम्मिलित सभी सदस्यों की कमजोरी, शक्ति आँकें। सफलता हेतु प्रथम और अनेक द्वितीय परिदृष्टियों से प्राप्त या सीखी गई कौन सी क्षमता, गुण और रिसोर्स साथ ले

चलना आवश्यक होगा, या किसी अतिरिक्त कौशलता की आवश्यकता तो नहीं? उस उद्देश्यार्थ, उचित मार्ग का चुनाव करें।

- **प्रथम परिदृष्टि :** इसमें आकर सभी मनोदृष्टियों से प्राप्त ज्ञान, अंतर्दृष्टि के आधार पर कदम उठाने की ठोस व्यावहारिक रणनीति बनाएँ। आपका विचार, विश्वास (मानसिक तसवीर (V), आंतरिक बोल (A)) और शारीरिक अहसास (K) आपस में एकीकृत हो, मन में कोई अंतर्द्वंद्व नहीं होना चाहिए।
- **तृतीय परिदृष्टि :** इसमें अंतिम समाधान, योजना की खुले मन से निष्पक्ष समीक्षा करें।

उपरोक्त क्रम के अतिरिक्त, स्थिति की गंभीरतानुसार अनेक बार अभीष्ट परिदृष्टियों में विचरण कर पक्षों के विश्वास, विचार, मनोवृत्ति तथा निवारण पर पूर्ण संतुष्टि तक मंथन कर सकते हैं।

डिज्नीलैंड के संस्थापक वाल्ट डिज्नी की असाधारण प्रतिभा का राज उनमें यथार्थवादी, स्वप्नकर्ता, निष्पक्ष समीक्षक और वृहद् अंतर्ज्ञान के गुणों का व्यावहारिक सम्मिश्रण का होना था, जिससे वे अपने स्वप्नों को धरातल पर लाने में सफल हुए। उन्होंने लक्ष्य पर निम्न तीन कोणों से प्रकाश डालने के पश्चात् ही एकीकृत अंतिम स्वरूप तैयार करने के संबंध में निर्णय लिए—

1. प्रथम परिदृष्टि : स्वप्नकर्ता बनना (Dreamer)

वे पूर्वाग्रहमुक्त और सीमाओं से ऊपर उठकर अपनी कमियों को दरकिनार करते हुए स्वप्नदर्शी बनकर स्वप्न देखते थे।

2. द्वितीय परिदृष्टि : यथार्थवादी दृष्टिकोण अपनाना (Realistic)

मीटिंग या स्वयं द्वारा व्यावहारिकता में मनन करते थे कि वर्तमान में उपलब्ध धन, सामान, टेक्नॉलोजी, विशेषज्ञों के साथ क्या ध्येयापूर्ति संभव है? अन्य से व्यापारिक सहयोग और आर्थिक सहायता मिलने की क्या संभावना है।

3. तृतीय परिदृष्टि : आलोचक बनना (Critic)

आलोचक बनकर समीक्षा करते : लक्ष्य विजय की क्या संभावना है, क्या कमियाँ हैं, व्यावहारिक है कि नहीं, सुधार की कहाँ आवश्यकता है, कथानक रोचक तथा मनोरंजक है या नहीं आदि।

4. उपरोक्त तीनों प्रारूपों से मीमांसा के उपरांत प्राप्त परिणामों के व्यावहारिक एकीकरण के पश्चात् ठोस रणनीति बनाया जाता, जिससे वाल्ट डिज्नी का व्यक्तिगत उद्देश्य और उनकी कंपनी को व्यावसायिक हितों की आपूर्ति होने की अधिकतम संभावना होती रहे।

परियोजना के अधिकारियों के साथ मीटिंग में वे उपरोक्त तीनों परिप्रेक्ष्य में हो वाद-विवाद, विचार-विमर्श करते। यही बौद्धिक राज रहा अल्बर्ट आइंस्टाइन, तियेस्ता तेस्ला, सुकरात की महानता का भी।

अभी तक आपने सीखा

मानव मस्तिष्क संदर्भ को बहुआयामी रूप से देखने में सक्षम है। ऐसा न करनेवाला स्वयं में अक्षम, संकीर्ण और कठोर प्रकृति को जन्माता है। प्रत्येक का नैसर्गिक स्वभाव है संसार को मात्र अपने चश्मे से देखना। उसको हम वैसा ही देखते हैं, या देखना चाहते हैं, जैसा इसकी आकृति पहले से मन में बना रखी है, न कि जैसी वह यथार्थ में है। अतएव, पूर्वाग्रह और व्यक्तिगत विचार छोड़ संतुलित चेतन से कई दृष्टिकोणों से परिवेश परखने से विवेक एवं बुद्धि युक्त व्यक्तित्व विकास का मार्ग प्रशस्त होता है। एक प्रतिक्रिया को विभिन्न नजरिए से महसूस करने से वह अलग-अलग दिखाई पड़ती है। 'परसेप्चुअल पोजीशन' विभिन्न विचारधाराओं को अपने में समेट प्रज्ञता और चातुर्य का संगम कर हमें पूर्व से अधिक रचनात्मक एवं निपुण बनाता है। इसके तीन प्रमुख भाग हैं—प्रथम, द्वितीय परिदृष्टि, जिसमें कर्ता क्रमशः अपने व दूसरे को प्राथमिकता प्रदान करता है। तृतीय परिदृष्टि में उन दोनों से विलग हो तटस्थ भाव से परिप्रेक्ष्य में आए लोगों या अभौतिक पदार्थ का उद्देश्य परक अवलोकन कर सबके हितार्थ उत्पादकता या सर्वस्वीकारणीय विकल्पों का पथ ढूँढ़ता है। इनसे हमें सब पक्षों से घटना, अनुभव का विजुअल, ऑडिटरी और काइनस्थेटिक सूचना ग्रहित करने में सक्षमता मिलती है और एक स्वीकृत नक्शा बना सही तथ्य की ओर बढ़ने की विद्वत्ता विकसित होती है। न्यूजीलैंड के साइकोथेरेपिस्ट डेविड ग्रोव ने संवाद से संबंधित 'क्लीन स्पेस' नामक अपने अन्वेषण में इसको व्यापक ढंग से विकसित कर अन्य क्षेत्रों में अत्यंत लाभप्रद उपयोग किया है। अत्यधिक प्रथम स्थिति में रहना हमें हानिकारक स्तर तक अहंशील बनाता है। द्वितीय परिदृष्टि पर आवश्यकता से अधिक होने से हम स्वयं के मूल्यों, विचारों, हितों को त्याग दूसरों पर अधिक निर्भर रह जाएँगे। तृतीय स्थिति से आसक्ति में हमको संसार से अलग-थलग करने का गुण है; कुछ लोग कहते

रहते हैं, 'दुनिया को दूर से सलाम', यह होता है संन्यासियों, घोर नशेड़ियों की विशेष प्रवृत्ति। अन्य दक्षता के अतिरिक्त, यह मॉडल लेखन, मैनेजमेंट संबंधी योग्यता बढ़ाने व पारिवारिक उन्नति में सहायक है। पुस्तक 'कोर ट्रांसफॉर्मेशन' के विख्यात द्वय लेखक कोनरी एंड्रयॉस (पी-एच.डी.) एवं तमारा एंड्रयॉस (एम.एम.) ने कहा है, 'कई विषयों में प्रतिभाशाली लोग अपनी परिदृष्टि को विभिन्न आयाम देने में सक्षम होकर अपने गुणों में अपार वृद्धि कर पाने में समर्थ हो जाते हैं। मनोचिकित्सक एंथोनी द मेलो (1931-1987) ने कहा है, 'यदि आप जिंदगी का पूरा आनंद लेना चाहते हैं तो अपने दृष्टिकोणों का विस्तार करें।' यह मॉडल निम्नलिखित में प्रवीणता लाने में सहायक होगा—

- निष्पक्ष एवं स्पष्ट रूप से संवाद, आलोचना, निर्णय तथा न्याय करना
- संबंध प्रगाढ़ता
- प्रत्येक पक्ष के व्यक्तिगत विचार से अवगत होना
- तथ्य प्राप्त कर दूसरे को अच्छे तरीके से समझना, समझाना
- हस्तक्षेप किए बिना विकल्प पाना
- परिस्थिति की सक्षम विवेचना
- स्वयं को लचीला बनाना
- सृजनात्मक सोच एवं गुण का उत्थान
- निष्पक्षता, स्वार्थहीनता की वृत्ति जागृत् करना
- संबंध (अधिकारी, कर्मचारी, सहयोगी, पति-पत्नी…) में विवाद सुलझाना
- निर्णय क्षमता बढ़ाना
- उत्तम आत्म-विश्लेषण क्षमता

इसके उपयोगी क्षेत्र निम्नलिखित होंगे

- मैनेजमेंट
- व्यापार, प्रोफेशन, विक्रय
- पैरेंटिंग
- अध्यापन
- न्याय प्रणाली
- फिल्म, टेलीविजन
- रचनात्मक लेखन

मंथन

1. आप दिन में अधिकतर किस परिदृष्टि में समय व्यतीत करते हैं, प्रथम, द्वितीय या तृतीय परिदृष्टि में? निष्पक्षता से अपने इस स्वभाव के लाभ, हानि पर चिंतन करें।
2. घटनाक्रम में टी.वी. पत्रकार अधिकतर अपना और भुक्तभोगी का पक्ष रखते जाते हैं, तृतीय पक्ष अर्थात् सुरक्षा बलों, प्रशासन या व्यवस्था में सम्मिलित अन्य के विचारों का अभाव होता है। यथार्थ का तटस्थता से आकलन कीजिए। दिमाग में एक नई तसवीर उभरी? झूठ-सच का आईना और साफ हुआ? पत्रकार महोदय अपना उत्तरदायित्व ठीक से निभा रहे अथवा नहीं? अध्ययन करें किस चैनल में निर्भीकता से सत्य जानने व उसे कहने का साहस है, और कौन विशेष व्यक्ति या राजनीतिक पार्टी के प्रभाव में है। अवसर पड़ने पर बी.बी.सी. देखकर इससे भारतीय चैनलों से पूर्वाग्रह के बिना एवं बिन राष्ट्रीयता से ओत-प्रोत हो तुलनात्मक अध्ययन करें।
3. हम अन्य के आचरण का मूल कारण न समझने के कारण अनुचित प्रतिक्रिया कर जाते हैं। हो सकता है पत्नी द्वारा आपसे दूरी बनाने के मूल में बच्चों की आवश्यकता पूरा न होना हो, किंतु आपने कुछ और मान अपने नातों के बीच गहरी खाई लाना प्रारंभ कर दिया। आप दूरदर्शिता कैसे निभाएँगे?

□

भाग–3

आत्मोत्थान

'जिसके अंदर सोच है, कल्पना है, पर नए ज्ञान के प्रति अरुचि है; वह उस पक्षी की तरह है, जिसके पास पंख तो हैं पर पैर नहीं।'

—जोसॅफ जबर्ट (1754–1824)

6

प्रतिभा विकास

याद है, कैसे मेरी क्लास में कुछ छात्रों पर अध्यापकों की कृपा रहती, उन्हें मेधावी कहा जाता, अधिकतर विषयों में आगे रहते। हम जैसे पीछे बैठनेवाले अधिक पढ़ाई कर निम्नतम फल पाते। पढ़ाई के अतिरिक्त अन्य क्षेत्रों में भी यही हाल है। फिल्म बनाने, शल्य क्रिया व अन्य व्यवसाय में अधिकतर लोग मेहनत करते हैं, पर रह जाते हैं औसत या निचले दरजे के। इस परिप्रेक्ष्य में हमारी सामाजिक धारणा कष्टदायी है। पुरातनपंथी, अज्ञानी मानते हैं, 'मूर्खों में भगवान् ने कम बुद्धि दी है, उनमें सफलता की आकांक्षा सदैव सपना रहेगी।' इस कारण वे अपने विवेक और दिमाग को ताक पर रख उन रास्तों से दूर भागते हैं जिससे कथित बुद्धिहीनों में यथोचित् गुण भर उनका मार्गदर्शन हो सके, उद्धार हो सके। परंतु उन अयोग्यों द्वारा व्यापार, खेल, विज्ञान में शिखर चूमने पर वे इसका कारण जानकर सबक न सीख दूसरों से शेखी बघारते फिरते हैं, 'बेटा/भाई/शिष्य किसका है!' हम अपना विश्वास बिखरता देखना नापसंद करते हैं, चाहे वैज्ञानिक रूप से तथ्य सिद्ध ही क्यों न हो जाए।

गुरु, प्रशिक्षक कहते नहीं थकते, 'अपने गुणों, प्रतिभा को पहचानो, इसका उपयोग करो।' परंतु उनमें निन्यानवे प्रतिशत में इस ज्ञान का अभाव है कि कौन सा मार्ग है जिससे गुणवान बना जा सके, प्रतिभा निखारी जा सके? पुरातनपंथी विचारधाराओं और विशेषज्ञों में ठोस विद्या का अभाव रहा, मैं मुक्तभोगी हूँ। बेटा पूछे, 'पप्पा, पढ़ने में पिछलग्गू हूँ', 'मैं डॉक्टर बनूँ या इंजीनियर?'' और कैसे मैं मित्र जैसा योग्य बनूँ?' क्या उत्तर होगा आपके जेहन में? ऐसे ज्वलंत प्रश्न कॅरिअर काउंसलर, अध्यापक, माता–पिता के सामने गाहे–बगाहे मुँह बाए उन्हें परेशान करता रहता है। मुझे स्मरण है कैसे तुक्का, अप्रमाणित उत्तर मुझे व सखाओं को विद्यार्थी जीवन में भ्रमित करते

रहे। सुखद अनुभूति है 'एन.एल.पी.' ने सामान्य जन द्वारा सर्वोचित एवं सर्वाधिक उन्नतशील दिशा में जाने का निश्चित मार्गदर्शन दिया और यह स्पष्ट किया कि कैसे सभी में आत्मसंतुष्टि, उत्साह, आत्मप्रेरणा, श्रेष्ठता की गंगा बहे तथा कैसे उनमें बहुमुखी क्षमता प्रवाहित हो।

प्रतिभा जागृत करनेवाली प्रक्रिया है

महान् हस्तियों ने माना कि योग्यता चेतन रूप से अंकुरित की जा सकती है। पर इस विचार के मूल में कड़ी शारीरिक, मानसिक मेहनत और लगन की अपेक्षा रही। आपसे एक प्रश्न, 'ऐसा करनेवाले अनन्य हैं, पर उनमें यह प्रवेश क्यों नहीं करती?' अध्यापक, मैनेजर, प्रशिक्षक द्वारा 'मंदबुद्धि', 'मूढ़' से अलंकृत किए गए असंख्य लोग हैं, एक ढूँढ़ें–दर्जनों मिलेंगे।

> **'मुझे सदैव लगता है मेरी महान् पूँजी शारीरिक क्षमता नहीं, वरन् मानसिक क्षमता और गुण है।'**
>
> ***—ब्रूस जेनर, ओलंपिक स्वर्ण पदक विजेता***

मस्तिष्क हमें गुणवान बनाता है और मस्तिष्क ही हमें बुद्धिहीन। ध्येय की ओर उचित स्नायु तंत्र की सक्रियता से अनुरूप फल मिलता है। मस्तिष्क के व्यक्तिगत उपयोग से अनुरूप गुण विकसित होता है—यह एक प्रमुख कारण लोगों में गुण विभेद का है, क्योंकि प्रत्येक व्यक्ति लक्ष्य पाने के लिए अलग ढंग से अपने दिमाग का संचालन करता है। श्रम का योगदान कम नहीं, पर मानसिक सामर्थ्य की दक्षता से किया गया प्रयोग उत्तमता से अभीष्ट परिणाम सामने ले आता है। एक प्रयोग में कल्पना द्वारा एक खेल के अभ्यास और शारीरिक प्रदर्शन द्वारा अभ्यास से लगभग एक समान परिणाम प्राप्त हुआ। आप अत्यंत प्रेरणादायी पूर्वानुमान से अवगत होंगे कि 'प्रतिभा और गुण को विकसित किया जा सकता है' (एबिल्टीज एंड एक्सलेंस कैन बी डेवलप्ड)। **'एन.एल.पी.' मानता है कि हर सामान्य व्यक्ति प्रवीणता, उच्चकोटिता पा सकता है। शर्त है, वह अपने तन, बुद्धि को लक्ष्य आधारित तरीके से प्रयुक्त करे।** विभिन्न क्षेत्रों में सर्वश्रेष्ठ रहनेवालों पर किए गए शोध ने यह प्रमाणित भी किया है।

नए युग के मनोवैज्ञानिक 'आई क्यू' टेस्ट को फितूर मानते हैं। इसने अधिकतर बच्चों, युवाओं को गुणहीन बनाया है, उनकी कुंठा बढ़ाई है, लक्ष्य दिलाना दूर की

बात। स्नायु तंत्र गुण और व्यक्तित्व आधारित सोच और विश्वास के अनुसार बौद्धिक व शारीरिक क्षमता या अवगुण जन्मता है। जिसे निम्न 'आई क्यू' मिलता है वह स्वयं को पैदाइशी मंदबुद्धि मान यथार्थ में अपने को वैसा ही बना लेता है। मानसिक अक्षमता स्वीकार करना पाप है, स्वयं की अवमानना है, जैसे—'मैं विशेष विषय सीख या पढ़ नहीं सकता', 'मैं रुचिगत कार्य में आगे नहीं बढ़ सकता', 'एक सृजनात्मक क्षेत्र में शिखर को दूर से प्रणाम।' **ध्यान रखिए मात्र ऐसी सोच भी आपमें आत्महीनता, अक्षमता, अवगुण, असमर्थता के अंकुर रोपित कर देती है!**

डगर अपूर्वता, अक्षमता की

स्नायुविक कार्यनीति के अभिन्न अंग रेप्रिजेंटेशनल सिस्टम्स मानसिक और शारीरिक प्रवीणता उभारने में प्रमुख भूमिका निभाते हैं। **प्रत्येक सिस्टम का सीमा में बँधे होने के कारण विशेष कार्यनीति है, अतएव, मात्र अपने कार्यक्षेत्र में ही वह पूर्ण संतृप्तिता से कार्यबद्ध हो अधिकतम रचनात्मक और प्रभावी बन सकता है।** 'वैचारिक अवयव' की अपने अनुरूप गतिविधि में सर्वाधिक भागीदारी रहती है, जबकि दूसरे 'वैचारिक अवयव' परोक्ष, अपरोक्ष रूप से सहयोग करते रहते हैं। आपमें सर्वोच्च सृजनात्मकता और प्रतिभा का अंकुरण परिप्रेक्ष्यानुरूप यथोचित् रेप्रिजेंटेशनल सिस्टम और उसके सबमॉडल्टी के सही उपयोग पर निर्भर है। यदि ऐसा है तो गुण में वृद्धि होगी, अन्यथा आपमें अकुशलता, हतोत्साहन प्रविष्ट होंगे। हम अपने प्रेफर्ड रेप्रिजेंटेशनल सिस्टम के अनुसार वरीयता के आधार पर विशिष्ट रुचि, रुझान, कौशल को स्वाभाविक रूप से अपनाते हैं।

विज़ुअल : नैसर्गिक गुण

बौद्धिक प्रक्रिया में चित्रों की प्रमुखता से ये लोग कल्पना, रेखांकन, प्रतीक के व्यापक समावेशवाले विषय में आत्मसंतुष्ट रहेंगे एवं उस क्षेत्र में बेहद प्रगति करेंगे, जैसे—डिजाइनिंग, बीजगणित। आप महिला हैं और यदि रुझान है तो बूटिक खोल प्रसिद्धि पा सकेंगी।

श्रव्य (ऑडिटरी) : नैसर्गिक गुण

ये बोलने की कला ले जमीन पर अवतरित होते हैं, अतः उसके सही उपयोग से अच्छे अध्यापक, वक्ता सिद्ध होंगे। रेडियो, पत्रकारिता में उन्नति कर सकते हैं। राह दिखाने के नैसर्गिक गुण रखने के कारण वे बतौर मैनेजर, नेता, अध्यक्ष निखरेंगे।

इन्हें लिखना अरुचिकर लगता है। भारतीय प्रधानमंत्री इंदिरा गांधी, इजराइल के प्रधानमंत्री गोल्डा मायर ऑडिटरी थीं।

काइनस्थेटिक : नैसर्गिक गुण

हाथों द्वारा सूक्ष्म कार्यों और भावना युक्त कार्य (सामाजिक कार्यकर्ता, फिजिशियन, मूर्तिकार, बढ़ई व्यवसायी) में सुख का अहसास करते हुए सहज योग्यता का प्रदर्शन करेंगे। इनमें एक वर्ग स्पर्श को महत्ता देनेवाले मांसल शरीरवालों का है जिन्हें 'मेजोमार्फ' कहते हैं; ये अच्छे भारोत्तोलक, पहलवान सिद्ध हो सकते हैं, महाभारत के महाबली से क्या आप अपरिचित हैं? कई विश्व भारोत्तोलक चैंपियन प्रारंभ से भरे बदन के धनी रहे। उत्तर भारतीयों द्वारा ठिठोली में एक कहावत प्रचलित है—'पहलवानों की बुद्धि घुटने में होती है।' पर सत्य यह है कि काइनस्थेटिक लोग पढ़ने जैसी विजुअल क्रिया को स्वाभाविकत: अरुचिकर पाते हैं।

प्रतिरूप सिस्टम अयोग्यता की जननी है

- विजुअल व ऑडिटरी सूक्ष्मता, स्पर्श, भावना (काइनस्थेटिक) प्रधान क्षेत्रों, जैसे—मूर्तिकला, मेकैनिकल इंजीनियरिंग···आदि में पिछड़े रहते हैं।
- ऑडिटरी और काइनस्थेटिक वर्ग विजुअल प्रधान विषय-वस्तु, जैसे—चित्रकला, बीजगणित, पढ़ना, लिखना आदि को अरुचिकर पा निम्नस्तरीय प्रदर्शन करेंगे।
- भावनात्मक (काइनस्थेटिक) मनोस्थिति से लिखना, पढ़ना मंद बुद्धिता (स्लो लर्निंग) उत्पन्न करता है और अंग्रेजी शब्द विन्यास (स्पेलिंग) को स्मरण करना दुस्वप्न बनाता है; कारण है उनका अधिकांशत: पुरानी यादों से जुड़े रहना। शोध से ज्ञात हुआ है कि अधिसंख्य डिस्लेक्सिया पीड़ित अध्ययन के समय भावात्मक दशा में रहते हैं।

अयोग्यता से प्रतिभा की ओर

वर्तमान में सदैव तत्पर रहना होगा, क्या पता कल क्या आवश्यक हो, परिस्थितिनुसार किस क्षमता, व्यवसाय को अपनाना पड़े। असहाय हो समस्या पैदा करने से बेहतर है अपनी दक्षता और स्वयं को विषयानुसार ढालकर जीवन को सही दिशा की ओर निर्देशित कर हर अवस्था में चमकना, न कि 'श्रीमान सदैव रोने, असहाय, पराश्रित या जिंदगी पर दोषारोपण करनेवाला' बने रहना! आप काइनस्थेटिक हैं, पर संभव है आपको भविष्य में अधिवक्ता का व्यवसाय चुनना पड़े। और

अधिवक्ता हो निचले दरजे का प्रदर्शन करना अच्छी बात नहीं। कमाल होगा जब उसमें आगे बढ़कर श्रेष्ठता प्रसिद्धि और धनार्जन करें।

पहले कुछ मनोवैज्ञानिकों द्वारा एवं वर्तमान में ग्रिंडर, बैंडलर, ज्योडिथ दे लॉजियर द्वारा आधुनिक शैक्षणिक शोध कार्यों के अनुसार मानसिक अयोग्यता (cognitive inability) प्रतिकूल 'वैचारिक अवयव' की प्रयुक्ति का फल है, और यह तभी सिर उठाएगी जब कर्ता अपने प्रेफर्ड सिस्टम के प्रतिरूप संदर्भ अपनाने को बाध्य हो: विजुअल शिक्षार्थी मेकैनिकल इंजीनियरिंग, ऑडिटरी शिक्षार्थी आर्कीटेक्ट व काइनस्थेटिक शिक्षार्थी गणित सीखे या ऐसा करने को विवश हो। मैंने यही किया, विजुअल सहपाठियों के रुझानवश डॉक्टर बनने के लिए बायलॉजी विषय चुना। खराब अंकों से किसी तरह गिरते-पड़ते पास होकर जाने-अनजाने कॅरिअर स्वयं डावाँडोल कर लिया। प्रेफर्ड तत्त्व मनभावन विकल्प है, पर सब में सामर्थ्य है कि वह प्रत्येक रेप्रेजेंटेशनल सिस्टम को लक्ष्यानुसार प्रयुक्त कर सके। स्थितिनुसार मानसिक रूप से समुन्नत होने और आत्म-परिवर्तन की श्रेष्ठता प्रदान करनेवाला यह गुण हमें अन्य जीवों से प्रगतिशील और प्रत्येक क्षेत्र में उत्तमता से सीखने व प्रगति करने का सार्वभौमिक गुण प्रदान करता है। इष्ट वैचारिक अवयव (प्रेफर्ड रेप्रेजेंटेशनल सिस्टम) पर पूर्ण निर्भरता या उसका आवश्यकता से अधिक प्रयोग अकुशलता व शिथिल-बुद्धि की जड़ है। स्वयं में लचीलापन ला समयानुकूल सही तत्त्वों को अपनानेवाला अधिकतम विषय में उत्कृष्टता पाने का अधिकारी बन सकता है।

'आप स्वयं से पूछते रहते हैं मैं प्रतिभाशाली हूँ, अत्यंत आकर्षक हूँ, मेधावी हूँ, या भव्य व्यक्तित्व का स्वामी हूँ? अरे भाई, आपमें इन सभी का समागम है।'

—मेरियन विलियम्सन, 'ए रिटर्न टू लव' में

सीखने व प्रदर्शन के दौरान स्नायु तंत्र मनोवृत्तिनुसार एक विशेष या अनेक वैचारिक तत्त्व सक्रिय कर प्रक्रिया प्रतिपादित करता है। 'एन.एल.पी.' अध्ययनों ने प्रमाणित किया है कि विषय के अनुरूप रेप्रेजेंटेशनल सिस्टम का पूर्ण गुणबद्धता से प्रयोग कौशलता में अपार वृद्धि लाता है, और यह विषय को सर्वाधिक प्रभावकारी रूप से आत्मसात् एवं स्मरण करने में सहायक भी होता है। वहीं प्रतिकूल रेप्रेजेंटेशनल सिस्टम का उपयोग अयोग्यता, बुद्धि-मंदता को जन्म देगा, जबकि संभव है आप

अपनी इच्छाशक्ति, आत्म-प्रेरणा और श्रम का भरपूर उपयोग कर रहे हों। **विषय और लक्ष्य में उचित 'वैचारिक तत्त्व' के चयन की क्षमता से ही मानसिक और शारीरिक प्रतिभा व सूक्ष्मदर्शिता प्राप्त होगी, अन्यथा कदापि नहीं।** रिचर्ड बैंडलर और सहयोगियों ने 'न्यूरो लिंग्वस्टिक प्रोग्रामिंग: द स्टडी ऑफ द स्ट्रक्चर ऑफ सब्जेक्टिव एक्सपिरिअंस (भाग 1)' में लिखा है कि विशिष्ट उद्‌देश्य प्राप्ति हेतु, चाहे गुणों को विकसित करना हो, स्वस्थ रहना हो, नवीन विधा सीखनी हो अथवा व्यक्ति विशेष से संवाद करना हो, उस विशेष समय पर सबसे यथोचित् 'वैचारिक अवयव' को अन्य की अपेक्षा प्रमुखता से अपनाना अत्यावश्यक है।' इस दृष्टि से—

- ऑडिटरी और काइनस्थेटिक विद्यार्थी विजुअल प्रधान विषयों (भौतिक शास्त्र…) को मन में रंगीन, आकर्षक तसवीर (V^c,V^r) रचित करते हुए सीखकर प्रखर बन सकते हैं। वर्तमान में पश्चिम के शिक्षण-संस्थानों में विशेष कार्यक्रमों के तहत विजुअल आधारित विषयों में कम अंक पानेवाले ऑडिटरी एवं काइनस्थेटिक छात्रों पर यह पद्धति उनकी निपुणता बढ़ाने में सफल रही हैं। कल्पना का उपयोग हमारी 'अवचेतन दक्षता' (अन्कॉन्शश कंपीटेंस) को बढ़ाकर स्मरण-शक्ति और सीखने की क्षमता में अभिवृद्धि करता है; अवचेतन के लांग टर्म मेमोरी बैंक में जाने के कारण हम उसे आसानी से नहीं भूलते।
- भावात्मक स्थिति में आ काइनस्थेटिक प्रधान विषय सीखना और करना आपको पांडित्य दिलाएगा, उदाहरणस्वरूप, रचनात्मक लेखन में भावपूर्ण सामग्री को प्रभावोत्पादक ढंग से लिखने के उद्‌देश्यवश भावनात्मक मनोवस्था में आने के पश्चात् लिखना, भारोत्तोलन में भार को सूक्ष्मता से महसूस करके आनंदित होकर भार उठाना।
- 'एन.एल.पी.' प्रयोगों ने पाया है कि काइनस्थेटिक शिष्य को ब्रेल-पद्धति से गणित पढ़ाना उनके लिए रोचक एवं प्रभावकारी तकनीक सिद्ध हुई है। नेत्रहीन लोगों की यह विधा विशेष रूप से बने बिंदु युक्त बोर्ड को स्पर्श करने की है, जो काइनस्थेटिक लोगों की विशिष्ट मानसिक प्रक्रिया के अनुरूप है।

अब सभी के द्वारा अयोग्यता, हीनता, अक्षमता को निरंतर महसूस करना पाप होगा। जेम्स हार्वे रॉबिंसन (1863-1936) ने फरमाया है, 'रचनात्मक बुद्धि और बुद्धिमत्ता का सही प्रयोग और उसकी सृजनात्मकता के विभिन्न स्वरूप को प्रदर्शित

कर हम अपने व्यक्तित्व को गरिमामय स्वरूप दे सकते हैं।'

प्रखर सृजनशीलता

विजुअल गुण मनुष्य की सबसे उत्कृष्ट सामर्थ्य शक्तियों में से एक है, जिसके अभाव में पृथ्वी की सुंदरता और विराटता का विस्तृत विस्तार असंभव होता। जीवन स्तर, गुणों की वृद्धि हेतु मानव इसका सदैव ऋणी रहेगा। संसार और विज्ञान को उच्च दिशा देने में इसका अप्रतिम योगदान है। महान् एवं सफलतम विभूतियाँ अनिवार्यतः कल्पनाशील रही हैं। सन् 1997 में जापानी ग्रैंड प्रिक्स के विजेता माइकल शूमेकर को सदा कल्पना द्वारा अभ्यासरत देखा गया है।

मानसिक चित्र द्वारा सोचने की योग्यता समस्त आंतरिक गुणों और अतींद्रिय (सुपरनेचुरल) शक्तियों में सृजनात्मकता का समागम कर उनमें विहंगता लाता है। मस्तिष्क के सुचारु रूप से संचालन में शारीरिक अभ्यास से अधिक या समान स्तर का परिणाम देनें की क्षमता है। चिंतक पैट्रीशिया सन का उद्‌गार है, 'हमारे पास विस्मयकारी बौद्धिक प्रवीणता है, परंतु हम इस विशाल विलक्षणता का उपयोग अज्ञानता क्षमताविहीनता और प्रतिभाविहीनता बढ़ाने में लगाते हैं।'

'एन.एल.पी.' के अंतर्गत व्यावहारिक परीक्षणों ने दिखाया कि ऑडिटरी और काइनस्थेटिक प्रेफर्ड छात्रों द्वारा लक्ष्यानुसार विजुअल क्षमता अपनाने से वे अपनी शैक्षणिक समस्या दूर करने में समर्थ हो जाते हैं। रसायन विज्ञान, जीव विज्ञान को रंगीन, आकर्षक कल्पना से भरपूर मेटाफोरिक कहानी द्वारा अध्ययन से विषय शीघ्रता से ग्राह्य जाता है और शैक्षणिक क्षमता में वृद्धि होती है, जैसे—आपके मनपसंद कार्टून पात्र (मिकी माउस...) स्टेज में विषय से संबंधित नाटक खेल रहे हैं, आप इलेक्ट्रिक करंट के रूप में तार में मटरगश्ती कर रहे हैं...। इससे चंद मिनटों में शैक्षणिक अयोग्यता योग्यता में परिवर्तित हो जाएगी। इन विषयों से भागनेवाला रुचि लेकर पढ़कर उत्तम अंक ला सकता है। एक शैक्षणिक प्रयोग में इस तकनीक से काइनस्थेटिक तथा ऑडिटरी इलेक्ट्रिकल इंजीनियरिंग विद्यार्थी अपनी बौद्धिक सामर्थ्य बढ़ाकर अव्वल अंक लाने में सफल रहे। लाख चेष्टा के बावजूद मैं जन्म से नेत्रहीन (शत-प्रतिशत गहन काइनस्थेटिक) प्रशिक्षार्थियों को कल्पना करना न सिखा पाया, क्योंकि उनमें विजुअल अनुभव का अभाव रहता है। मैंने उनसे अपने भाई, मित्र को पात्र बनाकर विज्ञान सीखने और अंग्रेजी बोलने को कहा। ब्रेल की अपेक्षा यह अधिक शीघ्र और सफल रहा। स्पीड रीडिंग चैंपियन एक लाइन व पैराग्राफ छोड़ कैमरे की तरह पूरा पृष्ठ देखकर पढ़ते हैं, एक-एक शब्द नहीं। विजुअल पद्धति

कंपनी, व्यावसायिक प्रशिक्षण में समान रूप से उपयुक्त होती है। आनंददायक वीडियो, फिल्म, मल्टीमीडिया प्रदर्शन, रेखांकन से बढ़िया परिणाम सामने आते हैं। आप या आपके बच्चे द्वारा किसी बोर विषय को चित्र, रेखांकन, ग्राफ, कार्टून, चलचित्र इत्यादि द्वारा रोचक बनाकर पढ़ने से उसे अति उत्तम, अति शीघ्रता से सीखा जा सकता है और उससे संबंधित स्मरण-शक्ति बढ़ाई जा सकती है।

अंग्रेजी में अन्य शब्दों के उच्चारण और उनके विन्यास में गहन विभेद के कारण स्पेलिंग सीखना समस्या है। विख्यात लोग और अंग्रेजी मातृभाषी भी इसके भुक्तभोगी हैं! 'Knowledge' में उच्चारण एवं शब्द विन्यास में फर्क होने से उसको लिखना असंभव है। इसकी ठोस तकनीक है, उसे चित्र रूप में दिमाग में देखना और रखना, तदैव, लिखते समय यह तसवीर देखते हुए स्पेलिंग लिखना। आप जीवन-पर्यंत उसका विन्यास भूल नहीं सकते। इससे 'फोनेटिक' (phonetic) शब्द (समान उच्चारण तथा विन्यासवाले शब्द, जैसे—Cat, Dog) भी श्रेष्ठता से याद होंगे। आप बड़े शब्द को कई भाग में अलग-अलग कर तसवीर रूप में देखकर बाद में जोड़ सकते हैं। Czechoslovakia, स्मरण करना बड़े-बड़े को चक्कर में डालता है, मैंने इसे अपनी सुविधानुसार तीन खंड में विभक्त किया-Czecho/slo/vakia। विन्यास लिखते व बोलते समय मन में तीनों को जोड़ देता हूँ। इस 'चंकिंग' (chunking) प्रक्रिया द्वारा मोबाइल नंबर और बड़ी संख्याओं को स्मरण करना सुगम होता है। और स्थायित्व के वास्ते तीन कार्ड में प्रत्येक समूह को लिख बारी-बारी से हर एक को बाएँ ऊपर (विजुअल रेमेंबर्ड अवस्था) रखकर देखें, तत्पश्चात्, विन्यास लिखने, बोलने से पूर्व मन में सबको संगठित कर लें; विजुअल रेमेंबर्ड (V^r) इसलिए कि पूर्ण शब्द का चित्र आपके दिमाग में स्मृति-संग्रहवाले विभाग में संगृहीत हो जाए। शोधकार्यों ने सिद्ध किया है कि इस विधि से काइनस्थेटिक और ऑडिटरी छात्रों, बच्चों के शब्द-विन्यास कौशलता में वृद्धि आई है। कैलिफोर्निया राज्य, अमेरिका में कई स्कूलों में विशेष सरकारी 'एन.एल.पी.' कार्यक्रम द्वारा काइनस्थेटिक विद्यार्थी शब्द विन्यास में उच्च अंक पाने में सफल रहे, एक स्कूल में पिछलग्गू छात्र ने शत-प्रतिशत अंक पाया। विजुअल प्रणाली से विवरण को मस्तिष्क में भंडारण गहन से उसे स्मरण करने और उसे समयानुसार चेतन में लाने (recalling) की प्रवीणता अद्भुत हो जाती है, रटने से कहीं अधिक। साक्षात्कार, परीक्षा, बॉस से संवाद के समय सामग्री शीघ्रता से पटल के सामने आ जाती है।

संजय अत्यंत ऊर्जावान, प्रखर, तेज-तर्रार ऑडिटरी वयस्क है,

गुरूर में मदमस्त धनी पिता फलते-फूलते व्यापार के स्वामी। संजय की महत्त्वाकांक्षा मैनेजमेंट क्षेत्र अपनाने की थी। सुनते ही पिताश्री का भेजा गरम हुआ, 'घर में इतना पैसा, बड़ा व्यापार, और तुम किसी की चाकरी करोगे?' दादा, चचेरे भाई हँसते न थकते। उसे अपने सपने का त्यागकर पारिवारिक व्यवसाय में लगना पड़ा। आज श्रीमान जी दिशाविहीन हैं, व्यापार से दिल उचटता है, नेटवर्क मार्केटिंग से आकर्षित हुए पर असफल रहे। पर उनका ये काम पक्का है—अधिकांशतः घर में रहना, घूमना, मौजमस्ती करना, 'मैक डनल्ड' का लजीज बर्गर खाना!

कल्पनाशक्ति को कैसे संपूर्ण दक्षता व प्रभावकारिता से प्रयुक्त करें, इस ज्ञान का अब तक अभाव रहा। 'एन.एल.पी.' ने राह दिखाई—कल्पना में विषय व परिप्रेक्ष्यानुसार सभी या अधिकांश वैचारिक अवयवों का समावेश संतुलन, प्रतिभा जागृत करने का सूत्र है। सांस्कृतिक विषयों की लेखिका वर्जिनिया पोस्ट्रेल ने निष्कर्ष निकाला, 'उच्च श्रेणी के सृजनात्मक लोग शब्द, गणित, कला, इतिहास का गहन बोध रखने के कारण दूसरों की अपेक्षा व्यापक मानसिक आयाम और कौशलता प्रयुक्त करने में समर्थ हो पाते हैं। खिलाड़ी की तरह शारीरिक संचालन, अनुभव में संगीत का अधिक समावेश तथा कल्पना का उपयोग करने के कारण इच्छित लक्ष्य में समस्त बौद्धिक क्षमताओं का सही, उचित भोग कर लेते हैं।' तियेस्ता तेस्ला मन में नए अन्वेषण से संबधित सूक्ष्म-से-सूक्ष्म और अधिकाधिक सबमॉडल्टी युक्त आंतरिक चित्र (V) में यथोचित् आवाज (A) समाविष्ट कर उसे विश्लेषित करते, और पूर्ण संतुष्टि (K) होने पर ही भौतिकता में निर्मित करते हैं! आप अचंभित होंगे पर सत्य है, उन्होंने ऐसे ही विशाल डायनमो, कैपासिटर आदि अन्वेषित किए और बनाए। यदि आप पटकथा लेखक, कहानीकार हैं तो कलम उठाने से पहले पूरे कथानक को अधिकतम रेप्रेजेंटेशनल सिस्टम तथा सूक्ष्मतम सबमॉडल्टी से भरे रंगीन चलचित्र बनाकर मानस में पहले से देख लें। मन द्वारा स्वीकृत करने पर ही लिखना प्रारंभ करें, जैसे—महान् हॉलीवुड फिल्म निर्माता स्टीवन स्पीलबर्ग आदतन किया करते हैं। सर्वोच्चता हेतु सफल फिल्मकार, लेखक, उपन्यासकार और सृजनात्मक व्यक्ति विषय-वस्तु का अधिकतम वैचारिक अवयवों व सबमॉडल्टियों में युक्त स्पष्ट आकर्षक विशाल मानसिक छवि बनाकर निम्न प्रकार से मीमांसा करते हैं—

1. प्रथम परिदृष्टि

कल्पना (V) में आलेख का रूपरेखा बनाना व देखना। मैं दर्शकों/पाठकों में क्या प्रभाव (K) उत्पन्न करना चाहता हूँ? पात्र में क्या विशेषता हो और उनका व्यक्तित्व, चरित्र, रूप (V) कैसा हो···? यह आपका अपना आकार-प्रकार होगा।

2. द्वितीय परिदृष्टि

कथानक में उपस्थिति प्रत्येक पात्र परिप्रेक्ष्य, वातावरण और स्थिति के अनुसार क्या सोचता, बोलता (A), महसूस (K) करता है; उनकी मनोवस्था (K) में उनसे किस प्रकार का भाषायात एवं भाषा-इतर प्रतिक्रिया, संवाद अपेक्षित होगा···?

3. तृतीय परिदृष्टि

पात्र में क्या गुण-अवगुण हैं? उन्हें कैसे दूर किया जाए? दर्शक/पाठक क्या पसंद करेंगे, क्या पसंद नहीं करेंगे, पढ़ते/देखते समय वे क्या सोचेंगे (A), महसूस करेंगे (K)···। मेरा उद्‌देश्य पूरा हुआ, यदि नहीं तो कहाँ संशोधन की आवश्यकता है? क्या दर्शकों/पाठकों की मुझसे अपेक्षाएँ पूर्ण हुईं? उनके पैसों का उचित मूल्य प्राप्त हुआ?··· छत्तीस से अधिक ई. बुक के लेखक जो विटाले ने कहा है, 'मैं सिर्फ अपने बारे में नहीं सोचता, मैं सिर्फ उनके (पाठकों), उनके, उनके बारे में सोचता हूँ।'

ह्यूमनिस्टिक मनोवैज्ञानिक जान सेमूर एवं संगीत में सफलता पाने के विशेषज्ञ जोसफ ओ कानर के अनुसार, 'एक विशेषता जो सभी उच्च कोटि के प्रदर्शन करनेवालों में है, वह है उनमें सभी वैचारिक अवयवों को प्रयुक्त करने की क्षमता व आवश्यकतानुसार सबसे उपयुक्त अवयव का उपयोग करना।'

एक रेप्रेजेंटेशनल सिस्टम का दूसरे में परिवर्तन अनुपम बौद्धिक निपुणता का परिचायक है। हम जितना अधिक इसमें पारंगत होंगे, उतना अधिक विषय-विशेष का आसाधारण गुण विकसित करेंगे। 'वैचारिक तत्त्वों' की इस परस्पर गुण ग्राह्यता को 'साइनस्थेसिया' कहते हैं। किसी ने आपसे कुछ कहा और आप उबल पड़े, यह ऑडिटरी-काइनस्थेटिक साइनस्थेसिया होगा, यहाँ 'बोल' का परिवर्तन 'भावना' में हो गया। जॉन ग्रिंडर, रिचर्ड बैंडलर और सहयोगियों ने लिखा, लोगों की व्यक्तिगत गुण, योग्यता में पृथक् स्तर इस पर आधारित होगा कि वे प्रत्येक उपस्थिति व विशिष्ट क्षेत्र व अनुभव में साइनस्थेसिया को किस शैली, किस प्रकार व किस कौशलता से प्रयुक्त कर रहे हैं।' आपको आश्चर्य होगा कि अमर संगीतज्ञ मोजार्ट

अपनी नवीन संगीत रचना को भिन्न रंगों में देख, महसूस कर जाँचने-परखने के बाद ही अंतिम रूप देते रहे हैं।

अनुरूप मनोदशा में

ध्येयानुसार मनोदशा में आने से गुण निखरता है, प्रतिरूप मनोदशा उन्हें खिलने से रोकता है। यूनिवर्सिटी ऑफ नॉर्थ कैरोलिना, अमेरिका द्वारा छात्रों के दो समूहों पर किए गए प्रयोग से विदित हुआ : आँख को विजुअल क्यू में रखकर पढ़ने से काइनस्थेटिक क्यू में रख पढ़ने की अपेक्षा विषय को स्मरण करने व उसे समझने के काबिलीयत में अधिक वृद्धि होती है। अभी तक वैज्ञानिक विधि का अभाव रहा कि कैसे अनेक लक्ष्यानुरूप मनोदशा त्वरितता से प्राप्त किया जाए। आई एसेसिंग क्यू में रहस्य छिपा है! **निगाहों को अनुरूप दिशा में रखने से इच्छित मनोवस्था तुरंत आती है, यह अर्थहीन होगा कि आपका मनचाहा रेप्रेजेंटेशनल सिस्टम क्या है—**

- भावना से संबंधित (भावनात्मक लेखन···) क्षमता वृद्धि : क्रिया के पहले नीचे दाहिने देखना (काइनस्थेटिक अवस्था में आकर)
- भविष्य से संबंधित रचना (पटकथा, फिल्म, चित्रकला, कार्टून और योजना बनाना···) : दाएँ ऊपर देखकर सोचना (विजुअल कंस्ट्रक्टेड अवस्था में आकर)
- क्रिया में नवीन शब्द, वाक्य और आवाज को मन में बुलाना (नया लेख, कविता की रचना···): दाएँ देखते हुए विचारना (ऑडिटरी कंस्ट्रक्टेड अवस्था में आकर)
- पूर्व के या स्मरण किए गए शब्द वाक्य, आवाज को वर्तमान चेतन में लाना (अतीत की कविता या फॉर्मूले को स्मृति में लाना, स्पेलिंग बोलना, लिखना···): बाएँ देखकर (ऑडिटरी रिमेंबर्ड अवस्था में आकर)

(आपको स्मरण होगा बाएँ या दोनों हाथों से कार्य करनेवाले व्यक्तियों का उपरोक्त क्यू विपरीत रहेगा।)

अभ्यास : मानसिक क्षमताओं को निखारना

गहरी श्वास ले आरामदायक हो संतरे (या कोई ऐसा फल, जिसे याद कर आपके मुख में पानी आए, शर्त रहेगा इसका लाभकारी खाद्य पदार्थ का होना) को स्मृति में लाएँ। इसका नारंगी रंग, सूक्ष्मता और त्वचा के असंख्य छिद्र कैमरे की तरह जूम कर देख प्रफुल्लित हों, और उसे ऊपर से नीचे तक छूकर अत्यंत खुश हों। आपका हाथ

गुदगुदे स्पर्श से सराबोर, हृदय भीनी-भीनी सुगंध तथा ताजगी से विभोर हो रहा है। अनोखे सुगंधयुक्त स्वाद से आपके मुख में पानी आ गया। आप इससे खेल रहे हैं एवं कभी गाल पर, कभी नाक पर लगा गंध और स्वाद में डूब रहे हैं। पार्श्व में मंद-मंद सुखदायी संगीत चल रहा है। इच्छानुसार समय तक इस भाव में बहते रहें।

यह अभ्यास आपमें विजुअल, ऑडिटरी, काइनस्थेटिक, अल्फॅक्ट्री गस्टेट्री गुण उभारेगा, जिसे आप संदर्भानुसार प्रयोग कर सकेंगे।

अभी तक आपने सीखा

मात्र सकारात्मकता पर चलना एवं सोचना श्रेष्ठता प्रदान नहीं करती, हम मस्तिष्क के कुशल, उत्कृष्ट संचालन से श्रेष्ठ बनते हैं। हम अधिकांशत: आनुवंशिक रूप से प्रतिभाशाली या अप्रतिभाशाली नहीं होते, वरन् मनोवृत्ति, मानसिक रणनीति हमें वैसा बनाती है। किसी को जन्म से अक्षम्य पुकारना वैचारिक रुग्णता की पराकाष्ठा होगी। अपनी योग्यता का विकास हर प्राणी के हाथ में है। स्नायुतंत्र के विषयानुरूप प्रयोग से श्रेष्ठता आएगी, अनुचित प्रयोग निम्नतर गुण और अक्षम्यता। अवगुण, अकुशलता एवं मन न लगना अनुपयुक्त प्रणाली और मनोवस्था का उत्पाद है, न कि नैसर्गिक दुर्गुण। मानव में प्राकृतिक कौशलता है कि वह सभी वैचारिक अवयव उद्देश्यानुसार प्रमुखता से उपभोग कर सके। किसी रेप्रेजेंटेशनल सिस्टम पर अधिक निर्भरता हमें सीमा में बाँधती है, वहीं सभी का बंधन मुक्त खुले दिल से विषयानुरूप प्रयोग असीम संभावनाओं एवं प्रतिभा का मार्ग प्रशस्त करती है। 'एन.एल.पी.' का नवीनतम उपभोग गणित, टाइपिंग, शब्द विन्यास, व्यक्तित्व विकास आदि को शीघ्रता से सिखानेवाले कंप्यूटर सॉफ्टवेयर में भी किया जाता है।

मंथन

1. संगठन और कक्षा में किसी को पढ़ते, सीखते, संवाद या कोई क्रिया करते हुए निहारें। उसका प्रेफर्ड सिस्टम विश्लेषित करें। वह उस क्षण किस रेप्रेजेंटेशनल सिस्टम में है? एक विशेष समय में हम दूसरे सिस्टम में आते-जाते रहते हैं।
2. मानसिक प्रवीणता के विस्तार हेतु होमवर्क। बढ़िया भोजन के उपरांत सुख के अहसास को कोई आवाज दें। तत्पश्चात्, उस आवाज से पाँच भिन्न रंगीन गुब्बारे बनाएँ! बच्चों से यह करने को कहें, आएगा मजा। यह दिमाग को विभिन्नता से प्रयुक्त करने एवं साइनस्थेसिया का अच्छा अभ्यास है।

□

7

बहुमुखी आत्मोन्नति एवं जागरण

अनपढ़ जॉर्ज ने कठिन परिश्रम से गोवा में अपने रेस्टोरेंट को ऊँचाई पर खड़ा कर दिया। आश्चर्य की बात यह थी कि वे न तो समाचार-पत्र पढ़ते, न टेलीविजन देखते। उनकी सफलता का राज रहा ग्राहकों के प्रति सेवा व समर्पण। बेटा लुइस मुंबई के विख्यात विश्वविद्यालय से एम.बी.ए. कर उनका हाथ बँटाने लगा। लुइस ने एक दिन टेलीविजन पर समाचार देखा कि पूरी दुनिया मंदी की चपेट में आ चुकी है। कई विख्यात उद्यमियों का दिवाला निकल रहा है या वे घाटे में फँस गए। उसने पिता से कहा, 'पिताजी, व्यापार में मंदी आ रही है, इससे बचने हेतु हम कई कर्मचारियों को निकालेंगे तथा अपने खर्चे कम करेंगे।' जॉर्ज के लिए इतने पढ़े-लिखे व्यापार में विशेषज्ञ बेटे का परामर्श निर्विवाद था। निर्णय यथासमय पर लागू होने लगा। कुछ माह उपरांत निरंतर घाटे के कारण उनके रेस्टोरेंट में ताला लगाना पड़ा।

परंतु, क्या इसमें कोई सत्य छुपा है?

विश्वास (Belief)

'विश्वास' (इस पुस्तक में 'विश्वास' शब्द अंग्रेजी के 'Belief' के समकक्ष होगा) गहरे मन में प्रस्थापित एक विशेष सोच है जो मानसिक दृढ़ता और निश्चिंतता दरशाती है। इससे समस्त मानसिक तथा शारीरिक क्रियाओं को निश्चित आयाम एवं

दिशा मिलती है । आपकी सोच 'मैं कर लूँगा', 'मैं कर सकता हूँ' सफलता के प्रति निश्चितता प्रदर्शित करता है। यह विश्वास अधिकतम संभावना बनाता है कि आप इच्छित क्रिया कर सकते हैं या कर लेंगे। मस्तिष्क के लिए 'विश्वास' आज्ञा अर्थात् कमांडस्वरूप है जिसके आधार पर यह समस्त चेतन एवं अवचेतन प्रक्रियाएँ संपन्न कराता है, इसमें स्वचालित (ऑटोनॉमस) प्रतिक्रियाएँ भी सम्मिलित है, जैसे—श्वसन, भाव-भंगिमा आदि।

सम्मोहन के प्रयोगों से प्रमाणित हुआ कि मस्तिष्क 'विश्वास' को संपूर्ण सत्य के रूप में स्वीकार कर लेता है, जैसा कि अंतरराष्ट्रीय मैनेजमेंट कंसल्टेंट सु नाइट की विचारोक्ति है। वह वास्तविकता एवं इंद्रियों (आँख, त्वचा…) द्वारा स्नायुतंत्र को संप्रेषित संवेदना को सच के रूप में नहीं अपनाता। यह सोच को वैसे अपने अनुसार नियंत्रित करता है जिस प्रकार एक प्रहरी भवन में आने-जानेवालों को। साथ ही इंद्रियों (आँख, त्वचा…) द्वारा प्रसारित बाह्य सूचना छन्नी की तरह छानकर ही मस्तिष्क को प्रेषित करता है। हम 'विश्वास' रूपी चश्मे से संसार को देखते हैं; यदि आपका दृढ़ मत है कि 'महेश बुरा आदमी है' तो आप उसे सदैव पूर्वाग्रही दृष्टि से देखेंगे, भले ही सच्चाई में वह ऐसा न हो। यथार्थ में 'विश्वास' मन में संगृहीत अतीत के अनुभवों का संक्षिप्त प्रारूप है। कभी आप नदी में डूबते-डूबते बचे, तो इसके उपरांत मस्तिष्क उस घटना को अधिकांशत: पूर्ण आकार में संगृहीत करने के स्थान पर विश्वास 'पानी से प्राणों को खतरा है' के छोटे आकार में स्मृति में सँजो लेता है, जिसका भविष्य में समय पड़ने पर उपयोग किया जा सके। स्वयं को अक्षम, अगुणी समझना किसी पूर्व घटना का परिणाम है। यह निम्न प्रकार से अनुभव एवं विचार की भ्रंश मानसिक संरचना होती है।

भ्रंश (Distortion)

'विश्वास' में सच्चाई का तोड़ा-मरोड़ा गया रूप हो सकता है। लुइस का मत कि वे भी मंदी की चपेट में आ चुके या आएँगे द्वारा वास्तविकता को बिगाड़ दिया गया, क्योंकि ऐसा असंभव है कि सभी धंधे मंदी की चपेट में आ जाएँ!

तथ्य को निकालना (Deletion)

'विश्वास' में वास्तविकता की उपेक्षा की जा सकती है। लुइस इस तथ्य से आँख मूँद बैठा कि उस मंदी में भी कई रेस्टोरेंट फल-फूल रहे हैं। सच्चाई को नजरअंदाज करने से सोच में अवास्तविकता आ जाती है।

साधारणीकरण (Generalization)

एक घटना से उपजी धारणा को अन्य क्षेत्रों के लिए समान रूप से लागू किया जाता है। लुइस ने मंदी की काली छाया को पूर्ण विश्व में सभी परिप्रेक्ष्य पर व्याप्त माना, जबकि अन्य व्यापारी उस समय धनाढ्य बन रहे थे, पर ठीक उसी प्रकार जैसे गंगा में डूबकर बचनेवाले को सभी नदियों का पानी भयावह लगता है।

आपको आश्चर्य होगा, अविश्वास और अंधविश्वास विश्वास का प्रतिरूप है, उदाहरणस्वरूप, धर्मांध का अन्य धर्मों से घृणा। मानना 'मैं स्वेच्छा से जी नहीं सकता' विश्वास है। विश्वास व्यवहार और संवाद निर्धारित करता है। जॉर्ज और लुइस में अपनी धारणा से प्रस्फुटित हताशा ग्राहकों के प्रति रूखे व्यवहार के रूप में स्वाभाविकत: प्रकट होने लगी—जब घाटा होना ही है तो ग्राहकों पर समय क्यों बरबाद किया जाए! फलस्वरूप, असंतुष्टिता से ग्राहकों की संख्या घटती गई। अविश्वसनीय, किंतु सत्य है कि 'विश्वास' से हम स्वयं ही सफलता अथवा विफलता का पहले से ही निर्धारण कर लेते हैं—

- दृढ़ आस्था कि 'मैं उद्देश्य प्राप्ति कर लूँगा ('मैं जीत जाऊँगा', मैं पुस्तक लिख लूँगा') लक्ष्य विजय की अधिकतम संभावना सुनिश्चित करती है। येल विश्वविद्यालय, अमेरिका के डॉ. रॉबर्ट एबलसन के उद्‌गार, 'विश्वास सभी क्षेत्रों में लक्ष्य तथा इच्छापूर्ति में सहायक है।'
- प्रयोजन सिद्धि में अपनी निष्फलता से पहले निश्चितता ('मैं जीत नहीं सकता', 'मैं पुस्तक नहीं लिख सकता') नियोजित ढंग से विफल करने की अधिकतम संभावना उत्पन्न करती है।

प्रारब्ध लगभग वैसा बनेगा जैसी हमारी प्रारंभिक अवधारणाएँ होंगी। वर्तमान में अपने जीवन-स्तर व उपलब्धियों पर ध्यान दें। आप देखेंगे यह अधिकतम वैसा ही है जैसी पहले आपने कल्पना की होगी! लुइस को अपने विश्वासानुसार घाटा प्रारंभ होने लगा, अंतत: एक फलते-फूलते रेस्टोरेंट में लटक गया ताला। एक विश्वास को कई अन्य विश्वास दृढ़ता व आधार प्रदान कर सकते हैं—मेज के पायों की तरह। विश्वास के इस समूह को 'विश्वास शृंखला' (बिलीफ सिस्टम) कहा जाएगा। उदाहरणस्वरूप, आपका मानना 'मैं बहुत प्रतिभाशाली हूँ' इन मतों पर टिका हो सकता है—

- (क्योंकि) 'मैं सदैव क्लास में अव्वल आता हूँ।'
- (क्योंकि) 'मैं होमवर्क अन्य की सहायता के बिना स्वयं कर लेता हूँ।'
- (क्योंकि) 'मेरा मन ऐसा कहता है।'

- (क्योंकि) 'मैं राष्ट्रीय प्रतियोगिता जीत चुका हूँ।'

'विश्वास' प्रत्येक क्षेत्र में गुण विकास, सीखने की क्षमता व क्रियाओं के संपादन में महत्त्वपूर्ण योगदान रखता है। आपको आश्चर्य होगा अत्यंत प्रभावशाली, रोगमुक्त होनेवाले तथा स्वस्थ भारवाले लोगों में विशेष विश्वास शृंखला निवास करती है, वहीं, अस्वस्थ, अक्षम, अकर्मण्य, मोटे इंसानों में अपने को हानि पहुँचानेवाली 'विश्वास शृंखलाओं' की भरमार होती है। 'आधारभूत विश्वास' (कोर बिलीफ) व्यक्ति के व्यक्तित्व, व्यवहार और आदत को विशिष्ट संरचना प्रदान करने में प्रमुख भूमिका निभाता है। हम जो भी हैं, जैसे भी हैं, कैसे भी हैं, इसके मूल में गहरे मन में पैठ बनाए मुख्य विश्वास-प्रणाली है। विश्वास को लोग प्राय: इस प्रकार व्यक्त करते रहते हैं—

- 'मेरा दृढ़ विश्वास है धन सर्वोपरि है।'
- 'मेरा सदैव मानना रहा पुरुषार्थ सफलता की कुंजी है।'

आधारभूत विश्वासों के परिवर्तन से बदल जाता है हमारा संपूर्ण व्यक्तित्व, नजरिया, चरित्र एवं नैसर्गिक स्वभाव और अंतत: अति शीघ्रता से होता है आत्म-परिवर्तन। परंतु, आधारभूत विश्वासों का रूपांतरण मन उद्वेलित करनेवाली अत्यंत कठिन प्रक्रिया है। ऐसा ही हुआ जब वाल्मीकि के विश्वासों की चूल हिल उठीं—लूटेरे, हत्यारे से वे संत और महाकाव्य 'रामायण' के रचयिता बन बैठे!

नकारात्मक विश्वास

नकारात्मक विश्वास निरंतर मस्तिष्क को प्रभावित करते रहने के कारण अत्यंत हानिप्रद हैं। आतंकवादी जैसे दूषित मानसिकतावालों की विषाक्त मान्यताओं को अपनाना व बनाना प्रमुख सिद्धांत हैं। इन्हें जड़ से उखाड़ने में ही भलाई है, यह जीवन को सुखमयी बनाता है। इसलिए सकारात्मक मनोवस्था और विचारोंवाले शख्स इन्हें पास फटकने नहीं देते। बहुत से भारतीयों में दृढ़-धारणा है—'शारीरिक श्रम हमारे स्तर के अनुरूप नहीं है।' इसी कारणवश वे शक्ति एवं स्वास्थ्य में पश्चिम के लोगों से कहीं अधिक पिछड़े रहते हैं। *नकारात्मक, असत्य, अवैज्ञानिक, अप्रामाणिक तथा अमानवीय विश्वास व्यक्ति में अकुशलता, हानिकारक मनोदशा (कुंठा, विषाद¨), मानसिक विकृति, असफलता तथा रोग का प्रमुख कारण बन सकता है— भले ही कूप-मंडूक और परंपरावादी इसे न स्वीकारे।* कई लोग आदतन अनुचित विश्वासों से चिपके रहकर स्थायी रूप से कुपित या दु:खित अवस्था में रहा करते हैं।

लाभकारी दिशा

जीवन को इच्छानुसार प्रभावित करने की योग्यता तभी आएगी जब उचित, तार्किक तथा वैज्ञानिकता पर आधारित धारणा अंगीकार करना हमारी स्वाभाविक प्रकृति हो जाए; आपको आश्चर्य होगा यही विशेषता है शिखर चूमनेवालों की। अनुचित मत पर अविश्वास और उस पर प्रश्न से मन स्वतः ही तथ्यों की ओर आकर्षित हो जाता है। अवधारणा 'प्रातः एक आँखवाले के दर्शन से दिन खराब हो जाएगा' के संदर्भ में पूछें/सोचें—

- 'क्या यह वैज्ञानिक रूप से प्रमाणित है?'
- 'क्या कभी सामान्य शख्स को देखने से आपका दिन खराब नहीं हुआ?'
- 'ऐसे विचारयुक्त लोग क्या दूसरों से अधिक सफल होते हैं?'

अतीत की सफलता और सुखानुभवों को भुलाने से लाभकारी विश्वास दफन हो जाता है। फलस्वरूप आत्महीनता एवं दोष तो पनपेगा ही। ऐसा करते रहते हैं बहुतेरे लोग। जबकि मनोवैज्ञानिक सच्चाई है कि सफलता और सुखानुभव यदाकदा याद करते रहने से कई कष्टप्रद और जहरीली अवधारणाएँ स्वयं विलुप्त हो जाती हैं।

अभ्यास : संदेह विश्वास में बदल सकता है परंतु कैसे!

संशय को नई संरचना में ढाल उसे विश्वास में परिवर्तित किया जा सकता है। विश्वास नहीं? मानसिक व्यायाम करें।

आप डॉक्टर बनना चाहते हैं, किंतु मन में भ्रम है, अविश्वास है। आँख बंदकर इस लक्ष्य पर चिंतन कीजिए, मन में इसे चित्र स्वरूप में देखें। अस्पष्ट, मानसिक पटल से दूर एवं धुँधली तसवीर में आप स्वयं को असफल होते हुए देख रहे होंगे—परीक्षा दी पर विफल हुए इत्यादि। अब चलते हुए सिनेमा की आकर्षक, रंगीन रील में स्पष्टता से स्वयं को जीवंत स्वरूप में डॉक्टर बनता हुआ देखें। आप अपना नाम चयन लिस्ट में सबसे ऊपर देख आनंदविभोर हो रहे हैं; परिवार के लोग गौरवान्वित हैं। अब आप दृढ़ता से सोच रहे होंगे— जी हाँ! मैं बन सकता हूँ डॉक्टर/मैं बनूँगा डॉक्टर!

संदेह को दृढ़ विश्वास का आकार देने के पश्चात् देखना होगा आप उद्देश्यानुसार गुण विकास करेंगे अथवा नहीं, तभी विश्वास शक्ति और व्यावहारिक बनता है। डॉक्टररूपी महत्त्वाकांक्षा को मूर्त रूप देने हेतु उसी स्तर के अनुरूप आपको अध्ययन और लक्ष्य से संबंधित भरसक प्रयास करना होगा, वरना स्वप्न दिवास्वप्न बन जाएगा।

सकारात्मक विश्वास जीवन के चहुँ विकास और सफलता में क्रांति लाता है। बाइबल के अनुसार, 'कण भर की आस्था से पर्वत भी हिल जाता है।' गहन एवं ठोस विश्वास उत्पन्न कर हम स्वास्थ्य, व्यक्तिगत/प्रोफेशनल उन्नति तथा बीमारी भगाने के लिए अत्यधिक आत्मबल एवं शारीरिक बल विकसित कर सकते हैं।

मूल्य (Value)

मूल्य गहरी पैठ बनाए अति विशिष्ट व्यक्तिगत विश्वास हैं जो संबंधित क्षेत्र में मन को प्रेरित करते हुए दिशा-निर्देशित करते रहते हैं। निकोलस बैरोन ने 'लाइफ पर्पज डिस्कवरीज' में इसकी ऐसे व्याख्या की, 'मूल्य वह बौद्धिक तत्त्व है, जो मस्तिष्क और शरीर की विभिन्न भावनाएँ तथा अनुभव महसूस करने के लिए आवश्यक है।' एक शब्द या बहु शब्दोंवाला वाक्य इसकी शाब्दिक संरचना है, जैसे—'शालीनता', 'मानवता', 'धर्म', 'अधिकार के लिए लड़ना' इत्यादि। *आचरण और व्यक्तित्व को विशेष रंग और निश्चित दिशाबोध मूल्य से होता है— यही कारण है जो 'शारीरिक सुख' को सर्वोपरि मानते हैं, वे बहुधा सेक्स, व्यसन में लिप्त रहते हैं।*

अच्छी या खराब मनोभावना का निर्धारण 'मूल्य' करते हैं। यदि किसी कर्म से आपके मनपसंद 'मूल्यों' की आपूर्ति हो रही है तो वह कर्म आपको सुखानुभूति देगा अन्यथा दु:ख। बहुधा, बहुतेरे जन शून्यता या अंधकार से इसलिए घिरे रहते हैं कि उनके मन में 'प्रेम', 'आत्मनिर्भरता', 'शांति' जैसे मूल्यों का पूर्णत: अभाव रहता है। सकारात्मक मूल्य, जैसे—'भाईचारा' जीवन में सकारात्मकता का बीज बोते हैं; वहीं, नकारात्मक मूल्य ('घृणा', 'असहिष्णुता'···) हमें अहितकारी शैली, वैमनस्यता एवं जीवन-पद्धति की ओर धकेलेंगे ही। अत: सुख, स्वास्थ्य और मानसिक शांति के लिए सावधान रहें, हानिकारक मूल्यों का अपने अंदर प्रवेश देने से।

उद्‌देश्य प्राप्ति के मार्ग में कर्म में उत्साह व आत्म-प्रेरणा मूल्यों द्वारा ही जनित होती है। प्रत्येक कार्य और चेष्टा करने में आप तभी उत्प्रेरित होंगे या वह कार्य आपको रुचिकर लगेगा जब आपको उनसे इच्छित मूल्यों, जैसे—'सफलता', 'आत्मनिर्भरता' या अन्य की आपूर्ति होगी, वरना कतई नहीं। किसी कर्म द्वारा यदि आपको इच्छित मूल्यों की आपूर्ति नहीं हो रही तो वह आपको सदैव अरुचिकर लगेगा। यदि आपका व्यापार, नौकरी में मन नहीं लग रहा तो उसमें सकारात्मक मूल्यों को प्रविष्ट लाएँ। सोचिए यदि मैं वह न करूँ तो 'धनार्जन' कहाँ से कर पाऊँगा, 'पारिवारिक जिम्मेदारी' कैसे निभाऊँगा?

अस्पष्ट और एक-दूसरे से विपरीत 'मूल्य' मानसिक व्यग्रता और द्वंद्वता के जनक हैं। मेरे मित्र ईमानदारी के कायल हैं, परंतु अत्यधिक भौतिकवादी भी। तथैव, वे मानसिक उधेड़बुन से सदैव घिरे रहते हैं, क्योंकि उनके चारों ओर सभी कर्मचारी अत्यधिक भ्रष्ट हैं। अंतरराष्ट्रीय प्रसिद्ध मनोवैज्ञानिक कोनरी एवं स्टीव एंड्रयॉस अपनी पुस्तक में लिखते हैं, 'व्यक्ति तभी निश्चितता का बोध करेगा, जब वह स्पष्ट मूल्य बनाता हो।'

अवचेतन में दबे मूल्यों को चेतन में लाने से मन उत्साह की धारा से सराबोर हो जाता है। इस यथार्थ, स्वयं से प्रश्न कीजिए, 'जब मैं 'X' करूँगा तो क्या प्राप्त होगा?' यहाँ 'X' कर्म या लक्ष्य है, जैसे—किसी कर्म में सफल होना, मैनेजर बनना आदि। प्रश्न तब तक प्रारंभ रखें, जब तक समान उत्तर बारंबार न आए। उससे प्राप्त उत्तर 'X' को पाने के लिए आपके अंदर अवचेतन कारण का संज्ञान कराएगा। उदाहरण स्वरूप—

प्रश्न : 'सफल व्यापारी बनने से मुझे क्या प्राप्त होगा?'

उत्तर : 'मुझे धन मिलेगा।'

प्रश्न : 'धन मुझे क्या देगा?'

उत्तर : 'व्यक्तिगत स्वतंत्रता।'

प्रश्न : 'व्यक्तिगत स्वतंत्रता मिलने से मुझे क्या प्राप्त होगा?'

उत्तर : 'आत्मसम्मान।'

एक नोट बुक में लिखें, सफल व्यापारी बनने के लिए मूल्य—'धन', 'व्यक्तिगत स्वतंत्रता', 'आत्मसम्मान'...। ये आपको उस परिप्रेक्ष्य (जैसे व्यापार करने और उसमें सफलता के उद्देश्यार्थ) में मानसिक उद्विग्नता की स्थिति में भी आपको लक्ष्य प्राप्ति के लिए प्रेरित करते रहेंगे।

चहुँमुखी आयाम

हमारी क्षमता एवं उसकी क्रियाशीलता के बहुमुखी आयाम होते हैं।

इंग्लैंड के महान् एंथ्रोपॉलोजिस्ट डॉ. ग्रेगरी बेटसन ने वर्षों अध्ययन से निष्कर्ष निकाला कि मानव मस्तिष्क अपनी विभिन्न दिशाओं से संबंधित विचार को विशेष क्रमबद्धता से संग्रहित कर रखता है। इस विचार-शृंखला का स्रोत नाड़ीतंत्र होने के कारण उन्होंने इसे 'न्यूरॉलोजिकल लेवल्स' (Neurological Levels) नाम दिया। उच्च से नीचे पायदान के अनुसार ये इस प्रकार हैं—

- **अध्यात्म** (Spirituality)

- **अस्मिता** (Identity)
- **विश्वास** (Belief)
- **गुण** (Capability)
- **व्यवहार** (Behaviour)
- **वातावरण** (Environment)

'आइडेंटिटी' व्यक्ति का उद्‌देश्य एवं मिशन युक्त व्यक्तित्व होता है। 'मैं डॉक्टर हूँ', 'मैं सामाजिक कार्यकर्ता हूँ' कहकर हम अपनी पहचान व्यक्त कर रहे होते हैं।

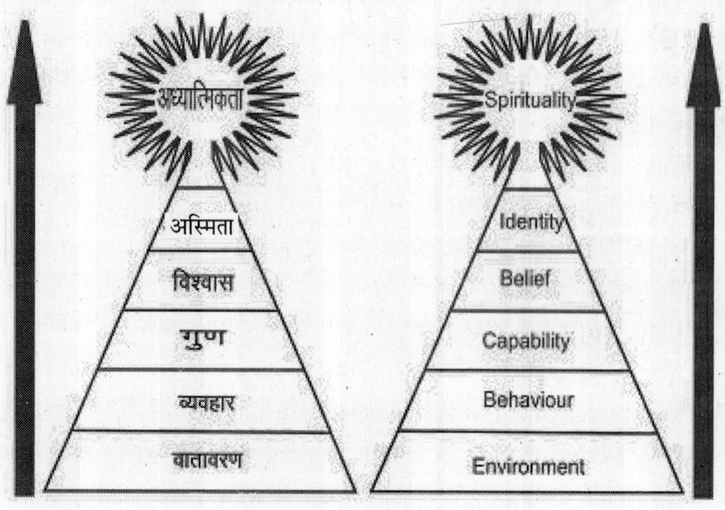

चित्र 7.1 : न्यूरॉलोजिकल लेवल्स

प्रत्येक स्तर स्वतंत्र रूप के साथ-ही-साथ आपस में सामंजस्य बिठाकर समस्त क्रियाओं को निष्पादित करते हैं। प्रसिद्ध मानव व्यवहार विशेषज्ञ रॉबर्ट डिल्ट्ज के मतानुसार, 'प्रत्येक स्तर मौलिक रूप से इंद्रियों को प्रभावित करता रहता है।' इसको ऐसे समझें—

- व्यवहार, गुण, पहचान, वातावरण और हमारा अध्यात्मिक स्तर कैसा हो, इसका निर्णय इसको संरचित करनेवाला 'विश्वास' करता है। उदाहरण-स्वरूप, स्वयं के बारे में अवधारणाओं के अनुरूप आपकी पहचान एवं व्यक्तित्व बनता है। ऐसे ही अन्य स्तर भी निर्धारित (प्रोग्राम) किए जाते हैं।

- अस्मिता के अनुरूप आचरण, गुण तथा वातावरण का चुनाव होता है। भयंकर पियक्कड़ का व्यवहार कैसा होता है आपसे छुपा है क्या?
- व्यवहार द्वारा परिवेश से संपर्क स्थापित किया जाता है।

वातावरण, व्यवहार निम्न स्तर, विश्वास, गुण और अस्मिता उच्च स्तर, तथा अध्यात्मिक अवस्था मानव का उच्चतम स्तर है। निचले स्तर में परिवर्तन से हो सकता है ऊँचे स्तर में बदलाव, परंतु संभव है यह अस्थायी हो, क्योंकि उच्च स्तर प्रभावित हो सकता है और नहीं भी। यह कारण है—सिगरेट के शौकीन दंड, आलोचना, डाँट-फटकार से लत छोड़ने में स्वयं को असमर्थ पाते हैं। उनका विश्वास 'धूम्रपान तनावमुक्त करता है' या अन्य अब भी उनके हदय में अडिगता से विद्यमान रहता है। उच्चस्तरीय रूपांतरण से निम्न पायदानों में परिवर्तन स्थायी एवं लगभग अवश्यंभावी होगा। इसलिए विश्वास 'मैं तैरना/स्काई ड्राइविंग सीख सकता हूँ' होने पर आपके सीखने की प्रक्रिया सरल हो जाती है। कुछ घटना अस्मिता में क्रांतिकारी तब्दीली ले आती हैं, आपका स्वभाव, मूल्य, व्यक्तित्व बिलकुल पलट जाता है। है कि नहीं?

स्वयं के साथ-साथ जीवन में क्रांति लाने हेतु सभी क्षेत्रों में सकारात्मक एवं उच्चस्तरीय सुधार लाना अनिवार्य है, यही रहस्य महान् लोगों की महानता का है। वैज्ञानिक तो हजारों अमर हुए, पर क्या उनमें से अधिकांश आइंस्टाइन के समकक्ष हो पाए? आइंस्टाइन वैज्ञानिक के साथ अध्यात्मिकता से ओत-प्रोत दार्शनिक एवं चिंतक भी थे; उनके चिंतन में विज्ञान, कर्म के अतिरिक्त मानव उत्थान का प्रमुख स्थान रहा।

न्यूरॉलोजिकल लेवल का अन्वेषण विशेषतम उपलब्धि है। यह अपने समुंदर में बेशकीमती हीरे छुपाए है। उचित प्रयोग द्वारा हम लगभग सभी क्षेत्रों, जैसे—व्यक्तित्व व व्यावसायिक उन्नति, शिक्षा, रोगमुक्ति, कम्युनिकेशन में महत्त्वपूर्ण एवं लाभयुक्त परिणाम ला सकते हैं।

वातावरण (Environment)

'वातावरण' हमारा परिवेश, परिवार, कार्यस्थल है, जहाँ हमारा जीवन-यापन रूपी बीज अंकुरित होता है। संवाद व सोच को 'कहाँ?' ('Where?') इंगित करनेवाले प्रश्न से प्राप्त उत्तर समस्या या संदर्भ का उद्गम स्थल, अर्थात् वातावरण, की ओर दिशा-निर्देशित करता है। आप पुत्र का रोना देखकर सोचेंगे वह मानसिक संताप के कगार पर है, पर जब आप पूछते हैं, 'तुम कहाँ पर मानसिक संताप के

शिकार हो?' वह उत्तर दे सकता है 'कार्यस्थल' में, जबकि आप पहले मान बैठे थे कि उसमें संताप का कारण पत्नी से खराब संबंध है। आपकी इस सोच 'सभी मेरे उद्देश्य के आगे अवरोध खड़ा करते रहते हैं' ने आपको कुंठित बना दिया है। आप स्वयं से पूछें, 'कौन कहाँ मेरे लिए अवरोध खड़ा कर रहा है' तो उत्तर द्वारा आपको ज्ञात होगा कि समाज के मात्र कुछ लोग उत्तरदायी हैं, न कि पूरा समाज जैसा आप पहले विचार बनाकर चिंता में घुल रहे थे। व्यक्तिजनों के साथ समन्वय तथा उत्थान आपका इनके प्रति अनुमान व अवधारणा पर निर्भर करता रहता है, वह इस प्रकार है—

- आपका मत है 'वातावरण मेरे अनुरूप है।' इस मनोवस्था में आप उस परिवेश में फूलेंगे-फलेंगे।
- यदि आपका मानना है 'वातावरण मेरे प्रतिकूल है' तो आपके गुणों व आत्मविकास पर प्रतिकूल प्रभाव पड़ेगा।

चारों ओर की परिस्थिति हमारे सामर्थ्य, विश्वास, पहचान (आइडेंटिटी) एवं व्यवहार के मौलिक स्वरूप के लिए उत्तरदायी है। ये सकारात्मक परिवेश में सकारात्मक होंगे, और नकारात्मक में नकारात्मक।

आप देखते नहीं कि अधिकाधिक नशेड़ी, अपराधी और मानसिक रोगी समाज के समस्याग्रस्त परिवारों, क्षेत्रों की देन रहे हैं? तथा अधिकतम सफल, प्रतिभावान समाज के आदर्श, धनी परिवार से आते हैं।

डॉ. ग्रेगरी बेटसन के अध्ययनानुसार आस-पास का वातावरण तथा प्रत्येक की मनोस्थिति के बीच गहरा संबंध रहता है। अच्छा और सुखी परिवेश सकारात्मक भावना और रचनात्मक क्षमता का सृजन करता है। उग्र, तनावग्रस्त और समस्याग्रस्त परिवेशमंडल हताशा, व्यग्रता और भावनात्मक व्याधियों का जनक है। कइयों में मानसिक विकार इनकी देन है। कहीं आपमें अशांति और असंयम का कारण आपके आस-पास नकारात्मक चेहरे, चित्र, ध्वनि आदि तो नहीं?

योग्यता

लक्ष्य प्राप्ति के लिए विशेष कुशलता से किया गया व्यवहार 'योग्यता' है। इस पुस्तक में वर्णित 'योग्यता' का अर्थ अंग्रेजी भाषा 'Ability' के समकक्ष होगा। एक सफल व्यक्ति से प्रश्न करें, 'उसे सफलता कैसे प्राप्त हुई?' उत्तर से ज्ञात होगा उसने लक्ष्य पाने हेतु किस गुण या योग्यता को अपनाया था।

योग्यता सभी मनुष्यों में नैसर्गिक रूप से तब तक विद्यमान रहती है जब तक हम उसे मस्तिष्कविहीन न कर दें। व्यक्तिगत विकास के अंतरराष्ट्रीय द्वय विशेषज्ञ

जोसफओ कानर व मैक डरमॉट के अनुसार, 'प्रत्येक में लक्ष्य प्राप्ति के अनुरूप क्षमताओं की भरमार है।' कैसा लग रहा होगा उन नासमझों और समाज के चौधरियों को, और हिटलर व उसके अनुयायियों की काली आत्माओं को जो सदियों से समाज में प्रचारित करते आए कि 'प्रतिभा और क्षमता जन्मजात है। यह जातिगत, धर्मगत, लिंगगत, वर्गगत, वंशगत विशेषता है।' द्वितीय विश्वयुद्ध के मुहाने में सन् 1936 में बर्लिन ओलंपिक खेलों में अफ्रीकन मूल के जेस ओवंस द्वारा दौड़ में स्वर्ण पदक जीतना हिटलर के विश्वास और बरदाश्त के परे था, वह तुरंत गैलरी से उठ नौ दो ग्यारह हो गया। हम अकुशल नहीं, वरन् अवचेतन रूप से व्यक्तित्व आधारित तथा अप्रिय अनुभवों से उपजे मिथ्या विचारों, विश्वासों द्वारा ऐसे बना दिए जाते हैं। स्वयं के पैदाइशी गुणों को अस्वीकारना हमारी मौलिक क्षमता, प्रतिभा का अजात शत्रु है। आप जानते हैं हम सभी तैरने में समर्थ हैं, परंतु कई सामान्य लोग और प्रसिद्ध हस्तियाँ सोचकर 'मेरे में ऐसी योग्यता नहीं है' पानी में उतरने की हिम्मत नहीं जुटा पातीं। बहुत अभागे यह मानकर मैदान छोड़ भागे कि 'प्रतियोगी मुझसे अधिक गुणवान, प्रतिभावान है।' हमारे कौशल का चरम बिंदु उस सीमा तक जाता है जहाँ तक मन इसका निर्धारण करता है—विश्वास द्वारा खींची गई यह सीमा हमें योग्य या अयोग्य की श्रेणी में खड़ा कर देती है। मूर्ख और अक्षम तो पहले से 'मैं हूँ बुद्धि से पैदल' सोचकर सदा पाँव सिकोड़कर बैठा रहता है। इस वजह से वह वाकई ऐसा बन भी जाता है। यदि आपके मस्तिष्क ने पूर्णरूपेण स्वीकार कर लिया कि 'मैं वक्ता बनने के लायक नहीं' तो आप माइक पकड़ते ही जड़ हो जाएँगे!

योग्यता विकास (Ability Development)

सभी क्षेत्रों में योग्यता विकास स्वयं का निर्णय और चेतन रूप से प्रयास कर उसे जगानेवाली स्वाभाविक प्रक्रिया है। हर सामान्य पुरुष इसमें स्वाभाविक रूप से सक्षम है। कई अध्ययनों ने सिद्ध किया है कि अधिकांश महान् विभूतियों ने अपनी योग्यता जन्म से नहीं पाई, बल्कि सचेतन प्रयास से उसे उन्नत कर प्राप्त किया। एक 'एन.एल.पी.' पूर्वानुमान के अनुसार, 'प्रतिभा विशेष रणनीति द्वारा जागृत् की जा सकती है।' महान् मनोवैज्ञानिक अल्बर्ट बैंड्यूरा ने विशेष स्थिति में सफलता के लिए स्वयं के गुण, क्षमता पर विश्वास के स्तर पर आधारित 'सेल्फएफॅकैसी' सिद्धांत प्रतिपादित किया। इसके अनुसार हम अपने से लक्ष्य-प्राप्ति के उद्देश्यार्थ जिस स्तर तक अपेक्षा करते हैं लगभग उसी स्तर तक हम अपने गुणों और व्यवहार का उपयोग करने में अपने को समर्थ पाते हैं। प्रत्येक की

शारीरिक व स्नायुविक प्रणाली सिर्फ उसी सीमा तक योग्यता को ऊँचाइयों पर ले जाएगी जिस सीमा तक वह स्वयं से अपेक्षा करेगा। इसलिए अंतरराष्ट्रीय स्तर पर खेलने की कामना रखनेवाला खिलाड़ी निश्चय ही राष्ट्रीय स्तर पर खेलने की महत्त्वाकांक्षा रखनेवाले खिलाड़ी से अधिक प्रखर, प्रतिभावान व सफल होते रहते हैं।

हम सब में असीमित गुणों, प्रतिभा और श्रेष्ठता का बीज नैसर्गिक रूप से विद्यमान है, परंतु इसके अंकुरित होने की अधिकतम संभावना तभी बनेगी जब हमारा हृदय इसे पूर्ण दृढ़ता से स्वीकारे। यह उसे जगाने का खादरूपी पहला चरण होगा, क्योंकि तभी मस्तिष्क उपयुक्त शारीरिक और न्यूरॉलोजिकल तंत्रों को गतिमान करेगा। जैसे बीज के अंकुरण की पहली शर्त है उसका अनुकूल परिस्थिति में उगना। इसी प्रकार 'विश्वास' हमारे 'इंटेलिजेंस' को दिशा-निर्देशित, प्रेरित और गतिमान करनेवाला सबसे गहरा अस्पर्शनीय तत्त्व है। अमेरिका में चंद्र यात्रियों के पूर्व प्रशिक्षक डॉ. चार्ल्स गारफील्ड ने अपने अध्ययनों से 'गुण संबंधित विश्वास' (capability related belief) और गुण विकास के बीच परस्पर गहन संबंध प्रस्थापित कर दिया है। उचित व सही 'योग्यता से संबंधित विश्वास' ही गुण, क्षमता और प्रतिभा को सँवार उसका उच्चतम स्तर निर्धारित कर सकता है। किसी भी कार्य के प्रारंभ में दृढ़ता से सोच लें कि 'मैं यह कर लूँगा', 'मैं यह कर सकता हूँ।' इससे उपजा आत्मविश्वास योग्यता को और अधिक विकसित करके व लक्ष्य आधारित सीख को अति सुगम कर आपकी थाली में परोस सकता है। सन् 1954 में रोजर बैनिस्टर ने जब पहली बार एक मील की दौड़ का रिकॉर्ड तोड़ा, जिसे संपूर्ण विश्व असंभव मानता रहा तो उन्होंने यह सोचकर अभ्यास का श्रीगणेश किया था, 'यह रिकॉर्ड तोड़ा जा सकता है, मैं उपयुक्त कौशल विकसित कर सकता हूँ।' अन्यथा वह भी पूरी दुनिया की तरह इस ओर से आँख मूँद भजन गाते रहते और मानव आज तक अपनी क्षमताओं को उस सीमा तक बाँधे रहता।

शीघ्र सफलता पाने के लिए उसका 'वेल फॉर्म्ड गोल कंडीशन' मॉडल में होना अनिवार्य है। इसका पहली शर्त लक्ष्य का नकारात्मक के स्थान पर सकारात्मक वाक्य में होना है, क्योंकि मस्तिष्क प्राकृतिक रूप से नकारात्मकता की अपेक्षा सकारात्मकता से सोचने में अधिक उपयोगी है। उद्देश्य 'मैं व्यापार में शिखर छूना चाहता हूँ', 'मैं खेल में जीतना चाहता हूँ' अधिक कारगर होगा न कि 'मैं रमेश को व्यापार में पछाड़ना चाहता हूँ', 'मैं रमेश से हारना नहीं चाहता'! लक्ष्य की ओर आप तभी आकर्षित होंगे जब वह व्यावहारिक हो और आपको दिल से महसूस हो कि वह

संभव है। सामान्य आदमी के लिए बालीवुड में हीरो बनना कठिन है, कितनों के लिए असंभव, किंतु अभिनय- रूपी स्वप्न पूरा करने हेतु फिल्म या टी.वी. सीरियल में कोई रोल निभाना, पाना सरल होता है। बड़े उद्देश्य को ग्राह्य छोटे-छोटे भागों में विभाजित कर और उसे एक-एक कर प्राप्त किया जा सकता है, उसी प्रकार जिस प्रकार आर्नल्ड श्वार्सनेगर ने विश्वस्तरीय भार उठाने का लक्ष्य बना कम वजन के भारोत्तोलन से प्रारंभ कर अंततः इच्छित भार तक पहुँच विश्व चैंपियन बनने में सफल रहे। अरे यह छोटा पर बड़ा ज्ञान विशाल मिशन, इच्छा की पूर्ति के लिए आवश्यक है। स्वप्न देखने के साथ नितांत अनिवार्य है कि उसके अनुरूप उचित कौशल व सामर्थ्य का विकास किया जाए, अन्यथा स्वप्न दिवास्वप्न रह जाता है। शिखर विजय हेतु अपेक्षाकृत कम ऊँचाई तक पहुँचने के स्तर की निपुणता अनिवार्य है, जबकि इससे ऊँचे शिखर पर झंडारोहण हेतु उससे अधिक स्तर की निपुणता नितांत आवश्यक है; अन्यथा, वांछित सफलता असंभव रहेगी। अरे भाई, यह विभेद उसी प्रकार है जैसे गाँव के टीले पर चढ़ने के पश्चात् आपको एवरेस्ट विजय के लिए अपने गुणों को उन्नत करना।

अभी तक आपने सीखा

हम मन में विभिन्न वैचारिक अवस्थाओं और स्थितियों में सोचते-समझते व आंतरिक संवाद करते रहते हैं। पहचान, विश्वास, योग्यता, व्यवहार और वातावरण आधारित सोच एक-दूसरे के ऊपर पायदान की तरह रह कर क्रियारत होते हैं। संपूर्ण 'न्यूरॉलोजिकल लेवल' हमारी योग्यता, संवाद तथा संबंध व्यवस्था को व्यापक और प्रमुख रूप से संचालित करने में अहम भूमिका निभाता है।

'विश्वास' मात्र सतही सोच से ऊपर उठ दृढ़ सोच की स्थिति है, जिसे हम पूर्णरूपेण सत्य मानते हैं। यह 'डीप स्ट्रक्चर' तत्त्व समस्त मानसिक व शारीरिक प्रक्रिया को विशेष आकार में बाँधता है। मस्तिष्क 'विश्वास' द्वारा दिशा-निर्देशित होता है। जिस ऊँचाई तक, जिस स्तर तक आप योग्यता और क्षमता विकास, महत्त्वाकांक्षा/लक्ष्य-प्राप्ति, आत्मोन्नति की आकांक्षा रखते हैं तथा उनमें सफल होने का विश्वास रखते हैं संभवतः उसी रेखा तक आप पहुँचने में समर्थ हो पाते हैं, उसके ऊपर नहीं। तूफान में यदि आपका विश्वास है 'मैं नदी पार कर लूँगा', तभी आप अपनी नैया खेकर उसे किनारे लगा पाएँगे। सकारात्मक और व्यावहारिक विश्वास रोग-मुक्ति, मानसिक स्वास्थ्य तथा लक्ष्य विजय हेतु प्रथम पग है।

मंथन

1. व्यक्तिगत, प्रोफेशनल, अध्यात्मिक, स्वास्थ्य आधारित 'विश्वासों' को नोट बुक में लिखें। इसमें आए प्रत्येक नकारात्मक 'विश्वास' को सकारात्मक बना उसे प्रतिदिन एक माह तक पढ़ें। उदाहरणार्थ, 'मेरी शारीरिक संरचना आकर्षक नहीं', को सकारात्मक, व्यावहारिक प्रारूप 'मैं अपने शरीर को आकर्षक बना सकता हूँ' और 'मैं कभी बीस लाख का स्वामी नहीं बन सकता' को 'मैं पाँच साल में बीस लाख कमा लूँगा' में परिवर्तित कर दें। एक माह बाद आपको आंतरिक एवं बाहरी दुनिया में सुखद क्रांतिकारी बदलाव महसूस होगा।
2. अपने परिवेश को कैसा मानते हैं—अच्छा या खराब। यह आपके जीवन को कैसे प्रभावित कर रहा है? अभी तक आपने क्या सोचा, क्या कदम उठाया जिससे अप्रिय वातावरण अनुकूल बन सकें। इस हितार्थ अपने व्यक्तित्व, गुण, विश्वास, व्यवहार, मूल्य में किसे बदलना, सुधारना सबसे लाभप्रद होगा?
3. अपनी असफलताओं का विश्लेषण करें। क्या वे 'वेल फार्म्ड गोल कंडीशन' की संरचना में थीं?

□

8

आत्मशक्ति का जाग्रत् होना एवं व्यवहार नियंत्रण

क्या आप दिन का अधिकांश समय नकारात्मक मनोवस्था में व्यतीत कर असहाय हो उसे अपनी स्थायी दशा मान चुके हैं? या बदलने में असफल हो हार मान बैठे हैं? बहुत लोग ऊर्जा, आत्मबल, आत्मविश्वास से लबालब लगते हैं। उनमें यह गुण आता कहाँ से है, कैसे वे इस व्यक्तित्व के स्वामी बनते हैं, जिससे वे दूसरों से कहीं ऊँचे शिखर पर चढ़ जाते हैं, जीवन पूर्णता से जीते हैं और दूसरों से अधिक हासिल करते हैं। यहाँ रहस्य खुलेगा कैसे यह प्रवृत्ति हम चेतन रूप से जब चाहें तब पा सकें, जिससे अप्रिय स्थिति से सर्वोत्तम ढंग से निपट सकें। 'एन.एल.पी.' यह गुण बाह्य तत्त्वों पर नहीं, वरन् अंदर होने की पैरवी करता है। यह कौशल हमें मनोदशा व व्यवहार पर अंकुश रखकर जीवन और 'मैं' को संचालित करने में समर्थ करेगा।

मानसिक रूप से दुर्बल व्यक्ति जिंदगी का अधिकतर समय दु:ख, प्रताड़ना, असफलता में व्यतीत करता है। **आत्मशक्ति बिना शरीर बिन रीढ़ की हड्डी है, जो यहाँ-वहाँ-तहाँ गिरता पड़ता रहता है।** वह शिकार नहीं करेगा, शिकार बनता रहेगा, खाली बंदूक चलाता रहेगा। उसमें आंतरिक कमजोरी एवं असंतुलन, आत्महीनता और नकारात्मक आत्मछवि का पक्का सिमेंटेड घर होता है। लक्ष्यपूर्ण दिशा, संवाद व व्यवहार से दूर का नाता रखे उसके लिए महत्त्वाकांक्षा प्राप्ति मृग मरीचका बन जाता है। ऐसा नहीं केवल दुर्भाग्यपूर्ण, विफल व्यक्ति मानसिक कमजोरी के मारे हैं, सफलतम और धनाढ्य भी इनके शिकार हो सकते हैं, क्योंकि उनका सामना उनसे

अधिक आत्मविश्वासी, उनसे अधिक सफल, उनसे अधिक सुंदर से होना लाजमी है! आप सहमत हैं कि नहीं?

'मानसिक शक्ति' हमारी प्राकृतिक क्षमता

प्रत्येक वातावरण एवं परिस्थिति में आत्मिक गुण का प्रदर्शन गहन व्यक्तित्व विकास के साथ सफलतारूपी ज्योति की विशालतम संभावना जगाती है। 'एन.एल.पी.' में 'रिसोर्स' भावना तथा ध्येय निर्धारित मानसिक एवं शारीरिक क्षमता को निर्देशित करनेवाली मानसिक सामर्थ्यता को कहते हैं, जैसे—आत्मबल, धैर्य, प्यार आदि। इसकी कार्यनीति है—

- जीवन-यापन में व्यक्तिगत जीवन-शैली, स्तर तथा क्रिया को अनुरूपता में ढालना।
- समस्या निवारण में सिद्धहस्ता देना।
- कटु अनुभवों को आत्मनियंत्रित होकर विश्लेषित करने का कौशल प्रदान करना।

उचित, सकारात्मक एवं सशक्त रिसोर्स से विजय प्राप्ति का मार्ग प्रशस्त होता है। यह कर्म में सहायक है, पर उद्देश्य जीतने का एक मात्र विकल्प नहीं। हिंसक समाज में जीवित रहने के हितार्थ सहनशीलता का गुण सहायक होगा, वहाँ के क्रूर निवासियों से मुक्तिदाता नहीं बनेगा। मैनेजमेंट कंसल्टेंट कंपनी 'लैंबंत द ब्राजील' के संस्थापक जोसफआ कानर व सहयोगी एड्रिय लेजस का कथन, 'रिसोर्स की आवश्यकता प्रक्रिया के समय होगी, लक्ष्यापूर्ति के उपरांत नहीं।' नकारात्मक रिसोर्स वर्तमान या भविष्य में अंततः हानिकारक प्रभाव दिखाएगा ही। घृणा, आत्म-अविश्वास से विध्वंसकारी परिणाम सामने आते हैं। असंगत मानसिक गुणों का प्रयोग विफलता का कारण बनता है। उत्तर भारत में प्रचलित एक कहावत है, 'अधूरे मन से किए गए काम का फल अधूरा रहता है।' मानव का सबसे बड़ा दुश्मन अपनी मानसिक क्षमता पर अविश्वास कर अपने वजूद के सम्मान, अर्थात् सेल्फवर्थ को नकारना है। इससे उबरनेवाला स्वयं के भौतिक एवं अध्यात्मिक पक्षों व शक्तियों के विशालस्वरूप को समझ आत्म प्रकाशित (सेल्फ रियलाइजेशन) हो जाता है।

> **'जैसा मनुष्य हो सकता है, वैसा वह नहीं है, वह अर्धसुशुप्त अवस्था में रहकर मात्र अपनी अधूरी शक्ति का प्रयोग करता है, न कि अप्रतिम क्षमता। उसके पास अनेक विस्मयकारी शारीरिक व**

मानसिक गुण हैं, जिसे वह स्वभावतः उपयोग नहीं करता।'

—अमर मनोवैज्ञानिक विलियम जेम्स (1842-1910)

जिस प्रकार प्रत्येक मनुष्य में सफलता का अंकुर है, उसी प्रकार उसमें सभी आत्मिक विशिष्टताओं का अंकुर है, जो प्रत्येक हृदय में विराजमान है। उसे अज्ञानियों की तरह बाहर ढूँढ़ने का नहीं। गीता में भगवान् कृष्ण अर्जुन को प्रेरित करते हुए कहते हैं, 'हम सभी के अंदर शांति, साहस, बल विद्यमान है।' 'एन.एल.पी.' का एक पूर्वानुमान है—'हम सभी रिसोर्स ग्रहण कर सकते हैं।' मन में उसकी कमी नहीं, पर हम उसे सतह पर लाने का यथोचित् प्रयास नहीं करते। एंथोनी रॉबिंस 'अनलिमिटेड पावर' में दुःखी होकर कहते हैं, 'हमारे में रिसोर्स की कमी नहीं, परंतु हम उसे नियंत्रित नहीं करते।' मूल्य के प्रति सजगता एवं उसका ईमानदारी से प्राप्ति की चाहत रिसोर्स के जागरण का अहम मार्ग है। आपने देखा होगा एक सामान्य व्यक्ति आवश्यकता पड़ने पर असाधारण साहस, आत्मबल का प्रदर्शन कर डालता है, विशेषतया जब बात सम्मान, अधिकार या मूल्यों की रक्षा की हो। द्वितीय विश्वयुद्ध में कई बुजुर्गों ने नाजियों के नाक नीचे जान हथेली पर रख क्रांति में बढ़-चढ़कर भाग लिया। भारत-पाक युद्धों में गाँव के साधारण नवयुवक भारतीय सैनिकों का शौर्य अमर है। अमेरिकी सेना के जनरल ई. चैंबर के मुँह से साधारण से दिखनेवाले सैनिकों द्वारा युद्ध में अविश्वनीय शूरवीरता का प्रदर्शन देख उद्‌गार निकला, 'साधारण सैनिकों द्वारा अपने आंतरिक कौशल, बलों को समय पर पहचान उसका प्रयोग करना ही इसका मुख्य कारण है।'

रिसोर्स से मरहूम रहना स्तरहीन व्यवहार, संवाद, कर्म, गुण का कारण बन कुंठा व निष्फलता को अंकुरित करता है। कैसा लगता है आपको जब आप बॉस से बात नहीं कर पाते और साक्षात्कार के समय बुत हो सालों की मेहनत पल में व्यर्थ कर उत्तम कॅरिअर गँवा बैठे? बाद में ढेले भर का लाभ नहीं मिलता, क्षय तो हो गया। समय रहते चेतकर अंदरूनी योग्यता को प्रकाशित करनेवाले को सुख, विजय की रानी गले लगाएगी, अन्य को नहीं। सम्मोहन की अवस्था में कर्ता स्वयं पर अप्रतिम पूर्ण विश्वास रख विस्मयकारी कार्य कर लेता है, जो जागने पर स्वयं पर अविश्वासवश करने से भाग खड़ा होगा। **मानसिक सामर्थ्य तभी प्रकाशित होगा, व्यावहारिक बनेगा, जब हम विश्वास करें कि वह हमारे अंदर स्वाभाविक रूप से है, अन्यथा नहीं।** यदि आप विश्वास करते हैं 'मैं आक्रामक हो सकता हूँ' तभी आत्मसम्मान की रक्षा हेतु शत-प्रतिशत आक्रामक होंगे या फिर जिंदगी के रास्ते का

पत्थर बनेंगे, जिसे जो चाहे ठोकर मार चलता बने! अपने गुणों पर अविश्वास के मूल में पूर्व की विफलताओं, तथा अप्रिय परिवेश, अनुभवों की संभावना रहती है।

शरीर एवं मनोवस्था में परस्पर गहन संबंध है। व्यक्ति की मानसिक दशा और उस समय उसके बॉडी लैंग्वेज, श्वास विधि, आँख पर ध्यान दें, आपको समानता समझ आ जाएगी। शारीरिक स्थिति, चाल-ढाल, मांसपेशियों का तनाव भावना में विशेष प्रभाव रखते हैं, ये जैसे होंगे उसी के अनुरूप आप महसूस करेंगे। मनोवैज्ञानिकों ने चेहरे के तनाव, संकुचन से मनोवस्था वर्गीकृत करने में सफलता पाई है। पास्चर तथा अन्य भाषायी और भाषा इतर संवाद को इच्छित रिसोर्स के अनुसार चेतन रूप से अपनाने पर वह रिसोर्स तुरंत प्राप्त किया जा सकता है। हताश क्लाइंट के साथ मेरा पहला पग यही है—मैं उसे ढुलमुलता छोड़ ठीक, सीधे बैठने को कहता हूँ, वह आत्मविश्वास से परिपूर्ण हो उठता है।

'सबसे अधिक भय यह नहीं कि हममें गुणों का अभाव है। सबसे अधिक डर तो यह है कि मानव क्षमता, शक्ति अपरिमित है।'

—लेखिका मेरियन विलियम्सन

अभ्यास : प्रखर क्रियाशील मनोदशा

पूर्व अनुभव को याद करने से उसमें निहित आत्मिक क्षमता वर्तमान में स्वत: अवतरित हो जाते हैं। व्यवसाय में समस्या निवारण को सृजनात्मक मनोवस्था चाहिए? भूत का एक समान पल, जिसमें आपने अत्यंत रचनात्मकता से वर्तमान की कठिनाई से मिलती-जुलती समस्या सुलझाई थी, उसे स्मरण कर उसमें डूब जाएँ। अब उस अनुभव के समय की शारीरिक अवस्था (पास्चर, त्वचा का तनाव, श्वास गति, मुखोभाव¨) को वर्तमान में अपनाकर बाधा के समाधान की चेष्टा करें।

- *वर्तमान में आप असंतुष्टजनक रिसोर्स (विषाद, व्याकुलता¨) युक्त मानसिक अवस्था (X) में हैं।*
- *निर्धारित करें लक्ष्यार्थ कर्म (मंच पर बोलना, मैच जीतना¨) को सर्वोत्कृष्ट ढंग से पूरा करने के लिए उद्‌देश्य अनुरूप कौन सा रिसोर्स (Y) सहायक है— जैसे— आशावादिता, प्रखर आवेश¨।*
- *कल्पना करें मनोकूल 'रिसोर्स' (Y) आप में प्रविष्ट हो गया और साथ में अपनी भाषायी एवं भाषा इतर अभिव्यक्ति बिलकुल वैसी कर लें, जैसा*

'रिसोर्स' (Y) की प्राप्ति पर आपमें हो जाएगी, उदाहरणार्थ— श्वास गति, नेत्र में तीव्रता, मुख में तनाव और अन्य नॉन वर्बल अभिव्यक्ति वैसी कर लें जैसी जब आप 'प्रखर आवेश' की स्थिति में होते हैं।

- *इस 'रिसोर्सफुल' मन के साथ ध्येयापूर्ति की ओर अग्रसर हों।*

वर्तमान अवस्था (X) + वांछित रिसोर्स (Y) → 'रिसोर्सफुल' दशा → कदम लक्ष्य की ओर/इच्छित व्यवहार या प्रतिक्रिया।

अभ्यास: अनचाहे से शक्तिशाली अवस्था की ओर

चलने के पहले यथोचित् मनोशक्ति ले आगे बढ़ने से लक्ष्य भेदन सुगम होता है। प्रत्येक क्रिया, जैसे विक्रय व्याख्यान देने के पहले ठोस रिसोर्स को लेकर बढ़ने से सफलता एवं कौशल वृद्धि की संभावना सैकड़ों गुना अधिक हो जाएगी। इस हितार्थ, अधोलिखित 'सर्कल ऑफ एक्सलेंस' (Circle of Excellence) अति सहायक है।

1. *नेत्र बंद कर गहरी साँस लेकर दिमाग केंद्रित करें।*
2. *समझिए आपके लिए लक्ष्यानुरूप रिसोर्स 'आत्मविश्वास' है। प्रत्येक क्षेत्र में पहले से आत्मविश्वास से युक्त होकर प्रस्तुतिकरण करने से ऊर्जा, शारीरिक बल, दृढ़ता व संकल्प पहले से अधिक हो जाता है, बजाय उसके जो आत्मविश्वास के बिना आगे चल पड़ता है।*
3. *अतीत की कोई ऐसी घटना सोचिए, जब आप 'आत्मविश्वास' से लबालब हो कार्यरत रहे थे; ऐसे पल के अभाव में एक्टिंग करें कि आप 'आत्मविश्वास' से लबरेज हैं। इस पल मन में आप क्या देख (V), सुन (A) और महसूस (K) कर रहे हैं? प्रत्येक रेप्रिजेंटेशनल सिस्टम और उसके सभी सबमॉडल्टी पर प्रमुखता से ध्यान केंद्रित करें।*
4. *सामने एक बड़े गोले की कल्पना करें, जिसका नाम 'सर्कल ऑफ एक्सलेंस' है।*
5. *मंद-मंद उसमें में प्रवेश कर 'प्रक्रिया 3' से प्राप्त 'आत्मविश्वास' (या आपका इच्छित रिसोर्स) वहाँ छोड़ दें।*
6. *गोले से बाहर आकर आँख खोलें, दो-तीन मिनट दाएँ-बाएँ देख सामान्य मनोदशा में आएँ।*
7. *उपरोक्त 1-6 तक क्रिया करने से चार-पाँच बार दोहराएँ।*

8. *कर्म के चंद क्षण पहले सामने सर्कल ऑफ एक्सलेंस की कल्पना कर कुछ सेकंड उसमें रहकर सघन 'आत्मविश्वास' (अथवा मनोकूल रिसोर्स) ओढ़ लें, फिर उसमें से बाहर निकल लक्ष्य जीतने अग्रसर हों।*

क्या यहाँ उद्दीपक (cue) है? उद्दीपक वह बाह्य/आंतरिक भौतिक व अभौतिक वस्तु (स्टीम्यूलस) है जिससे विशिष्ट प्रतिक्रिया उपजती है। आप संगीत के बिना व्यायाम नहीं कर पाते, इस परिप्रेक्ष्य में वह विशेष संगीत आपको 'व्यायाम कराने हेतु' क्यू होगा। क्यू (बॉस का चेहरा देखते होश खो देना¨) की उपस्थिति में क्यू नजर आते या क्यू का चित्र दिमाग में प्रकट होते ही सर्कल में प्रवेश करने के उपरांत क्रियारत हों।

दूसरा विकल्प है 'सर्कल ऑफ एक्सलेंस' में रिसोर्स के अनुरूप रंग भरना, जैसे— गाढ़ा लाल रंग, जो पत्थर समान 'आत्मविश्वास' का प्रतीक है। सर्कल ऑफ एक्सलेंस से बाहर निकलने पर आपका व्यक्तित्व सघन लाल रंगरूपी 'आत्मविश्वास' से परिपूर्ण होगा। खिलाड़ी हैं तो प्रचंड उग्रता के लिए उर्जा, शक्ति का प्रतीक नारंगी रंग मुफीद होगा। चीनियों द्वारा दैनिक जीवन में अधिकारिक रूप से लाल रंग का अधिकतम प्रयोग उनकी सभ्यता में बल की महत्ता दरशाता है। चीन के लोगों ने स्वाभाविक रूप से मानसिक और शारीरिक रूप से शक्तिशाली बनकर पराक्रम द्वारा अपने साम्राज्य और आर्थिक ताकत का व्यापक प्रसार किया है। क्रिया को ध्यान में रखकर विभिन्न रिसोर्स का मिश्रण करिए। तनावयुक्त कार्य, जैसे— बड़ी परियोजना, फिल्म निर्माण आदि में सृजनात्मक मन के साथ भावात्मक संतुलन जज्ब करने को सर्कल द्वारा स्वयं सम्मोहित हो लें। 'प्रखर क्रियाशील शांत चेतन अवस्था' जिसे सैन्य प्रशिक्षक 'रिलैक्स्ड अवेयरनेस' कहते हैं, तीव्र क्षण (अकेला पड़ जाना, डरावना स्थल¨) में काम आएगा। सिद्धहस्त होने पर क्रिया पूर्व चंद सेकंड आँख बंदकर या खुली आँख से पूर्ण केंद्रित हो सर्कल में प्रविष्ट होकर क्षणों में मनोवांछित आत्मगुण ले कदम आगे बढ़ें। बहुतेरे विख्यात कलाकार, खिलाड़ी प्रदर्शन पूर्व इस क्रिया के अभ्यस्त हैं।

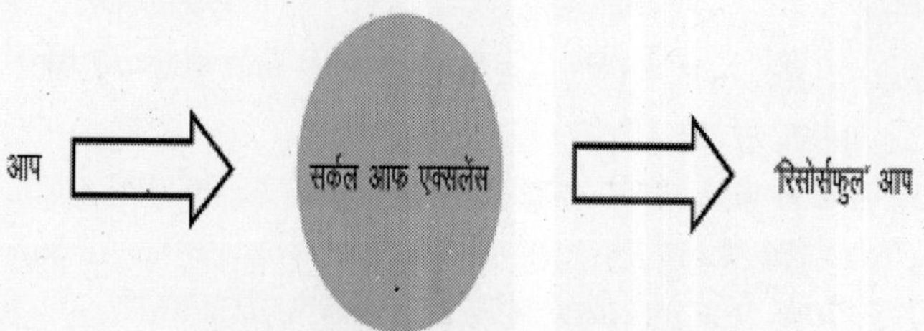

चित्र 8.1: सर्कल ऑफ एक्सलेंस में कार्यरीति

विश्वास का दर्पण है व्यवहार

डेविड दसेनबरी ने 'लिविंग एट माइक्रो सेल' में लिखा है, 'साधारण रूप से कहने पर, जीवों द्वारा वह क्रिया, जिसके कारण उनका संबंध वातावरण से प्रभावित हो 'व्यवहार' है।' 'वैचारिक तत्त्व' निश्चित न्यूरॉलोजिकल प्रक्रिया के द्वारा अनुरूप व्यवहार सामने लाता है। 'एन.एल.पी.' संस्थापक कहते हैं, 'सभी प्रकार का व्यवहार-सीखना, याद करना, प्रेरित करना व होना, संवाद और आत्म परिवर्तन-विशेष क्रमबद्ध रेप्रिजेंटेशनल सिस्टम्स से उपजता है।' 'विश्वास' स्नायुतंत्र द्वारा अनुरूप व्यवहार उत्पादित करने का जड़ है। विशेषज्ञ व्यवहार को 'विश्वास का भौतिक क्रियाशील स्वरूप' (the belief in action) कहते हैं। मैनेजमेंट कंसल्टेंट सु नाइट की विचारोक्ति, 'विश्वास, व्यवहार को निश्चित दिशा प्रदान करता है।' ठोस स्पष्ट 'विश्वास' दृढ़ व्यवहार विस्तारित करता है; भ्रम उसे बाधित करता है। यदि आप शत-प्रतिशत निश्चित हैं 'मैं हसीना से बात कर लूँगा', 'मैं विदेशी भाषा सीख सकता हूँ' तभी नवयौवना से बोलने, विदेशी भाषा सीखने को आगे बढ़ेंगे, अन्यथा सफलता की संभावना कम होगी। आपका मानना 'क्लाइंट मेरी बात न माने तब भी वह सम्माननीय हैं, उसके प्रति आपका स्वभाव मित्रवत् बनाएगा—उच्च स्तर के व्यवसायी, डॉक्टर, प्रतिनिधि की दूरदर्शितापूर्ण निर्णय। इस धारणावश आपका उनके प्रति मानवता से भरपूर आचरण भविष्य में आपको लाभान्वित कर सकता है। इसके विपरीत यदि आप मानते हैं, 'मूल्य है तो केवल उनसे धन उगाही का' तो आप उनके प्रति स्वार्थी, निर्मोही बन जाएँगे। इससे अल्पकालिक फल सामने आएगा, कम सफल या विफल व्यवसायी, कर्मचारी, डॉक्टर की स्वाभाविक प्रवृत्ति उत्पन्न होगी। दुष्ट प्रकृतिवालों से साधुगत आचरण अपनी नाकामी, हीनता व डर छुपा उनकी सत्ता, प्रभाव स्वीकारने जैसा हो सकता है। द्वितीय विश्वयुद्ध में यदि मित्र देश हिटलर से सभ्य प्रतिक्रिया करते तो विश्व क्या बन उभरता।

'सकारात्मक' सामान्य रूप से प्रयुक्त किया जानेवाला शब्द है, रामबाण नहीं। इससे 'स्पष्टता, कैसे करूँ, क्या किया जाए?' प्रवाहित नहीं होता। यदि अगला लाख सिखाने, समझाने पर आपके स्तरानुसार काम या यथोचित् क्रियाशीलता नहीं अपना पा रहा तो आप उसका दिशा-निर्देशन कैसे करेंगे? वहाँ एक रणनीति की अपेक्षा होगी, आप से विशेष और लक्ष्यानुरूप व्यवहार और संवाद की दरकार होगी, जिससे उद्देश्यापूर्ति हो सके; यहीं विभेद आता है प्रभावी और अप्रभावी मैनेजर, मालिक, माता-पिता के बीच। पहले उद्देश्य निर्धारित करना होगा, तत्पश्चात् उसे

पाने को व्यवहार की क्रियानीति तब तक ढालनी होगी, जब तक उसकी आपूर्ति न हो जाए।

कभी समझ में नहीं आता अमुक स्थिति में क्या आचरण और प्रतिक्रिया करें। यहाँ सबसे समयानुकूल विकल्प सबसे ज्यादा लाभप्रद होता है, इसे 'उपयुक्त व्यवहार' कहते हैं। यह भिन्न परिस्थिति में भिन्न होगा। हिटलर- रूपी बॉस के साथ समयानुकूल उचित प्रतिक्रिया विवेकशील कर्मचारी की निशानी है। उसकी ओर कठोर आँख या उपेक्षा भारी पड़ेगी विशेषकर नौकरी, संगठन में। आपको मन में विश्लेषण करना है, किस जगह कैसा स्वभाव व्यापक हितसाधन करेगा।

'यदि आप न चाहें तो कोई भी आपको हीनता से ग्रस्त नहीं कर सकता।'

—एलेनॉर रूजवेल्ट (1884-1962), नागरिक अधिकार सक्रियतावादी

आप लाख चेष्टा कर अनिच्छित स्वभाव को मनभावन रंग नहीं दे पा रहे हैं। या कुछ सेल्स, खेल आदि में प्रदर्शन करना चाहते हैं, परंतु अवचेतन रूप से होता कुछ और है, आप पछताते हैं, आत्मग्लानि से ग्रस्त रहते हैं। आत्मबल द्वारा परिवर्तन विकट समस्या खड़ी कर देती है। जब तक अवचेतन विश्वास न बदले, तब तक क्रिया, व्यवहार को बदलना टेढ़ी खीर है।

व्यवहार परिवेश से संबंध को प्रभावित करता है। नकारात्मक भाषायी और भाषा-इतर संवाद, क्रिया तथा कर्म का नौकरी, परिवार, समाज, और स्वयं के मानसिक स्वास्थ्य, सफलता में विध्वंसकारी परिणाम लाता है। वह प्रगति व सुख में खाईं गहराकर जीवन गँदला कर सकता है। कमी अंदर, गुण अथवा परिवेश में नहीं वरन् बाह्य अभिव्यक्ति में है। अनन्य उच्च शिक्षा प्राप्त लोग चहुँओर हैं, जो असंतुलित और अस्वीकृत बोल एवं हाव-भाव से जीवनधारा में औंधे मुख गिरे रहते हैं। सिक्के का दूसरा पक्ष—उचित, सकारात्मक प्रकृति मेल-जोल में प्रगाढ़ता, उन्नति तथा आनंद की जननी है। स्व नियंत्रण, गरिमामयी व्यक्तित्व और उच्चकोटि के कर्म का द्वार विवेकशील व्यवहार को अंकुरित किया जा सकता है। सन् 1970 में जान ग्रिंडर, प्रोफेसर, यूनिवर्सिटी ऑफ कैलिफोर्निया द्वारा विकसित 'न्यू बिहैवियर जनरेटर' (New Behaviour Generator) प्रत्येक प्रकार के नकारात्मक शारीरिक अभिव्यक्ति के स्थायी रूपांतरण की सरल तदबीर है।

अभ्यास : व्यवहार, प्रतिक्रिया नियंत्रण

1. एक समस्याग्रस्त आचरण चुनें, जिसे आप बदलना चाहकर भी बदल नहीं पा रहे और बार-बार पछताते रहते हैं, जैसे— अशिष्ट बोल, बेकाबू गुस्सा। या नया व्यवहार जिसे आप सफलतापूर्वक अपनाना चाहते हैं, पर अपना नहीं पा रहे।
2. आरामकुरसी में बैठ आप ('नंबर 1') एक शीशे के कैबिन के अंदर से कुछ दूर से द्वितीय परिदृष्टि से अपने दूसरे स्वयं ('नंबर 2') को अनचाहा व्यवहार करता हुआ देखें।
3. अब 'नंबर 2' को वैसा देखें जैसा आप उसके परिवर्तित व्यक्तित्व के स्वरूप में देखना चाहते हैं, उस रिसोर्स (अधिक धैर्यवान, तेजस्विता··) के साथ जो रूपांतरण हेतु आवश्यक है। मन में बोलकर अपने को अधिक समर्थवान बनाने से अनेक रिसोर्स प्रवाहित कर सकते हैं (जैसे, 'वह मुझे जितना उत्तेजित करे मैं संतुलित रहूँगा', 'सही कारण समझने के लिए प्रयासरत होते हुए आत्मविश्वास बनाए रखकर शांत रह युक्ति-संगत प्रतिक्रिया करता रहूँगा'···)। अपने को देखिए जैसा आप करना, दिखना चाहते हैं, न कि जैसा आप नहीं करना तथा दिखना चाहते, उदाहरणस्वरूप, आप चाहते हैं 'कार्यस्थल पर मेरा धैर्य न गिरे।' इसे कल्पना स्वरूप दें 'यदि धैर्यवान रहूँ तो कैसा दिखूँगा, कैसे कार्यरत रहूँगा।'
4. खिलाड़ी की तरह समस्त पूर्वाग्रह व नकारात्मक विश्वास त्याग अनेकानेक बार परिणाम से संतुष्ट होने तक इच्छित क्रिया अथवा व्यवहार का अभ्यास करते रहें।

    क्यू है तो उसकी उपस्थिति में अभ्यास करें। यदि तीखी, तेज आवाज आपका पारा गरम करती है तो देखें बॉस ऐसा कर रहे हैं, परंतु आप स्थिति में समझदारी से प्रतिक्रिया कर रहे हैं। आत्म प्रेरणा लाने को मन में गिनें कि नए बदलाव से भविष्य में आपको कितना लाभ होगा।
5. 'नंबर 2' द्वारा लक्ष्य को निगाह में रख नवीन आचरण (जैसे— जब मैं उनके सामने हूँ, तब आत्मबल ला सकूँ) पृथक्-पृथक् परिप्रेक्ष्य में जाँचें। इसे आप भिन्न-भिन्न स्थिति में आवश्यकतानुसार संशोधित कर लागू करने में सक्षम हैं। पार्टी में परिचित द्वारा आपको उत्तेजित करने पर आपका रवैया हँसकर टाल देना होगा और ऑफिस में दूसरा, न कि हर समय दूसरे से प्रभावित होकर आत्मनियंत्रण खो बैठना।
6. आप 'नंबर 1' अपने 'नंबर 2' के परिवर्तित स्वभाव को विश्लेषित कर उसकी कमियाँ, अच्छाइयाँ देख रहे हैं। नूतन अभिक्रिया और व्यक्तित्व से संपूर्णतया

संतुष्ट होने तक फिल्म निर्देशक की तरह फिल्म आगे-पीछे कर एडिट करते रहें।

7. *वांछित प्रक्रिया अंतर्मन से स्वीकारने के उपरांत (यहाँ आपको आत्मसंतुष्टि, आत्मविश्वास महसूस करना अत्यावश्यक है) शीशे का कैबिन शनैः-शनैः पिघल रहा है और आप आजाद हो गए। 'नंबर 1' व 'नंबर 2' परम आत्मीयता से आपस में गले मिल रहे हैं, जिससे पहले से अधिक आत्म-विश्वास से लबालब सुसंस्कृत व्यक्तित्व का उदय हुआ, जो अब किसी भी स्थिति को समझदारी से देखने, समझने में समर्थ होकर पुराना अलाभकारी व्यवहार के स्थान पर परिस्थितिनुसार नया विकल्प चुनने योग्य है।*

इस प्रक्रिया में प्रयुक्त मानसिक छवि जितनी स्पष्ट होगी, प्रभाव उतना ही श्रेष्ठतम होगा। टी. एपस्टीन व सहयोगी ने 'टूल्स फॉर ड्रीमर' में प्रकाश डाला, 'न्यू बिहैवियर जनरेटर अप्रतिम विधा है, जो हर स्थिति में जहाँ व्यक्ति अपने को बदलने की आकांक्षा रखे प्रभावी होगा।' यह विधा इन संदर्भों में भी हितप्रद है—

- व्यवहार/प्रतिक्रिया जिसे अपनाना चाहते हैं, पर असफल रहे
- क्रिया के प्रारंभ में रिसोर्स (सृजनात्मक मन, आत्मविश्वास···) का विकास।
- असंतुष्ट प्रदर्शन (खेल, बोलना, प्रस्तुतिकरण, अध्यापन, सेक्स···) में दोष सुधार व सिद्धहस्तता
- नकारात्मक आदत (पैर हिलाना, खाने संबंधी···), व्यसन तथा अनिच्छित रिसोर्स (शंका, झिझक···) से मुक्ति
- आत्म-प्रेरणा
- गुण वृद्धि
- प्रतिकूल, हिंसात्मक परिवेश में समझदारी से परिपूर्ण आचार-विहार

1	2	3	4
लक्ष्य निर्धारण	स्वयं में आवश्यक रिसोर्स प्रवाहित कर क्रिया की कल्पना करना	कार्यनीति में संशोधन	क्या सफलता का आत्मविश्वास महसूस हो रहा है? हाँ तो अभिक्रिया पूर्ण, नहीं तो पुनः स्टेप 3 में जाना

चित्र 8.2 : न्यू बिहैवियर जनरेटर की रणनीति

परिवर्तन हृदय ने स्वीकारा?

समय पर काम न आनेवाली प्रणाली अर्थहीन होती है। है ना! अब समय आ गया है प्रभाव परखने का। इस उद्‌देश्यवश नीचे लिखा 'फ्यूचर पेसिंग' (Future Pacing) लाभकारी होता है—

- संदर्भ आने पर संशोधित/इच्छित अभिक्रिया स्वचालित ढंग से कार्यरत हो रही है कि नहीं?
- कार्यस्थल की कल्पना करें जहाँ आप पुराना आचार-व्यवहार अपनाते आए। क्या मन में नवीन व्यवहार की स्वत: तसवीर उभरी, क्या स्वाभाविक रूप से उसे होता हुआ देख रहे हैं? क्या आपको आत्मविश्वास महसूस हो रहा है। अवचेतन द्वारा नया व्यवहार अपनाने पर आप इस संदर्भ में पूर्ण आश्वस्त होंगे।
- यथार्थ में परीक्षा करें। बाजार का वातावरण आपका दिमाग गरम करता है तो वहाँ जा परखें, दिमागी पारा सामान्य होना चाहिए। समाज में रहना है तो बाहर जाना ही पड़ेगा! वहाँ चिड़चिड़ाना मानसिक एवं सामाजिक समस्या को जन्म देगा।
- स्वयं या मित्र की सहायता से कृत्रिम दृश्य, घटना रचित कर अपनी प्रतिक्रिया देखें।

परीक्षा के पश्चात् अपने व्यवहार से असंतुष्ट होने पर उपरोक्त अभ्यास पुन: दोहराएँ। संभव है अवचेतन वह बदलाव अस्वीकार कर दे। उस दशा में, 'अध्याय 14' की 'सिक्स स्टेप रिफ्रेमिंग' तकनीक सहायक होगी।

अभी तक आपने सीखा

'रिसोर्स' व्यक्ति की व्यक्तिगत लक्ष्यपरक स्थिति से वांछनीय ढंग से निपटने हेतु मानसिक क्षमता और गुण है। **सभी में नैसर्गिक रूप से विद्यमान यह तभी प्रयोग होगी जब इसके अस्तित्व को सत्य मान प्रयोग किया जाए।** हम सभी, असफल और कुंठित भी, हर रिसोर्स के स्वामी बन सकते हैं। हम यथोचित् 'रिसोर्स' को पलों में चेतन रूप से रक्त में संचारित कर विशेष परिस्थिति (पढ़ाई, खेल, इंटरव्यू, सैन्य कला··) में या सामने बाँह पसारे किसी भी अप्रिय स्थिति से सर्वाधिक बुद्धिमानी और विवेक से लैस हो सामना कर सकते हैं। रिसोर्स नकारात्मक 'बेसलाइन स्टेट' (Baseline state) से स्वतंत्रता दिलाने में बहुत ज्यादा उपयोगी प्रमाणित हुआ है। बेसलाइन स्टेट वह भावनात्मक अवस्था है, जिसमें आप दिन में सर्वाधिक समय व्यतीत करते हैं। कदापि न कहें, 'मेरे/तुम्हारे में आत्मविश्वास का अभाव है'। यह अज्ञानता, पूर्वाग्रह या वैमनस्यता की पराकाष्ठा होगी। कथन 'आप अपना आत्मविश्वास जगाएँ' से दूसरा

व्यक्ति प्रेरणा से भर आत्मविश्वास युक्त हो मार्ग में आगे बढ़ने को उत्प्रेरित होगा।

'एन.एल.पी.' मतानुसार 'व्यवहार' से व्यक्ति का परिवेश से संपर्क स्थापित होता है। समस्या व्यवहारगत होने से यह 'क्या' प्रश्न से प्रकट हो जाता है। मित्र से सौहार्दपूर्ण रिश्ता स्थापित नहीं हो पा रहा तो प्रश्न करें, 'मैं क्या करूँ, जिससे उनसे प्रगाढ़ता बढ़ सके?' उत्तर व्यवहार के यथोचित् सुधार में निहित होगा। सोचना कि 'व्यवहार अपरिवर्तनीय है' नासमझी है। विशेष अभ्यास द्वारा प्रत्येक विघटनकारी प्रवृत्ति को उतारकर फेंका जा सकता है, उम्र के मापदंड के बिना! *'परिस्थिति में सर्वोत्तम विकल्प' का ज्ञान उत्तम बौद्धिक क्षमता है जो प्रत्येक स्थल में सर्वाधिक लाभ दिलाती है।* यह व्यावहारिक गुण व्यापार, क्लब, कंपनी, परिवार, नौकरी इत्यादि और कठिनतम परिप्रेक्ष्य में फलप्रद है। उचित ढंग से विकल्प चुनने से समस्या का लघुत्तम या उसका पूर्ण निवारण होता है और आपकी छवि भी निखरती है। पहले से ही अनेक रास्ता, प्रतिक्रिया सोच रखना उत्कृष्ट व्यवस्था है।

मंथन

1. कभी आपको ऐसा नहीं लगता कि एक प्रतिभा संपन्न डॉक्टर, व्यवसायी, लेखक या धनाढ्य अपने असंतुलित, नकारात्मक व्यवहार के कारण लोकप्रिय नहीं हो पाता। समदर्शी परिदृष्टि से देखिए कि आप उनमें किस गुण स्वभाव को अस्वीकार्य मानते हैं, जिससे आप पुत्र, पुत्री, स्वयं को दूर रखना चाहेंगे।
2. ऐसे व्यक्ति को ध्यान में लाइए जिससे कुछ प्राप्त करने की अभिलाषा है। प्रथम, द्वितीय, समदर्शी परिदृष्टि से विश्लेषण कीजिए कि क्या आपका उसके प्रति बोलचाल, बॉडी लैंग्वेज, रवैया ऐसा है कि वह आपकी ध्येय पूर्ति में सहायता करे? संभव है, आप में स्वभाव, प्रतिक्रिया या रिसोर्स आधारित कमियों के कारणवश वह आपसे दूर खिसकने में अपना हित समझता है। इसे कैसे सुधारेंगे?
3. भाव-भंगिमा, चेहरे की रंगत, मांसपेशियों का खिंचाव, श्वास गति तथा क्षेत्र, भाषा तथा बोल में तनाव रिसोर्स के अनुरूप हो जाते हैं। पति/पत्नी/अधिकारी की अलग-अलग मनोस्थिति पर उनके भाषायी और भाषा इतर संवाद पर विशेष ध्यान दें। कुछ समय पश्चात् आप केवल उनकी गैर भाषा इतर प्रतिक्रिया व मनोदशा देख समझ जाएँगे कि वे खुश हैं या नाखुश, सामान्य हैं या उग्र, या किसी विशेष अवस्था में हैं, ताकि उनकी मनोस्थिति समझकर निर्णय ले सकें कि उनसे सामान्य या हित-साधन के हितार्थ संवाद करें अथवा नहीं।

□

भाग-4

दिशा निर्धारण, जीतना

'आपको रंचमात्र पता नहीं है कि आप जीवन में क्या प्राप्त कर सकते हैं। बस आपको प्रश्न करना है और उसके पीछे लगे रहना है और देखिए अंततः वह आपको कहाँ तक ले जाता है।'

—डॉ. जॉन्स साल्क

9

कैसे सोचूँ, किस दिशा में जाऊँ?

'कौन बनेगा करोड़पति' का एक एपिसोड।
शील गंगा (महिला प्रतिभागी)–'मैं जॉन एब्राहम के साथ मोटर साइकिल पर बैठ मजे करना चाहती हूँ।'
मुसकराते हुए अमिताभ बच्चन–'जरा बताइए कैसे मजा करना चाहती हैं आप।'
दर्शक भी अमिताभ बच्चन का छुपा मंतव्य समझ ठहाका लगाते हैं।

आपने ऐसे लोग देखे होंगे, जो हर वक्त संशय का शिकार रहते हैं। वह आपसे बात कर आपका सर घुमा देंगे। पता नहीं चलता—वे चाहते, सोचते क्या हैं। इसका असर उनके जीवन दिशा, कॅरिअर, आपसी संबंधों और मानसिक स्वास्थ्य पर भी पड़ना तय है। संभव है यह आदत आपके अत्यंत प्रिय में या आपमें ही हो! इसका एक विशेष कारण यह अज्ञानता है कि आंतरिक एवं बाह्य संवाद में भाषा किस प्रारूप में प्रयुक्त की जाए। भ्रांति, अज्ञानता, दिशाहीनता बहुत बड़ा कारण है—उलझती जिंदगी का। हम नदी की धारा की तरह यहाँ–वहाँ पटके जाते रहेंगे। किनारे की चाह अनमोल सोने के जैसी हाथ से खिसकती रहेगी। 'एन.एल.पी.' में 'लिंग्विस्टिक' स्नायुतंत्र के कार्य संचालन में भाषा का प्रभाव इंगित करता है। उच्च-स्तरीय सोच और संवाद आत्म व व्यावसायिक प्रगति हेतु रामबाण है। दीमक को छोड़ यहाँ–वहाँ कीटनाशक छिड़कने से; उससे क्या मुक्ति मिलेगी? कारण पर धूल जमा होने से निदान असंभव हो जाता है। संशय अनिश्चित बोध का जन्मदाता है। सोच, लक्ष्य व क्रिया में स्पष्टता उत्तम, सफल, प्रकाशमय जीवन की धुरी है।

बोली एवं भाषा का शक्तिशाली उपयोग

प्रश्न की अप्रतिम महत्ता है। यह ऐसा द्वार खोलता है जिसे विद्वान् अनोखी दुनिया का नाम देते हैं, जो प्रश्नहीन सोच से खुलना असंभव होता है। प्रसिद्ध वैज्ञानिक फ्रांसिस बेकन ने कहा है, 'बुद्धिमानीवाला प्रश्न स्वत: अंतर्ज्ञान की ओर ले जाता है।' जितना अधिक सत्य सामने आएगा, उतना वही अधिक अंतर्बोध से बाधा के निवारण की क्षमता बढ़ेगी। प्रश्न का कार्य सिद्धांत है—मूल ढूँढ़ना। यह उस पर केंद्रित करनेवाले प्रश्न से खुलेगा जो विद्वत्ता की ओर पहला कदम होगा। प्रश्न तब तक मस्तिष्क में डेरा जमाए रहता है जब तक मस्तिष्क उसका हल न निकाल ले। **प्रश्नरूपी 'कमांड' से बुद्धि-इंटेलिजेंस-त्वरितता से उत्तर प्राप्ति और समस्या निवारण की ओर जाती है।**

> **'अपने प्रति ईमानदार रहने से एवं अपने को स्वयं के चरित्र और कमियों के साथ पूर्णरूप से स्वीकारने से सकारात्मक भावना आती है।'**
>
> ***—विलियर्ड स्कॉट, अभिनेता***

भाषा सत्यता व पूर्णता नहीं दरशाती, इसलिए आधुनिक मनोविज्ञान इसे 'सतही अभिव्यक्ति' (सरफेस स्ट्रक्चर) कहता है। तह में भंडारित 'मैप'—विश्वास और गहराई में छुपी अनछुई बात—दबी रहती है। अतएव, अस्पष्ट भाषा और सोच पर आधारित निर्णय, निदान, प्रक्रिया का अपूर्ण अथवा निष्प्रभावी होना अवश्यंभावी रहता है। अप्रभावी संवादकर्ता मात्र 'मैप' पर आधारित 'टेरीटरी' रचित कर अनुचित कदम उठाता रहता है। श्रीमान बाँगड़ू कहें, 'मैं परेशान हूँ', क्या अर्थ निकालेंगे आप? वह किसलिए परेशान हैं, किसने परेशान किया, कब-कब और कहाँ परेशान होते हैं? दर्द का स्थायी हल दर्द निवारक कदापि नहीं। स्थायी लाभ कुंडली मार बैठा रहेगा!

प्रखर व्यक्ति नपा-तुला बोलकर अंदर की बात समझ सही दिशाबोध ग्रहित कर लेने में माहिर होते हैं, जबकि अप्रखर लोग अधिक अस्पष्ट प्रश्न पूछकर वास्तविक मंतव्य से दूर खिसके रहते हैं। प्रथम वर्ग को यह गुण मिलता है—स्वयं के व्यावहारिक अनुभव से। इस विशिष्टता से वे अन्य से उच्च आसन पर विराजते हैं। जहाँ दूसरा वर्ग अपने उद्देश्यार्थ निन्यानबे प्रतिशत सूचना चाहते हैं, प्रथम वर्ग मात्र चालीस से साठ प्रतिशत! ग्रिंडर और बैंडलर ने विख्यात हिप्नोथेरेपिस्ट डॉ. मिल्टन ऐरिक्सन, साइकोथेरेपिस्ट वर्जीनिया सैंटर व अन्य की

संवाद-प्रणाली पर शोध कर देखा कि अपनी लक्ष्यपरक वाक्-प्रणाली में वे विशिष्ट शब्द तथा शब्द विन्यास प्रयुक्त कर क्लाइंट से अभीष्ट सूचना अतिशीघ्र प्राप्त कर लेते हैं, फिर अपने उसी मौलिक गुण द्वारा वे क्लाइंट को स्वयं उनके द्वारा उनकी कठिनाई दूर करने को प्रयासरत रहते हैं। वे निम्नतम, सूक्ष्मतम बोलकर क्लाइंट से अधिकाधिक जानकारी लेने में सफल होते हैं। कम सफल मनोचिकित्सकों में इस गुण का अभाव रहता, जो पजल जैसे वाक्यों की भूल-भूलैया में स्वयं के साथ क्लाइंट को भी उलझाए रखते हैं। अंथोनी रॉबिंस ने 'अनलिमिटेड पावर' में लिखा, 'कई विशिष्ट प्रश्न और स्पष्टतम शब्द समस्या को संवाद में रूपांतरित कर हल की ओर ले जाने की क्षमता रखते हैं।' उक्त शोध का परिणाम रहा भाषागत शाब्दिक संरचना और क्रम की पुस्तक 'द स्ट्रक्चर ऑफ मैजिक, भाग 1' के रूप में। इसके विकास में उन्होंने 'कोग्नेटिव थिरेपी', 'रेशनल एमोशिव थिरेपी' और अन्य आधुनिक क्षेत्रों का सहयोग लिया। चिकित्सक, काउंसलर, भाषाविद् के ज्ञानार्थ मेटा मॉडल उपरांत में सामान्य जन और एक्जेक्यूटिव लोगों के बीच लोकप्रिय होकर आश्चर्यजनक रूप से 'एन.एल.पी.' संस्थापन में मील का पत्थर बना। इस भाषागत प्रारूप से आपको कम-से-कम समय में बाधा और व्यावहारिकता से संबंधित स्पष्टतर विधा प्राप्त होगी, जिससे क्लाइंट और आपकी सही सोच-नीति द्वारा ध्येय की प्राप्ति तथा मानसिक स्वास्थ्य की संभावना बन सकती है। इस कला का उपयोग अंतर्मन को सूक्ष्मता से निर्देशित करने व समझने में सहायक होता है। यह आपको सहायता और प्रेरणा देगा, तथा विचार को सूक्ष्म, संगठित बनाएगा, पर ध्यान रहे 'मेटा मॉडल' लक्ष्य की ओर जानेवाला मार्ग व क्रिया नहीं है, वरन् यह उसमें सहायक है।

'प्रश्न में निहित शक्ति मानव प्रगति का आधार है।'

—इंदिरा गांधी (पूर्व भारतीय प्रधान मंत्री)

हम जितना दूसरों की आंतरिक दुनिया का मुकम्मल स्वरूप देखने में समर्थ होंगे, उतना हम उसमें परिवर्तन लाने की सुदृढ़ प्रक्रिया लागू कर सकेंगे। मेटा मॉडल का आधार अपूर्ण जानकारी को पूर्णता से प्राप्त कर समस्यापूर्ण तत्त्व—जनरलाइजेशन, डिलीशन, डिस्टॉर्शन (अध्याय 7)—निकाल उसे व्यावहारिकता व वास्तविकता का जामा पहनाना है। कुछ अँधेरे में तीर चलाने और गलत चाल चलने के आदी होकर स्वहित की संभावना बहुत कम कर देते हैं। भई, बिंदु के अंधकार में होने से बाण

इधर-उधर जाएगा ही। असत्य को सत्य मान आगे बढ़ना सत्य से दूर ले जाता है, निकट कदापि नहीं! ऐसा करनेवाले मनुष्य असफल लोगों की श्रेणी में लंबडे बादशाह नजर आते हैं।

यह विधा 'क्या' (what), 'कहाँ' (where), 'कब' (when), 'कैसे' (how), 'किसके' (who) 'कौन' (which) के अनुपम उपयोग से निम्न को ध्यान रखकर तथ्यपरक उत्तर पाने की चेष्टा है—

- स्पष्ट रूप में समस्या क्या है, और उसके निवारण हेतु क्या होना है/चाहिए? ('What, specifically?')
- समस्या कहाँ है; समाधान/कर्म कहाँ होना चाहिए? ('Where, specifically?')
- कब कर्म और समस्या हुई; अब कब कर्म, समाधान करना है? ('When, specifically?')
- कर्म/परिणाम का असली कर्ता कौन है? ('Who, specifically?')
- विधि/कार्यविधि की रूपरेखा क्या है? ('How, specifically?')

यह महत्त्वपूर्ण नहीं है कि क्या हुआ है एवं क्या हो गया है, महत्त्वपूर्ण अवरोध का समापन करना है, विकल्पों का अनावरण करना है और भ्रांति से हटकर उचित राह की ओर मन केंद्रित करना है। 'क्यों' (why) पूछना कठिनाई, विवरण तथा अनिर्णय की ओर ले जाता है। पुत्र से पूछना, 'आपसे नुकसान क्यों हुआ', कर्मचारी से कहना, 'आपने गड़बड़झाला क्यों किया' से उनका ध्यान अप्रिय प्रक्रिया की ओर चला जाएगा। 'हानि कैसे, कब, कहाँ पूरी की जाए' कहने से पुत्र की बुद्धि हानि की आपूर्ति के उद्देश्यार्थ लाभ प्राप्ति की ओर विचरण करेगी। कई संगठन, परिवार और पति-पत्नी संबंधों में 'क्यों' ('why?') कलह की जड़ बनता है। मेट मॉडल निम्न मंतव्य के यथार्थ समयानुसार और लक्ष्यानुसार संवाद या प्रश्न प्रयुक्त करता है—

- चुनौती देना
- स्पष्टीकरण माँगना
- प्रश्न-चिह्न लगाना
- दूसरे को स्वयं विकल्प ढूँढ़ने को प्रेरित करना
- भूली हुई (डिलीटेड) तसवीर को चेतन में लाना
- कथन के पीछे सही कारण का पता लगाना
- संवाद में अपूर्णता का संज्ञान

साधारणीकरण (Generalization)

एक नकारात्मक घटना एवं कारण को सभी परिप्रेक्ष्य में सर्वग्राही और सत्य स्वीकार कर लेने से जीवन की गति रुक जाती है और आप रास्ता भटक सकते हैं। बचपन में अध्यापक द्वारा प्रताड़ित होनेवाला बच्चा जब बड़ा होता है तब सभी अध्यापकों को वह इसी नजरिए से देखता है, जिससे उसका शैक्षणिक जीवन बुरी तरह प्रभावित होता है। साधारणीकृत विचार, अवरोध और समस्या तीनों मौसेरे भाई हैं। मानना 'मैं जिंदगी में बहुत कुछ करना चाहता हूँ' से आपका दिमाग फट जाएगा। दिमाग भ्रमित हो सोचेगा 'पगले, मैं कहाँ क्या करूँ?' दुर्भाग्यपूर्ण जनरलाइजेशन वाले विचार पर कुठाराघात पूर्ण संभव है। आदतन सभी पर शंका करनेवाला कहता है, 'मैं किसी पर विश्वास नहीं करता।' उससे कहें, 'क्या किसी पर भी नहीं? पत्नी, पर भी नहीं?' या पूछें, 'क्या होगा जब आप अन्य पर विश्वास करेंगे?' वह बोल सकता है, 'मैंने मित्र पर विश्वास किया, बरबाद हुआ।' कहिए, 'क्या आप जब-जब विश्वास करते हैं तब तब धोखा खाते हैं? भाई से धोखा खा चुका अनुराग क्या आज करोड़पति नहीं?' मन का अवरोध भंग होने से वह पुनः सोचने पर विवश हो व्यावहारिक बनेगा, और वह हानिकारक अवधारणा पर बसे दुःख एवं एकांतवास से कोसों दूर हो भागेगा। एक धोखे को भँवर मान उसके चारों ओर घुमंडी खाते रहने को त्याग वह पुनः जीवन में उन्नति हेतु प्रयत्नशील हो जाएगा। लक्ष्य केंद्रित संवाद से व्यक्ति असफलता के परे उचित स्पष्ट विकल्प की ओर अग्रसर होता है।

युनिवर्सल क्वांटिफायर (Universal Quantifier)

यह लिंग्वस्टिक शब्द और शब्द विन्यास निरपवाद रूप में सभी के लिए अनिवार्यता, और सर्वव्यापी आज्ञा एवं नियम का बोध कराता है। ये हैं : 'सदैव', 'सभी', 'कोई नहीं', 'कभी नहीं' (never, ever, always, all, every, nobody…) आदि, जैसे—'अब (सब) व्यवसाय बच्चों का खेल नहीं।' यहाँ सकारात्मक चुनौती का मंतव्य भूलाए गए प्रतिरूप उदाहरण या अनुभव को चेतन में लाना है: 'क्या कोई समय ऐसा था, जब आप (K) थे?' (इस अध्याय में (K) अभिलाषा, लक्ष्य, परिणाम या रिसोर्स˙˙व्यक्त करेगा।)

- 'मैं कभी आत्मविश्वासी नहीं रहता/रहा।'

चुनौती : 'क्या पूर्व में कभी कोई ऐसा समय था, जब आप आत्मविश्वासी थे?' 'एक बार भी नहीं?'

- 'मुझे कोई प्यार नहीं करता।'

चुनौती : 'क्या वाकई कभी किसी ने आपको प्यार नहीं किया? आपकी माँ ने

भी नहीं?' 'कौन रोकता है आपको स्वयं से प्यार करने में?'

विकल्प : 'यदि स्वयं से प्यार करेंगे तो क्या हो जाएगा?'

- 'मैं हर समय दुःखी रहता हूँ।'

चुनौती : 'रात सोते समय भी?' 'बच्चों के साथ खेलते हुए भी?' 'कॉमेडी सरकस देखते हुए भी?'

स्वयं रचित बंधन तोड़ना : 'कौन रोकता है मुझे हँसने से, प्रसन्न रहने से?'

मॉडल आपरेटर्स (Model Operators)

ये बाध्यता/अबाध्यता, संभावना/असंभावना की सीमा प्रकट करनेवाले शब्द, विन्यास हैं। इनके दो प्रमुख भाग होते हैं:—

1. **मॉडल ऑपरेटर्स ऑफ पासिबिलिटी** (Model Operators of Possibility)

इनसे विश्वास, क्षमता, संभावना प्रकट होती है। शब्द/विन्यास हैं: 'कर सकता हूँ'/ 'नहीं कर सकता', 'करूँगा'/'नहीं करूँगा', 'संभावना है'/'संभावना नहीं है' (can, can not, will, will not, possible, not possible...)। कर्म में असफलता का कारण मानसिक अथवा वास्तविक है, इसका बोध अनिवार्य है। स्पष्टीकरण और चुनौती के लिए प्रश्न रहेगा, 'यदि आप (K) करें तो क्या होगा?' 'कौन रोकता है आपको (K) करने से?'

- मैं कार नहीं चला सकता/नहीं सीख सकता।'

चुनौती : 'कौन रोकता है आपको उसे चलाने/सीखने से?' जब बाइक चला सकते हो तो कार क्यों नहीं?'

स्वयं रचित सीमा तोड़ना: 'क्या होगा जब मैं कार चलाऊँगा/चलाना सीखूँगा?'

- 'मैं व्यवसाय में ध्यान नहीं लगा पा रहा।'

विश्लेषण : 'जब ध्यान नहीं लगता, तब आपके मन में क्या आ रहा होता है?'

विकल्प : 'कैसा और क्या हो कि आपका व्यापार में मन लगे?'

यद्यपि आप एक क्षेत्र में लक्ष्य प्राप्ति हेतु गुण, योग्यता से लबरेज हैं, फिर भी यह मान कि 'मैं नहीं कर सकता' कदम उठाने में घबराते हैं। उस वाक्य को 'मैं कर सकता हूँ/करना चाहता हूँ' या 'क्या होगा जब मैं आगे बढ़ूँगा?' में रूपांतरित करने मात्र से आपके अंदर मानसिक अवरोध पिघल जाएगा और कार्य करने के लिए प्रेरणा अंकुरित होने लगेगी।

2. **मॉडल ऑपरेटर्स ऑफ नेसेसिटी** (Model Operators of Necessity)

ये शब्द, विन्यास आज्ञा द्वारा या बाध्य करने के मनोरथ से कर्ता में तनाव, असहायता की संभावना उत्पन्न करते हैं—'करना'/'नहीं करना है', 'करना'/'नहीं करना चाहिए', 'करना होगा'/'नहीं करना होगा', 'आवश्यक है'/'आवश्यक नहीं' (have to/have not to, necessary, should/should not. . .)। पूर्वाग्रही माता-पिता, प्रशिक्षक, सहयोगी जताते हैं कि यदि आप कार्य करने में असमर्थ हैं तो आप पैदाइशी असफल जीव हैं। यह स्थिति न आए, इस यथार्थ यह सोच या पूछकर उत्तर ढूँढ़िए, 'यदि मैं/आप (K) नहीं करते तो क्या होगा?' 'यदि (K) नहीं होगा तो क्या होगा?'

- 'आप अफसर नहीं बनेंगे/बन सकते है।'

प्रश्न/सोच : 'क्या अफसर बननेवालों का खून का रंग दूसरा है?' 'मैं अफसर बन जाऊँ तो क्या हो जाएगा?'

- 'तुम्हें आज्ञा माननी होगी।'

प्रश्न/सोच : 'ना मानने पर क्या होगा?' क्यों?'

'पूर्व में जब उनकी आज्ञा नहीं मानी तो क्या हुआ था, क्या पहाड़ टूट पड़ा था?'

'कैसे उनका कहना स्वीकार/अस्वीकार करूँ भी और आत्मसम्मान की रक्षा भी कर सकूँ।'

विलोपन (Deletion)

लोकप्रिय सीरियल 'महादेव' के एक एपिसोड में विष्णु और दक्ष का वार्त्तालाप कुछ ऐसा है—

विष्णु : 'महादेव संसार के सृष्टिकर्ता हैं, महासंहारक हैं। पार्वती के लिए उनसे उत्तम वर विश्व में और कहाँ!'

दक्ष : 'प्रभु, एक पिता की तरह मैंने पार्वती के लिए सर्वोत्तम और संस्कारी वर चुनने के लिए सोचा था, जिससे मेरी बेटी सदैव सुखी रहे। परंतु वे संस्कारविहीन हैं। श्मशान में निवास करते हैं।'

विष्णु : 'तुमने यह कैसे सोचा मैं पार्वती को सुखी देखना नहीं चाहता?'

सत्य, यथार्थ से मुँह फेरने से आंतरिक गतिरोध, दुःख तथा अगुण जन्मेगा। क्या होता है जब दुःख-दर्द का मारा असीम संभावनाओं, सुख, सुविधाओं, नियामतों से आँख मूँद बैठता है और सोचता है कि ये दुनिया, ये महफिल, मेरे काम की

नहीं?' इस सोच से कई लोग शराबी-कबाबी बन गए। सदैव रोनेवाले को कितना ही मिले, किस्मत कोसना उनकी नियति है। 'विलोपन' भाषा द्वारा अनुभव, विचार को अपभ्रंश कर दिया जाता है। अपने को पैदाइशी असफल माननेवाले व्यापार, खेल में भूतकाल की कामयाबी को आदतन भुला देते हैं, कंप्यूटर भाषा में 'डिलीट' कर देते हैं। विष्णु एवं दक्ष के बीच उपरोक्त संवाद 'डिलीशन' का उत्तम उदाहरण है।

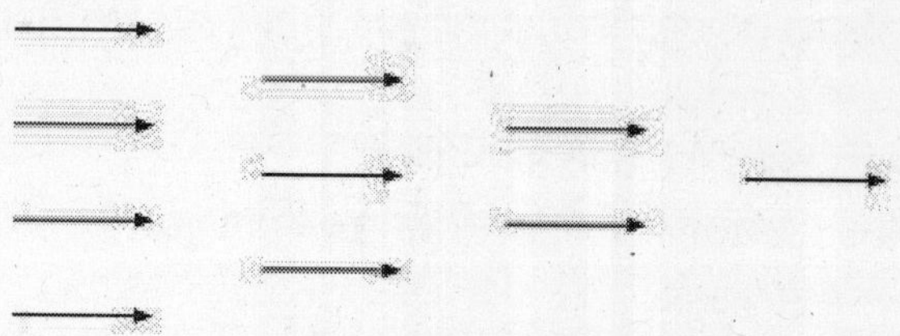

चित्र 9.1 : सौ लक्ष्यविहीन बाणों की अपेक्षा,
एक लक्ष्य पर केंद्रित बाण से सफलता निश्चित रूप में मिलती है!

- 'मैं कभी मानसिक रूप से स्वस्थ नहीं रहा।'
  प्रश्न/सोच : 'क्या बचपन में भी नहीं?'
- 'नई ड्रेस पहनकर मैं आत्मविश्वास से भर जाता हूँ।'
  प्रश्न/सोच : 'क्या कभी नई ड्रेस के बिना आत्मविश्वास महसूस किया?'
  (पिछले अच्छे अनुभव से आत्मविश्वास का जागरण अच्छी बात है।)

लैक ऑफ रेफरेंशियल इंडेक्स (Lack of Referential Index)

यहाँ बोल से सही कर्ता का ज्ञान नहीं होता। सही कारण और एक कर्ता को छोड़ हम एक वर्ग के प्रति विश्वास बनाकर पूरे वर्ग को उत्तरदायी बना देते हैं, जैसे—एक औरत से धोखा खा चुका प्रेमी पूरी औरत जात से बदला लेता है, जो अंततः उसके दु:खों का कारण बनता है। समूह के प्रति अनावश्यक पूर्वाग्रह स्वयं को हानि पहुँचाने का ठोस आधार हो सकता है। लिंग्वस्टिक शब्द होंगे—'कोई', 'लोग', 'वे' (someone, people, they, we)। स्पष्टीकरण 'कौन' द्वारा होगा।

- 'उन्होंने मेरा अपमान किया।'

(यहाँ पूरा समूह निशाना बन रहा है, पर वास्तविकता यह है कि एक, दो ने ही ऐसा किया होगा।)

स्पष्टीकरण : असल में किसने अपमान किया, उसका नाम क्या है?'

'क्या सब?'

यदि आप यह सोच बैठे 'कंपनी में सब मुझसे खार खाए बैठे हैं', तो आपका नौकरी छोड़ना या दिन भर तनावग्रस्त रहना तय है और आप घर में परिवार के लिए समस्या खड़ी करेंगे। मात्र एक, दो या तीन कर्मचारी से कलह को आपने कंपनी में सब सोचकर खुद ही संकट को बड़ा बना दिया। समाधान उत्तम विकल्प है, न कि विक्षुब्ध रहना एवं मैदान छोड़ना।

अनिश्चित संज्ञा (Unspecified Noun)

निश्चित कर्ता के स्थान पर बहुवचन संज्ञा या सर्वनाम मस्तिष्क भ्रमित करता है, जैसे—अयोग्य अध्यापकजी प्रिंसिपल साहब से शिकायत कर अपनी अकर्मण्यता उजागर कर रहे हैं, 'बच्चे ठीक से नहीं पढ़ते।' यहाँ वे किस बच्चे को इंगित कर रहे हैं? या उनकी निगाह में पूरी कक्षा नालायक है! यहाँ साफ-साफ कौन और क्या ("Who and what specifically?") पूछकर स्थिति साफ करनी होगी।

अनिश्चित संज्ञा में एक वर्ग 'नॉमिनलाइजेशन' है, सक्रिय क्रिया का परिवर्तित अस्पर्शनीय, अस्पष्ट संज्ञा स्वरूप, जैसे—'सफलता' ('सफल होना' से, 'succede' से 'success' 'याद' ('memorise' से 'memory'), 'संवाद' ('communicate' से 'communication') आदि। इन्हें अपनी मौलिक क्रिया (वर्ब) स्वरूप में बदलकर हम अनचाहे अनुभव को नियंत्रित करने या ठीक से समझने में समर्थ हो सकते हैं। 'कौन किससे' ('With whom?'), 'कितनी साफगोई से आप' ('How specifically are you?'), 'कौन रोकता है आपको' ('Can you imagine…') 'क्या आप कल्पना कर सकते है' प्रयुक्त कर संज्ञान करें कौन किस वजह और किस प्रकार नॉमिनलाइजेशन कर रहा है ताकि अदृश्य सूचना प्राप्त हो सके।

- 'मैं संबंध (relationship) बनाना चाहता हूँ।'

प्रश्न/सोच : 'संबंध किससे?' ('Relationship with whom?', 'With whom you want to relate?')

- क्लब में कोई मुझे सम्मान (respect) नहीं देता।'

प्रश्न/सोच : 'आप किस प्रकार सम्मानित होना चाहते हैं?' ('Relationship with whom ?', 'With whom you want to relate?')

सम्मानित होना उत्तम है, पर दूसरों से सम्मान की आकांक्षा आपमें दर्दे दिल बढ़ाएगी। सामाजिक संस्थाओं में आदर पाने हेतु आपको विशेषता और अनूठे ढंग से प्रयासरत होना होगा। आपसे मगज के मारे कहते होंगे, 'मुझे जीवन में परिवर्तन

चाहिए।' गारंटी है इस विचार के चलते वह अपने जीवन में क्रांति लाने में सदैव असमर्थ रहेगा। उनसे कहें, 'साफ-साफ बताएँ, कहाँ, क्या, कैसा परिवर्तन चाहते हैं आप?'

अनिश्चित क्रिया (Unspecified Verb)

अस्पष्ट क्रिया से प्रक्रिया भूल-भूलैया बन जाती है। स्पष्टता से जानिए किस प्रकार?' ('How specifically?')

- उसने मेरा उपहास उड़ाया।'

प्रश्न/सोच : 'उसने किस प्रकार आपका मजाक उड़ाया?'

'कैसे मालूम है उसका निशाना आप थे, कोई दूसरा नहीं?'

'क्या संभव नहीं कि उसकी हँसी का मंतव्य आपका उपहास उड़ाना नहीं कुछ और हो?'

क्या होता है जब पत्नी के किए-धरे पर पानी फेर आप मान बैठे, 'वह मुझसे प्यार नहीं करती।' आप चाहते क्या हैं—पत्नी किस तरह आपको प्यार करे, क्या बोले, किस तरह आपको छुए कि लगे वह आपसे प्यार करती है? क्या पूर्व में कभी भी उसने आपकी इच्छानुसार प्यार व्यक्त नहीं किया? क्या आपने उसके साथ बिताए हुए पूर्व हसीन लम्हे भुला दिए! ऐसा कर असंख्य लोग बीच की खाई और गहरी बनाकर शनैः-शनैः अलगाव की ओर बढ़ते रहते हैं।

तुलना (Compared)

क्लाइंट आपसे कहता है—आपका उत्पाद, सेमिनार ठीक नहीं है, उससे महँगा है—यह बहुतेरों का आनुवंशिक स्वभाव होता है। उससे पूछिए, 'आप किससे तुलना कर रहे हैं?' ('Compared to what?'), 'उसका स्तर क्या है, क्या मूल्य कम होने से आपको समान गुणवत्ता मिलेगी?' क्लाइंट अपने आंतरिक अवरोध एवं भ्रम से बाहर निकल आपके द्वारा प्रस्तावित लाभ, मूल्य (वैल्यू) का विश्लेषण और प्रतिभागी के उत्पाद से तुलनात्मक अध्ययन करने को मजबूर हो जाएगा।

अपभ्रंश (Distortion)

यहाँ पर विचार को तोड़-मरोड़कर व्यक्तिगत दुनिया बसाई जाती है। सहयोगी समय पर वांछित सूचना देने में असमर्थ हुआ, आपने सोचा वह पुराना बैर निभा रहा है, और उसकी शिकायत बॉस से कर कार्य-स्थल में अनावश्यक अपने लिए काँटे

बो दिए। पर सच्चाई में वह बेचारा अधिक आँकड़ा इकट्ठा कर रहा था, ताकि वह आपको श्रेष्ठ जानकारी प्रेषित कर सके। अपभ्रंश विचार और गलत निर्णय विघ्न पैदा करता है, एक बड़ा कारण राख पर दुनिया बसा, दिवास्वप्न में खोकर अनचाहा परिणाम भोगते रहने का। क्या कहेंगे उस नराधम को जो विकृत सोच पर महल बना उसी समाज को खून से रँगता है जहाँ वह फला-फूला! परिप्रेक्ष्य को द्वितीय, तृतीय दृष्टि से देख साँच को आँच में जाँचना होगा; यह विवेकशील और वैज्ञानिक बुद्धि की नैसर्गिक प्रवत्ति है।

- 'मैं परिवार में चैतन्यता से काम करने में असमर्थ हूँ।'

सीमा तोड़ेगा प्रश्न 'कौन रोकता है', 'यदि करूँ तो क्या होगा' ('What/who prevents?', 'What will happen if I/you do?')।

प्रश्न/सोच : 'भाई, कौन रोकता है आपको/मुझे चैतन्य बनने से?'

'ऐसा होने पर क्या हो जाएगा?'

- 'मेरा मन कुछ कहता है, तन कुछ।'

प्रश्न/सोच : 'जब आपका मन, तन एक हो, तब कैसा महसूस करना चाहते हैं?'

'कौन रोकता है आपको ऐसा होने से/करने को?'

कॉम्प्लेक्स इक्यूवेलेंस (Complex Equivalence)

आपस में दो जुड़े वाक्य समान अर्थ इंगित करते हैं जिससे स्थिति का आप गलत अर्थ लगा सकते हैं। आग्रह करें—"इसका अर्थ वह कैसे हुआ?" ("How does this mean that?")

- 'वे दोनों बात कर रहे थे, (अर्थात्) उनके बीच शारीरिक संबंध है।'

प्रश्न/सोच : 'जब दो लोग बातें करें तब क्या उनमें शारीरिक रिश्ते का होना आवश्यक है?'

कॉस्स इफेक्ट

अनचाहे परिणाम का कारण दूसरे को मानकर अपरोक्ष रूप से आत्मसंयम की कमी स्वीकारी जाती है। सत्य यह है, जब हम उसके लिए स्वयं को उत्तरदायी ठहराएँगे तभी पुनः वैसा न होने देने का प्रयास करेंगे। जाँच करें 'किस प्रकार, कैसे फल उत्पन्न हुआ/आपने उत्पन्न किया?' ('How exactly?')

- उसको देख मेरी घिग्गी बँध जाती है।'

प्रश्न/सोच : 'तुम किस प्रकार उसको देख अपनी घिग्गी बँधवाते हो।'

- उसके कारण मेरा जीवन बरबाद हुआ।'

प्रश्न/सोच : 'तुमने कैसे, किस प्रकार उसके कारण अपना जीवन बरबाद किया?'

'यदि तुम्हारा जीवन बरबाद न होता तो तुम क्या करते, तुम क्या होते?'

डिलीशन, डिस्टॉर्शन, जनरलाइजेशन मानसिक स्वास्थ्य, सफलता, गुण वृद्धि, तथा मानवता से परिपूर्ण विश्वास (ह्यूमन बिलीफ) के जागरण में अवरोधक है। बोस्टिक और सहयोगी ने 'व्सिपरिंग इन माइंड' पेज 148 में लिखा है, मेटा मॉडल के नियमानुसार प्रयोग से क्लाइंट अपने उस व्यक्तिगत विचार को रूपांतरित कर उसे विस्तृत स्वरूप दे सकता है, जिसके कारण वह सीमाओं, गलतियों, अवगुणों में फँसा रहा, जिसने उसके व्यवहार को अधिक प्रभावी और सर्वांग (congruent) बनने से रोक रखा था।'

अभ्यास

नकारात्मक बोधयुक्त लोगों में निम्न सर्वव्यापी धारणा को मेटा मॉडल द्वारा चुनौती दें—

- 'मैं जिंदगी से ऊब चुका हूँ।'
- 'मेरा जीवन वीरान है।'
- 'मैं जन्म-जात असफल हूँ।'
- 'मैं कौशलता कभी विकसित नहीं कर सकता।'

अभी तक का सारांश

मेटा मॉडल स्पष्टता, ग्राह्यता को साथ लेकर उद्‌देश्य की ओर अंत:दृष्टि प्रकाशित करता है और आपको ज्ञान देता है कि आखिर आप जीवन से चाहते क्या हैं। इसका उद्‌देश्य समस्याग्रस्त डिलीशन, डिस्टॉर्शन तथा जनरलाइजेशन को चुनौती देकर अनुभव, सोच को तथ्ययुक्त व्यावहारिक फ्रेम देकर पूर्व से अधिक उज्ज्वल जीवन बनाने के साथ लक्ष्य निश्चितता से प्राप्त करने में सहायक बनना है। मेटा मॉडल के अभाव या उसके विपरीत जाना अर्थात् 'मेटा मॉडल वॉयलेशन' से कठिनाई और स्वयं निर्मित बंधनों का उद्‌गम स्थल बनता है। काउंसलर जान डेविड हॉग की विचारोक्ति है, 'मेटा मॉडल के विपरीत जाने से सफलता, सुख में बाधा आती है।' यह अधूरी, दोषपूर्ण, अनुचित और दिशाविहीन सोच में उपयोगी

तथ्य और विलोपित सूचना को भरने की प्रणाली है, ताकि हम सीमित संसार से निकल पुनः आत्म मूल्यांकन की ओर विचरण करने लगे तथा विराट् सत्य देखने को विवश हों। जितने अधिक और जितनी सूक्ष्मता से हम आंतरिक व बाह्य संसार को समझेंगे, उतने अधिक प्रभावी ढंग से हम सकारात्मक परिवर्तन लाने के भागी बनेंगे। इसके प्रयोग में आवश्यक है हम दूसरे से आत्मीयता, कोमलता और वाक्-कुशलता प्रस्थापित करें, अन्यथा या तो वह आपसे दूर भागेगा या आपसी भाई-चारे में खाई आ जाएगी। और आप अलोकप्रिय हो जाएँगे। उदाहरणस्वरूप, यदि आपने हर घड़ी पत्नी से कहना शुरू कर दिया कि क्या, कब, कैसे, कहाँ और कितनी सूक्ष्मता से तो वह मायके भाग खड़ी होगी! नम्रता से ऐसे पूछें, 'कृपया बताएँ···', 'यदि आप···'। कालांतर में माइकल हॉल ने मेटा मॉडल को और अधिक विस्तृत किया। यहाँ कुछ मेटा मॉडल का वर्णन संभव हो पाया है। मानसिक स्वास्थ्य बढ़ानेवाली यह तकनीक सेल्स, परामर्श देने, प्रोफेशन, पैरेंटिंग में लाभप्रद है।

मंथन

1. लक्ष्य पर केंद्रित साफगोई से संवाद अनन्य भ्रम, द्वंद्व के बीच निश्चित मार्ग प्रशस्त करता है। महान् प्रश्न महानता का अंकुर बोती है, तथा स्नायुतंत्र को विकल्प खोजने की ओर ले जाती है। प्रश्न द्वारा सफल वैज्ञानिक गूढ़ता हल करते रहे। जब फल है, तो 'कैसे', 'क्यों' होगा ही। रास्ता ढूँढ़ना और निकालना पड़ता है, वह स्वयं पास आकर हमें गले नहीं लगाता।
2. बुद्धिमतापूर्ण वाक्-चातुर्य में सरस्वती का वास होता है। संवाद में विवेकशीलता और सूक्ष्मता प्रभाव में विहंगमता लाती है। यदि आप मीडिया, कानून व्यवस्था बल में हैं तो सही सूचना प्राप्त करने के गुण से कॅरिअर में चार-चाँद जड़ेंगे। मेटा मॉडल को अपने प्रिय के मार्गदर्शन करने, उसे जीवन राह दिखाने तथा भ्रांतियाँ दूर करने में लगाएँ।
3. उत्तम नेता कदापि यह नहीं कहते, 'मैं ही केवल सत्य के लिए लड़ा', 'केवल मैंने यह कार्य पूरा किया।' ऐसा कहकर वे अपरोक्ष रूप से कलह, असहयोग का बीज बो रहे होते हैं!

□

10

प्रतिरोध पर विजय

आपने ऐसे लोग देखे होंगे, जो प्रभावशाली हैं, अत्यंत सफल हैं, परंतु किसी को प्रभावित नहीं करते, उनके रूखे व्यक्तित्व में अपनेपन का अभाव होता है। कमी उनमें तथा उनके हाव-भाव, बोल में नजर आती है। यदि उसमें सुधार लाए होते तो पहले से अपेक्षाकृत अधिक उन्नति कर पाते। हमारी कंपनी में 'बोइंग' हवाई जहाज के अधिकारी स्पेयर पार्ट का मुआयना करने आते थे, इनमें एक बड़े अमेरिकन इंजीनियर थे। दिखने में साधारण, कम बोलनेवाले पर सबके चहेते, चाशनी जैसे मीठे। केवल उन्हीं का मेरे कंपनी अफसरों से सर्वोत्तम समन्वय रहता और अधिकांशत: उनसे ही समस्या समाधान प्राप्त होता। आपका महत्त्व है, आपकी अपार सफलता का महत्त्व है, परंतु किसी स्तर पर आपकी भाषा, बॉडी लैंग्वेज और निहित मनोवृत्ति का कम महत्त्व नहीं होता। उसी से आप लोकप्रिय बनते हैं, उसी से अलोकप्रिय। वाक्-पटुता, तालमेल बनाने का गुण और व्यावहारिकता साक्षात्कार, मीटिंग, सामाजिक रिश्ते, वार्त्तालाप और वाद-विवाद में सफलता निर्धारित करता है।

'एन.एल.पी.' में बोल, शारीरिक अभिव्यक्ति संवाद के अंतर्गत आती है, यह एवं सोचने की प्रकृति एक-दूसरे के पूरक हैं। विचार हमारा भाग्यविधाता है, जिसे बदलने से पूरी दुनिया बदल जाती है—आंतरिक एवं बाह्य दोनों। संवाद से हमारे विश्वास व नजरिए का आभास होता है। एक प्रयोग करें। एक सज्जन और एक दुर्जन से बात करें। दोनों के भाषा इतर प्रदर्शन व भाषा में अंतर लगा आपको? 'एन.एल.पी.' का पूर्वानुमान है—संवाद का अर्थ वह नहीं, उसमें निहित जिस मंतव्य को रख आपने संवाद किया, परंतु वह है, उसने जो प्रभाव उत्पन्न किया है। आपके बोलने से श्याम उत्तेजित हो गया। आपके संवाद का वास्तविक परिणाम यह है, जबकि आपका ऐसा मंतव्य

यह कदापि न था। यदि आपने पहले स्पष्टता से अपना संवाद संबंधी लक्ष्य निर्धारित कर लिया होता तो ऐसा न होता, जैसे—आपको अपने संवाद से श्याम द्वारा किस प्रतिक्रिया की अभिलाषा है? अलक्ष्यपूर्ण संवाद रिश्ता बिगाड़कर मनोरथ में बाधा डालने की संभावना पैदा करता है। स्मार्ट प्रोफेशनल और गैर-प्रोफेशनल व्यक्ति जानता है वह क्या चाहता है, और इस प्रयोजनार्थ उसे क्या वाक्-कला अपनानी होगी। अनुसंधानों ने प्रमाणित किया कि सफल मैनेजर, मनोचिकित्सक अपना भाषाई और भाषा से इतर प्रदर्शन को निरंतर ढालते रहते हैं, जब तक संबंध प्रणाली से उद्देश्य सिद्ध न हो जाए और व्यक्ति वह न समझ ले, जो वे उसे समझाना चाह रहे हैं या व्यक्ति ऐसा न करे जो वे उससे कराना चाह रहे हैं। प्रभावी लोग ये नहीं मानते कि वे जो संदेश प्रसारित कर रहे हैं उसका शत-प्रतिशत वही फल होगा, जैसा उन्होंने सोच रखा है। वे इच्छा पूरी होने तक दूसरों पर अपनी बातचीत द्वारा उत्पन्न प्रभावानुसार अपने हाव-भाव एवं शब्दों का चुनाव निरंतर बदलते रहते हैं। यह हितकारी नीति उन्हें उच्च प्रोफेशनल बनाती है, क्लाइंट स्वाभाविकता से उनकी रौ में बढ़ता जाता है। यह कहना उचित है कि व्यक्तिगत तथा प्रोफेशनल मेल-जोल में मिठास और प्रगाढ़ता का रंग घोल उसे सही दिशा में ले जाने हेतु स्वभाव में लचीलापन रामबाण है, वहीं कठोर मनोवृत्तिवाले इसे अपमानजनक समझ अपनी कम उपलब्धि पर ही संतुष्ट होते रहते हैं! संवाद-प्रणाली को हलके में लेना अपने जीवन की गुणवत्ता को हलके में लेना होगा, क्योंकि यह अपने व दूसरे के बाह्य व आंतरिक दुनिया से संपर्क स्थापित करने का एकमात्र माध्यम है।

उद्देश्य प्राप्ति में लोगों का योगदान महत्त्वपूर्ण है (People are our best resources.)

सफलता, प्रगति वास्ते लोगों की महत्ता अवर्णनीय है। उनके बगैर हमारे अंदर विभिन्न गुणों की अनन्यता से समावेश और प्रतिभा विकास दिवास्वप्न होता है। आपमें जो मानसिक व शारीरिक उच्च क्षमता है उनमें अधिकांशत: पढ़ी-लिखी नहीं, वरन् निकटतम लोगों से देखी, सुनी होती है। सफल जनों के अध्ययन से प्रमाणित हुआ है कि दृढ़ संबंध, तालमेल बनाने की कला उनका एक मजबूत हथियार रहा है। आपने देखा होगा भद्रजन, उच्चस्तरीय नेता, संगठन के अध्यक्ष, व्यापारी एवं उद्योगपति सर्वाधिक जनों से मजबूत रिश्ते बनाए रखते हैं। लोग उनके उत्तम स्रोत हैं, जिनका उपयोग वे अपनी योग्यता, सफलता के उत्थान में लगाया करते हैं। विश्वप्रसिद्ध कार निर्माता क्रिसलर के पूर्व अध्यक्ष ली. आएओको अपने को बंद कमरे तक सीमित न कर कंपनी कर्मचारियों, तकनीशियनों और बाकी

विभागों से नियमित संपर्क में रहते थे। इस कला ने उनको महान् एक्जेक्यूटिव बनाने में अहम् भूमिका निभाई। वर्तमान में बाजार में बने रहने और उत्तरोत्तर प्रगति हेतु कर्मचारी, ग्राहक, वितरकों से ठोस संबंध समय की माँग है। जीवन स्तर वृद्धि में समाज और लोगों का योगदान व्यापक रूप से लाभकारी सिद्ध होता है। उनसे प्राप्त ज्ञान का विशाल अर्थ है। उनके सहयोग के बिना लक्ष्य प्राप्ति लंबी, कष्टदायक और थकाऊ डगर बन जाती है।

संबंध बनाना और उसमें रहना मानव की नैसर्गिक प्रवृत्ति है। यह उसकी बौद्धिक, सामाजिक और भावात्मक आवश्यकता है। मनोवैज्ञानिक डेनियल गोलमैन ने अपनी बेस्ट सेलर पुस्तक 'सोशल इंटेलिजेंस : द न्यू साइंस ऑफ सोशल रिलेशनशिप' में मानव व्यक्तित्व में निहित भावनात्मक आकांक्षा की आपूर्ति के लिए दूसरे से सकारात्मक रिश्ता बनाने की सहज प्रकृति को 'सोशल इंटेलिजेंस' कहा है। संबंधों में रहनेवाले एकाकी लोगों से अधिक स्वस्थ, सफल व प्रगतिशील होते हैं। 'किलर टी' कोशिका की अधिकता से उनमें रोग प्रतिरोधक शक्ति अधिक स्थायी एवं मजबूत होती है, जिस कारणवश सर्दी-जुकाम व अन्य सामान्य या गंभीर शारीरिक समस्या उन्हें कम घेरती है।

'आपके संवाद का गुण आपका जीवन स्तर निर्धारित करता है।'

—अंथोनी रॉबिंस, पुस्तक 'अनलिमिटेड पावर'

एक नेता का जितने ज्यादा व्यक्तियों से व्यक्तिगत संपर्क होगा उनकी अपने कार्य-क्षेत्र में विजय की उतनी अधिक संभावना बनेगी। राष्ट्रीय और अंतरराष्ट्रीय स्तर की हस्ती का सभी से व्यक्तिगत मेल रखना संभव नहीं। तब आप बताइए करते क्या हैं वे! उत्तर है उनकी विशेष-संवाद प्रणाली, उनके स्वभाव व अपने को दूसरे के सामने पेश करने की कला, जिसका अलोकप्रिय एवं अप्रभावकारी लीडर में अभाव रहता है। प्रश्न होगा क्या हम चेतन रूप से यह कला अधिकतम स्तर तक विकसित कर सकते हैं? उत्तर : 'एन.एल.पी.' की कृपा से अवश्य! अब हम अपनापन बढ़ानेवाला गुण चेतन रूप से प्रायोजित कर सकते हैं। 'एन.एल.पी.' मॉडलिंग का पर्यायवाची है, जिस वजह यह क्षमता को ऊँचाई पर ले जानेवाला व्यावहारिक क्षेत्र बन चुका है!

पर मुद्दा है—संपर्क स्थापित करने का पहला कदम क्या है और उसके उपरांत सहयोग और सामंजस्यता का सम्मिश्रण कैसे किया जाए? अपरिचित समूह

से मैत्रीभाव व समझ कैसे संस्थापित हो? घनिष्ठ से इच्छापूर्ति की संभावना बनती है, किंतु अनजान से यह कैसे हो? एक क्रांतिकारी विधा ने संभव किया है कि हम क्षणों में किसी से अवचेतन समीपता स्थापित कर लें, जो प्रभावी, सफल लोगों की अवचेतन कला होती रही है!

परस्पर असंवाद की स्थिति असंभव है (You can not *not* communicate)

आपको आश्चर्य होगा, दो व्यक्ति के बीच परस्पर असंवाद की स्थिति असंभव है! विश्वास नहीं होता! वह इसलिए कि अधिकतम संवाद का माध्यम दिखने और न दिखनेवाला बॉडी लैंग्वेज (शारीरिक हाव-भाव) है, और प्रभामंडल इनमें एक होगा। मेहराबियन नामक प्रसिद्ध अनुसंधानकर्ता को रिसर्च ने दिखाया कि मानव का 93 प्रतिशत संवाद उसके हाव-भाव और बोलने के तरीके (लय, तीव्रता···) से है, शब्द द्वारा मात्र 7 प्रतिशत! आप मार्केट में एक खूबसूरत अजनबी को देखते हैं, आँख दो-चार हुई, फिर आप अपने रास्ते, वह अपने रास्ते। क्या कुछ नहीं हुआ? जी नहीं! आपके दिमाग ने लाखों इलेक्ट्रो मैग्नेटिक इंपल्स दौड़ाकर दिल की घंटी झनझनाई होगी। भले ही मुख-मुद्रा से आप सबको दिखाने की चेष्टा कर रहे 'मैं गांधीजी हूँ।' निन्यानवे प्रतिशत बिन जुबान चलाए नयनों से बाण चलाते रहते हैं, है ना! बिन होंठ हिलाए आपकी दृष्टि, चाल-ढाल, मुद्रा आपमें आकर्षण अंकुरित करती है या विकर्षण। आप होटल से चेकआऊट करते समय मैनेजर को अपनी बात मनाने में असफल हुए, पर रमेश आपके द्वारा प्रयोग किए गए वही वाक्य प्रयुक्त कर सफल रहा! मित्र-मंडली कह उठती है, 'अमाँ, रमेश में बा··त··क··र··ने··की··क··ला··है।' एक वाक्य को विभिन्न तरीके से बोला जा सकता है। संवाद प्रणाली निम्न अवयवों का संगम है

- भाषायी (वर्बल) : शब्द
- गैर-भाषायी (नॉन वर्बल) : बोलने की शैली, बॉडी लैंग्वेज, श्वास गति··

भाषा, शारीरिक अभिव्यक्ति, मनोस्थिति और मानसिक चित्र का गहन सह-संबंध है। आप कौन सा शब्द किस तरीके से बोल रहे हैं, यह दरशाता है कि आपका तंत्रिका-तंत्र उस पल कैसे कार्यरत है। आपको आश्चर्य होगा सोचने में आप कौन सा रेप्रिजेंटेशनल सिस्टम प्रयुक्त कर रहे हैं, यह आपका भाषायी एवं भाषा इतर

कम्युनिकेशन निर्धारित करता है, जैसे—शब्दों का चुनाव और उसका उतार-चढ़ाव, श्वास विधि, भावनात्मक अवस्था, चेहरे की रंगत··· । दिन में अधिकांश समय संवाद आधारित समस्त आविर्भाव प्रेफर्ड रेप्रिजेंटेशनल सिस्टम पर आधारित रहता है। वही हमारी मानसिक प्रणाली और शारीरिक संरचना को अपने अनुसार मौलिकता से संगठित करके हमें विशिष्ट व्यक्तित्व प्रदान करती है, जैसा आप पिछले अध्यायों से जान चुके हैं। 'एन.एल.पी.' शोधानुसार विजुअल, ऑडिटरी, काइनस्थेटिक की एक-दूसरे से पूर्णतया भिन्न दृष्टिगत, अदृष्टिगत भाषायी व भाषाइतर पद्धति है। व्यक्ति का इष्ट सिस्टम उनमें निम्न प्रकार से पृथक-पृथक् फिजियॉलोजिकल अभिव्यक्ति अंकुरित करता है।

विजुअल व्यक्ति

- **आँख :** दाएँ व बाएँ ऊपर जाना, आँखों का डिफोकस्ड होना
- **बोल :** तेज गति, पतला तीखा लय
- **श्वास विधि :** ऊपरी सीने से तीव्रता से
- **चेहरे का रंग :** शीघ्रता से रंग का आना-जाना
- **मुद्रा :** बोलते समय आँख की ओर इशारा और उसे छूना, हवा में आकृति बनाना
- **शरीर :** तनावयुक्त

काइनस्थेटिक व्यक्ति

- **आँख :** अधिकतर नीचे दाएँ जाना, भावनापूर्ण
- **बोल :** भारी आवाज, आराम से हौले-हौले, बीच-बीच में रुकना
- **श्वास विधि :** पूरे सीने में धीरे गहराई से
- **बैठना :** आराम से कुरसी पर पीछे टेककर
- **चेहरा :** फ्लश्ड; शांति का भाव
- **मुद्रा :** बोलते समय सीने की ओर संकेत या उसको छूना
- **शरीर :** ढीला (रिलैक्स्ड)

ऑडिटरी व्यक्ति

- **आँख :** दाएँ व बाएँ जाना
- **बोली :** जोरदार, समान लय
- **श्वास विधि :** समरूप, बीच सीने द्वारा

- **चेहरा :** रूखापन, सपाट
- **मुद्रा:** बोलते समय कान की ओर इशारा करना व उसे छूना, सुनने के लिए आपकी ओर झुकना, सर का दाएँ एवं बाएँ झुकाना

नदिया की धारा एक ओर

लक्ष्य, हित का संबंधों पर आधारित न होना असंभव है; किंतु, उसकी आपूर्ति तब तक न होगी, जब तक संबंधित व्यक्ति से निकटता की स्थिति न बने। संबंध जितना प्रगाढ़ होगा, उतना अधिक उसके माध्यम से इच्छापूर्ति की संभावना बनेगी। व्यक्तिगत क्षेत्र के अतिरिक्त व्यापार, उद्योग, वक्ता बनने की कला में उपलब्धि प्रोस्पेक्ट, श्रोता से उच्चस्तरीय समन्वयता एवं आपसी समझ पर निर्भर रहती है। अब्राहम लिंकन ने कहा है, 'यदि आप लक्ष्य हेतु सहयोगी बनाना चाहते हैं तो पहले उसको भरोसा दिलाइए कि आप उसके सहृदय मित्र हैं।' अधिकांशत: कहीं-न-कहीं क्रेता का विक्रेता पर विश्वास जमने के बाद ही विक्रय प्रक्रिया आगे बढ़ती है; उत्पाद की गुणवत्ता बाद की कहानी है। अंतरराष्ट्रीय सेल्स मनोवैज्ञानिक केरी. एल. जॉनसन के अनुसार, 'लोग विक्रेता पर पूर्ण विश्वास स्थापित होने के बाद ही उत्पाद खरीदते हैं।' अमर हिप्नोथेरेपिस्ट डॉ. मिल्टन एरिक्सन अपने प्रत्येक क्लाइंट के साथ सेकडों में प्रगाढ़ आत्मीयता स्थापित कर लेते थे! परिणामस्वरूप वह उनका परामर्श निर्विरोध मानता! इस गुण से वे पीड़ित में अधिकाधिक लाभ उपजने में सफल हुए, जिसमें अन्य मनोचिकित्सक विफल रहते।

हम तभी किसी को पसंद करते हैं, उससे मेल-जोल करना चाहते हैं, जो हमारे जैसा होता है तथा हमारे और उसमें कहीं-न-कहीं समानता हो। जितनी अधिक समानता होगा, उतना अधिक आपसी आकर्षण होगा। जितनी भिन्नता, उतनी दूरी। यही कारण है कि समूह में कुछ लोग अपरिचित होकर भी तेजी से एक-दूसरे के पास आते हैं, वहीं कुछ एक-दूसरे से दूर। आपने देखा होगा, दो समान धर्मावलंबी, एक भाषा बोलनेवाले तथा एक देश के वासियों में तुरंत एकजुटता हो जाती है! है कि नहीं? 'एन.एल.पी.' प्रस्तुत करता है कि परिचित और पूर्ण अपरिचित से क्षण में गहन तालमेल प्रस्थापित करने की विस्मयकारी कला—तालमेल बनाना (रैपर्ट बिल्डिंग)। इस पद्धति में अगले व्यक्ति के अधिकतम सूक्ष्म, प्रकट तथा अप्रकट भाषागत एवं भाषाइतर अवयवों को हू-ब-हू अपनाना और उनके विश्वास, सोच को सम्मान दिया जाना होता है। प्रक्रिया से जातिगत, राष्ट्रगत व रंगभेद होने के बावजूद आपसी सघनता की अधिकतम संभावना बनती है, 'तुम' से 'हम' बनना

चंद लमहों की बात होगी भले ही भाषा, सभ्यता भिन्न हो और होंठ अब भी सिले हों। अगले के सभी प्रकार के दिखाई व न दिखाई देनेवाले प्रदर्शन को स्वयं में यथावत् उतारना, कॉपी करना 'मिररिंग' या 'मैचिंग' है। अति प्रभाव उत्पन्न करने के लिए निम्न चैनलों की मॉडलिंग आवश्यक है।

गैर-भाषायी शारीरिक अभिव्यक्ति

फिजियॉलोजी की 'मैचिंग' अवचेतन को प्रभावित करता है। आपको अगले के हाव-भाव, श्वास-प्रणाली (गति, क्षेत्र, सीने का फैलाव...), मुद्रा (चलने व बैठने का तरीका, हाथ/पैर की स्थिति, झुकाव...), भाव-भंगिमा (गेस्चर), चेहरे व शरीर में विशेष स्थान पर तनाव, मैनरिज्म इत्यादि को संपूर्णता से अपनाना है मानो आप उसका शीशे में प्रतिबिंब हों। 'आई ऐसेसिंग क्यू' को 'कॉपी' करना है, उदाहरणार्थ, व्यक्ति द्वारा अनेकानेक बार अपनी आँख के नीचे दाएँ ले जाने पर आपको यही करना है, जो काइनस्थेटिक अधिकता से प्रयोग करता है। विजुअल, ऑडिटरी भी अपना क्यू प्रमुखता से प्रयोग करेंगे।

भाषा

यहाँ शब्द, विधेय व उसकी अस्वाभाविकता (तकिया कलाम, बीच-बीच में दूसरी भाषा), एवं बोल के अनोखापन (गति, लय, रिद्म, तीव्रता...) को 'मैच' करें। चेतावनी: उसे कदापि न लगे आप उसकी नकल कर रहे हैं, अतएव, सहजता से पर्यायवाची शब्द आवश्यकतानुसार प्रयुक्त कर सकते हैं। विधेय और भाषा इतर संवाद दोनों को सूक्ष्मता और बुद्धिमता से मैच कर मिररिंग में पांडित्य पा सकेंगे। 'आई ऐसेसिंग क्यू' और वाणी का गहन आपसी समायोजन है। विजुअल रेमेंबर्ड (V^r) अवस्था में वह विजुअल प्रेडिकेट्स युक्त भूतकाल निर्देशित संवाद करेगा। अत: आपको भूतकाल के वाक्य में समान अथवा समानार्थी विधेय प्रयोग करना है। इस तर्ज पर दोनों का समायोजन ऐसे रहेगा—

- (V^c) विजुअल कंस्ट्रक्टेड : भविष्य काल का वाक्य, विजुअल विधेय
- (A^c) ऑडिटरी कंस्ट्रक्टेड : भविष्य काल में संवाद, ऑडिटरी विधेय
- (A^r) ऑडिटरी रेमेंबर्ड : भूत काल का वाक्य, ऑडिटरी विधेय
- (A^d) ऑडिटरी डिजिटल : अधिकांशत: वर्तमान काल, ऑडिटरी विधेय
- (K) काइनस्थेटिक : काइनस्थेटिक विधेय

कहना न होगा कि साथ में कर्ता के फिजियोलॉजी के मॉडल से आप मैचिंग में सिद्धहस्त हो सकते हैं। अभिक्रिया उतनी अचूक और प्रभावोत्पादक होगी, जिस अनुपात में समस्त अवयवों को अपनाया जाएगा। संपर्क में आते ही व्यक्ति की भाव-भंगिमा, हाव-भाव, बोली से उसका 'प्रेफर्ड रेप्रिजेंटेशनल सिस्टम' का संज्ञान कर लें। उसके अनुरूप मैचिंग के वास्ते पहले से तैयार रहें। आप जितने अभ्यस्त होंगे, जितने 'सेंसरी एक्यूटि' में क्षमतावान होंगे, उतनी व्यापकता से अवचेतन में समीपता संयोजित करने में अग्रणी रहेंगे। 'सेंसरी एक्विटी' वह क्षमता है, जिससे आप सामनेवाले व्यक्ति में संवाद और व्यवहार आधारित अधिकतम और सूक्ष्म बदलाव व उसका प्रदर्शन देखने, सुनने, समझने में कुशल बन जाते हैं। मनोचिकित्सक डॉ. मिल्टन एरिक्सन पर निरंतर वीडियोग्राफी द्वारा अध्ययन कर देखा गया कि जिस क्षण क्लाइंट दरवाजे से अंदर प्रवेश करता उसी पल वे उसकी 'डुप्लीकेटिंग' करना प्रारंभ कर देते थे, जिससे त्वरित मैत्री भाव स्थापित हो जाता। इस स्वभाव का अन्य चिकित्सकों में अभाव होता है।

'आपकी सफलता का राज ?' अरबपति व्यापारी रॉन राइस। 'इसका रहस्य है व्यक्तियों को पुस्तक की तरह पढ़ना और उनको समझना।' हफहेफनर, विश्वस्तरीय पत्रिका 'प्लेब्वॉय' के संस्थापक।

जरा गौर फरमाएँ

- 'यह कार उतनी *सुंदर* है, जैसी आप सपने में देखते रहे। इसका *भव्य रंग, बनावट* आपके *आकर्षक* व्यक्तित्व में *चार-चाँद* लगाएगी। *आकार* ऐसा है कि दसियों कार के मध्य यह अलग *दिखे*। आपको मैं इसका *ब्रोशर* और *कंप्यूटर डिस्प्ले दिखाऊँगा*। आइए टेस्ट ड्राइव ले, इसका असली *नजारा देखिए*…।'
- 'सर, यह कार *आवाज* नहीं करती, मक्खन की तरह *चलेगी*, टेस्ट ड्राइव में आप *जान* जाएँगे। *म्यूजिक सिस्टम* और उसका *स्टीरियो* गजब है। लोगों के बीच *मंद-बयार* की तरह निकल जाएगी, उनको पता ही नहीं चलेगा। चाभी लीजिए इसे खुद स्टार्ट कर समझ लीजिए। मैं इसके संतुष्ट ग्राहकों से आपकी *बात* कराऊँगा…।'
- 'साहब, यह कार बहुत *आरामदायक* है, इसके अंदर बैठ महसूस कीजिए। बॉडी इतनी *ठोस* है कि इस पैसे में किसी और की नहीं। आइए, पत्नी के

साथ चलाकर इसका *आनंद* लीजिए। आप इसे *चाहने* लगेंगे, *प्यार* करने लगेंगे...।'

उपरोक्त वर्णन तीन विभिन्न कारों का नहीं, वरन् अत्यधिक चतुर कुशल विक्रय अधिकारी द्वारा एक ही कार का विजुअल, ऑडिटरी, काइनस्थेटिक ग्राहकों को अलग-अलग वर्णित किया जा रहा है। चौंक गए न! वह विजुअल को दिखा रहा, ऑडिटरी को सुना रहा और काइनस्थेटिक को स्पर्श करा रहा है! और साथ में अपना हाव-भाव, शारीरिक तनाव, श्वास गति और भाषा की लय, गति आदि भी अभिव्यक्ति व प्रेफर्ड प्रणाली के समानांतर बना रहा है। ग्राहक की धर्मपत्नी का अन्य प्रेफर्ड सिस्टम होने पर वह उनके अंतर्मन को उनके कोड की चाभी से खोलेगा। **ध्यान रहे, आपको इस तरह लोगों के साथ पेश आना है, आचरण करना है, जिस तरह वे चाहते हैं, न कि जैसा आप चाहते हैं, आपको आगंतुक के अनुसार स्वयं को ढाल उनसे उनके अनुरूप व्यवहार करना होगा।** यह उनसे अपनी इच्छा सफलतापूर्वक मनवानेवाले उत्तम संवादकर्ता की रहस्य कुंजी है। संभव है कर्ता के नॉन वर्बल कम्युनिकेशन अपनाना उचित न हो या व्यावहारिक रूप से संभव न हो, जैसे, रोता हुआ बच्चा, विकलांग से सामना करने की स्थिति। उस दशा में आप उनकी श्वास गति को, या बच्चे के रोने की गति की लय के अनुरूप बच्चे को पीठ पर थपथपाकर तालमेल प्रस्थापित कर सकते हैं, फिर अपनी लय, गति क्रमशः मंद करते हुए राजा साहब को 'लीड' करते हुए उनका रोना बंद करा उन्हें सुला सकते हैं—माताएँ स्वाभाविक रूप से यह करती रही हैं। एक अवयव का दूसरे अवयव द्वारा मैचिंग 'क्रॉस ओवर मैचिंग' है। महिलाएँ बॉस के क्रॉस हुए पैर में बढ़े तनाव पर वैसा नहीं कर सकतीं, अतः चेहरे में तनाव बढ़ा सकती हैं।

चित्र 10.1 : मिररिंग

विश्वास, मूल्य, आदत, व्यवहार

'विश्वास' और 'मूल्य' स्वीकारना, अपनाना करने से सुदृढ़ लगाव स्थापित होता है। विध्वंसकारी आस्था पर आधारित सामूहिक एकजुटता से आप अनजान हैं? दो में प्रगाढ़ मैत्री भाव तभी पनपेगा, जब उनके मूल्य, धारणा का धरातल समान हो। इसके द्वारा उपजे बंधन में उम्र, राष्ट्रीयता और पैसे की सीमा नहीं, मोल नहीं! यदि दूसरा व्यक्ति कहे, 'मेरी पहली प्राथमिकता आर्थिक रूप से स्वतंत्र होने की है', आप सुझाव दे सकते हैं, 'मैंने भी बचपन से आर्थिक स्वतंत्रता का सपना देखा।' दूसरे के 'विश्वास' पर हामी भरने का यह अर्थ कदापि नहीं कि आप उसे आत्मसात् कर रहे हैं, वरन् उसे समझना और सम्मान दे रहे हैं। इस तर्ज पर आदत, व्यवहार और स्वभाव का और उसमें स्पष्ट बदलाव का अनुसरण किया जा सकता है।

आइए अब हाथ मिलाएँ

तालमेल बिठाने के उपरांत लक्ष्य पर आने से पहले आधार एवं मनोस्थिति बनाना अत्यावश्यक है, जैसे—तैराक पूल पर कूदने से पहले हाथ-पैर चलाकर गरम होता है। 'पेसिंग' (Pacing) व्यक्ति की आंतरिक दुनिया में प्रवेश करने एवं उसके व्यवहार को अनुमोदित करने की स्थिति है, जो अंतिम उद्देश्य की ओर पहला कदम है, उदाहरणस्वरूप, पूर्ण रूप से परस्पर समन्वयता के उपरांत बोलना, 'आप यह सामान पसंद कर रहे हैं', 'बेटा, अब तुम्हारा पढ़ने का मूड बन गया है।' अंतर्दशा जाँच हेतु 'पेसिंग' तरकस से निकला पहला बाण है।

बोस्टन यूनिवर्सिटी मेडिकल स्कूल में एक अनुसंधान में पाया गया है कि दो लोगों के बीच गहन तालमेल, एकजुटता की स्थिति में उनका हाव-भाव, अंगों का संचालन समरूप हो जाता है, अर्थात् अवचेतन रूप से वे एक-दूसरे की 'नकल' करने लगते हैं! आपके द्वारा अपना हाथ बाँधने पर वह भी ऐसा करेगा। मित्रों के बीच एक के जम्हाई लेने पर दूसरा कह उठता है, 'यार, बहुत नींद आ रही है!' रैपोर्ट प्रक्रिया के बीच पास्चर, बोल का लय या अन्य में तब्दीली कर देखें कि वह अनुगमन कर रहा है अथवा नहीं, यदि नहीं तो कोई भाग 'मैच' नहीं हुआ अधिक तालमेल प्रस्थापन की दरकार है। पूर्ण सामंजस्य स्थापन के पश्चात् भाषाई और गैर-भाषाई अभिव्यक्ति द्वारा अगले को मंद-मंद इच्छित दिशा ले जाना 'लीडिंग' है। इससे दूसरे में सकारात्मक परिवर्तन, प्रेरणा, संवाद और अपना मंतव्य प्राभाविकता से अगले प्राणी में प्रविष्ट कराकर अध्यापन, हिप्नोथेरेपी, विक्रय, काउंसिलिंग, कोचिंग में वांछित परिणाम प्राप्त हो सकता है। पेसिंग के

उपरांत कहें, 'आइए अब पेपर वर्क करें', 'कृपया भुगतान करें', 'अब जंक फूड रविवार को खाइएगा, प्रतिदिन नहीं।' हिप्नोथेरेपिस्ट पेसिंग ('आपकी आँख भारी है', सिगरेट पीना अब अतीत की बात है) पश्चात् कमांड दे सकता है, 'आपकी आँख धीरे-धीरे बंद हो रही है', धीरे-धीरे आँखें खोलें। आपने जीवन में कभी सिगरेट छूआ ही नहीं।' रैपोर्ट के पश्चात् आप अपना संवाद-प्रक्रिया, श्वास शनैः-शनैः मंद करने के साथ-साथ शरीर शिथिल करते हुए उत्तेजित ग्राहक, पत्नी को शांत कर सकते हैं।

एक बार कुछ असामाजिक तत्त्वों से मेरा सामना हुआ। मुझे लगा यदि मैं सीधा बना रहा, तो वे मुझे हानि पहुँचाएँगे। मैंने उनकी तरह आवाज में उनसे बात करना प्रारंभ किया, कुरसी में अकड़कर बैठ गया और आँख में ओजस्विता एवं चेहरे पर तनाव ले आया कि जैसे उनसे युद्ध करने जा रहा है, पर उनकी आवाज मैच करता रहा, और अपना बोल अधिक तीव्र, तीखा न कर परिस्थिति में अधिक उत्तेजना भरने से बचता रहा। फिर बोल की तेजी और शरीर का तनाव कम कर बातचीत करने का आधार बनाया, जो मित्रता पूर्व वातावरण में संपन्न हुआ। उन्हें लगा मैं उनकी बिरादरी का हूँ, उनसे कम नहीं। आपके समक्ष समान स्थिति आने पर विवेक प्रयुक्त कर मामले की विकटता बढ़ाने से बचें। ऊँची आवाज मामला बिगाड़ सकती है, इस दशा में हलका तेज बोल व मंद तेजस्वी मुख-मुद्रा उचित रहेगी। स्वभाव सदैव लचीला रखें।

गहन सामंजस्य पर आप दोनों का रम जाना संभव है, जैसे—ग्राहक द्वारा लगातार प्रश्न पूछते रहना। आपने दो प्रेमियों को देखा ही होगा! उस चक्रव्यूह से सहजतापूर्वक बाहर निकलना आवश्यक है, जिससे असहजता से बच भविष्य में बातचीत और बंधन का पुल बना रहे। इस उद्देश्य में अपनी आवाज, श्वास गति, मुख-भाव परिवर्तित कर अनन्य सहज भाव से रैपोर्ट भंग करें, फिर कहें, 'अब चलता हूँ', 'मैं कल फोन करूँगा', 'भुगतान तैयार रखिए, कल आदमी भेजूँगा', धीरे-धीरे आँख खोलिए, अब आप रिलैक्स्ड अवेयरनेस से बैडमिंटन खेलेंगे।' परिणाम प्राप्ति हेतु रैपोर्ट से हटना समय-समय पर अनिवार्य है। विक्रय या मनाने के लिए रैपोर्ट भंग कर अथवा लीड कर, जिस तरह काम सिद्धित हो, लक्ष्य प्राप्ति

की चेष्टा करें; आवश्यकतानुसार कई बार ऐसा कर सकते हैं, जब तक बात न बने।

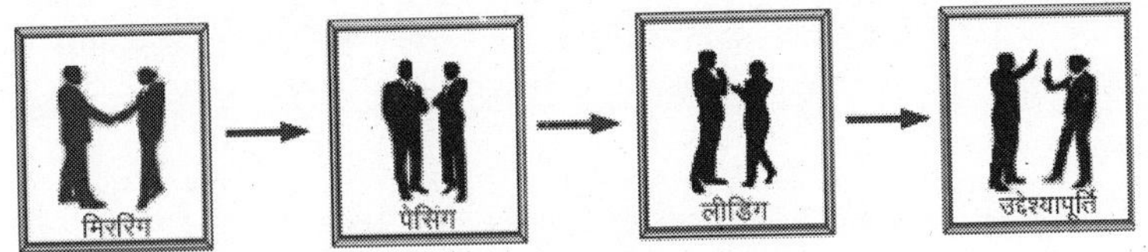

चित्र 10.2 : रैपोर्ट से लक्ष्य की ओर

रैपोर्ट का उद्देश्य अन्य का प्रभाव स्वीकारना तथा उसका 'विश्वास' अपनाना नहीं, वरन् उसके विचार व आंतरिक दुनिया को सम्मान देकर दोनों के हितार्थ नीति अपनाना, मैनेजमेंट सिद्धांतानुसार 'विन-विन' निर्णय करना एवं संवाद हेतु वातावरण बनाए रखना। व्यक्ति की मनोभावना, अभिप्राय के बोध के वास्ते अनिवार्य होगा। हम उसके अंदरुनी संसार में प्रविष्ट होकर उसके अनुभव को उसकी परिदृष्टि अर्थात् द्वितीय परिदृष्टि से देखें, न कि मात्र प्रथम परिदृष्टि आधारित अवधारणा पर व्यवहार करते रहें, जो अवांछित फल प्रदान करनेवाली रीति होगी। 'मिररिंग' में हम वह देखते हैं, जो वह देखता है, वैसा सोचते हैं जैसा वह सोच रहा होता है और वैसा महसूस करते हैं जैसा वह महसूस कर रहा होता है। इससे हम आपसी नातों को नया आयाम ओढ़ाते हैं। केवल अपने विचार, अपने रुख से स्वयं को ढक और ऐंठे रहकर हम किसी को सही रूप से समझने से दूर रहते हुए परस्पर प्रगाढ़ता से परे जाते रहते हैं। दूसरा आपका तभी अनुसरण करेगा, जब उसका आप पर पूर्ण विश्वास हो—यह रैपोर्ट प्रस्थापन का सर्वप्रथम लक्ष्य है। सेल्स मनोवैज्ञानिक एंड्र्यू ब्रैडबरी के लेखानुसार, 'व्यक्तिगत तौर पर यह तीव्रता और सरलता से प्रभावी संबंध स्थापित करने में सहायता प्रदान करता है, पूर्ण अजनबी के साथ भी।'

चेतावनी

मैचिंग स्वाभाविकता से होनी चाहिए। उत्तम होगा समान अंग प्रयुक्त करना। व्यक्ति द्वारा संज्ञान लेने पर कि आप उसकी नकल कर रहे हैं, यह निष्प्रभावी हो जाएगा। उदाहरणस्वरूप, यदि वह बात करते-करते हाथ टेबल पर रख ले तो कुछ पल बाद ही आप सहजता से वैसा करें, तुरंत करने से बचें। सामने होने की अवस्था में शीशे में प्रतिबिंब की तरह उलटे अंग का प्रयोग उचित होगा। उसके

द्वारा हवा में ऊपर आकार बनाने पर आप सामने हाथ फैला तसदीक कर सकते हैं, अपनी बात सामने रख सकते हैं; ठीक वैसा करने पर उसके द्वारा यह सोच कि आप उसकी नकल कर हँसी उड़ा रहे हैं रैपोर्ट भंग हो जाएगी। विकलांग की विकलांगता को 'मैच' करने से वह अपमानित महसूस करेगा, तथैव अन्य विधि अपनाएँ।

खराब मनोवृत्ति से घनिष्ठता कर उद्देश्यापूर्ति करने से आप स्थायी लाभ और आत्मसुख से वंचित हो जाएँगे, तथा आपका दूरगामी लक्ष्य बाधित होगा। आत्म प्रताड़ना से बचना मुश्किल है। अल्फ्रेड कोर्जबस्की ने लिखा है, 'आप स्वयं का पाप भूल सकते हैं, पर आपका अंतर्मन उसे कभी नहीं भूलेगा।' आपके द्वारा बेचा गया घटिया स्तर का खराब समान अथवा निस्तारित अमर्यादित/नकारात्मक संदेश, कमांड और मनोकामना आपको अस्थायी लाभ दे सकती है, परंतु जब व्यक्ति का चेतन जागेगा तो वह कम-से-कम आपके मार्ग में एक कील तो ठोक ही देगा। गहन रैपोर्ट की अवस्था में अति संभव है संवादकर्ता की कमियाँ, दुर्भावना और अस्वीकार्य मंतव्य को न समझ पाना। **अतः आवश्यक है रैपोर्ट भंग कर स्वतंत्र रूप से विवेक और बुद्धिमानी से सोचकर महत्त्वपूर्ण निर्णय तथा स्थिति का आकलन किया जाए।**

अभ्यास 1

इस अभ्यास से आपना नॉन वर्बल संवाद कला विकसित करें।

- *दो मित्र साथ लें। आप 'A' प्रोग्रामर, दोस्त 'B' मॉडलर और दोस्त 'C' मॉडल है।*
- *कुरसी पर 'B' और 'C' आमने-सामने बैठेंगे।*
- *मॉडलर 'B' मॉडल 'C' की अधिकतम नॉन वर्बल नकल करेगा। प्रोग्रामर 'A' बीच में बैठ प्रक्रिया पर निगाह रख 'B' को इशारे से उसकी कमियाँ और कहाँ, क्या वह भूल कर रहा है, निर्देशित करता रहेगा। अभ्यास के उपरांत आप 'B' को उसकी मैचिंग, सेंसरी एक्युटी में किन सुधारों की आवश्यकता है को व्याख्यायित करेंगे।*
- *प्रत्येक को अपना पात्र बदलकर अभ्यास कराएँ।*

अभ्यास 2

- *किसी वक्ता की सूक्ष्म 'क्रॉस ओवर नकल' करें। तत्पश्चात् देखिए*

उसका आकर्षण और आँख मिलाना सबसे अधिक आपसे या अन्य से है? क्या वह आपको प्रधानता दे रहा?

- *रैपोर्ट भंग कर उस पर प्रभाव देखिए। उसकी नई प्रतिक्रिया का मन में लुत्फ उठाएँ।*

अभ्यास 3

- *रेस्टोरेंट में किसी की मैचिंग करें।*
- *अपने पालतू कुत्ते को 'मैच' करें, 'लीड' कर उसे इशारों से कुछ करने को कहें।*

अभी तक आपने सीखा

समानता एक-दूसरे के प्रति आकर्षित करती है, विभिन्नता विकर्षित। अंतर्मुखी और बाह्यमुखी के मध्य यारी गहरे मजाक का विषय है! बंधन बनाने हेतु दूसरे व आपकी दुनिया का समान धरातल पर खड़ा होना जरूरी है। **आपसी विभेदता को छोड़ आपसी समानता पर जोर देना होगा।** मैनेजमेंट कंसलटेंट सु नाइट ने 'एन.एल.पी. एट वर्क' में लिखा है, 'दो व्यक्तियों का आपस में संवाद और अन्य सफलता इस पर निर्भर है कि उनमें आपस में कितनी गहन समन्वयता व तालमेल है।' संवाद को प्रारंभ करने का आधार प्रदान करनेवाली क्रांतिकारी रैपोर्ट-प्रणाली दूर की स्थिति, जैसे—टेलीफोनिक वार्त्तालाप, वीडियो कॉन्फ्रेंसिंग तथा न्यायालय में लाभकारी है। यह दो में भावात्मक तार जोड़कर आपसी बंधन प्रगाढ़ करता है। वृहद् रैपोर्ट व्यक्ति के प्रेफर्ड रेप्रिजेंटेशनल सिस्टम्स को संज्ञान रख और उसके वर्तमान में तथा निरंतर बदलते हुए रेप्रिजेंटेशनल सिस्टम के अनुसार अधिकतम गैर-भाषाई और भाषाई प्रदर्शन को मॉडल करने से प्राप्त होता है। अन्य हितों के अतिरिक्त इसका उद्देश्य है—

- संवाद में आनेवाले प्रथम अवरोध को तोड़ना—'टू ब्रेक द आइस'
- असहजता की स्थति से सहजता में आना
- विश्वास, आत्मीयता, मित्रता प्रस्थापित करना
- विवाद समाप्त करना, कराना
- द्वितीय परिदृष्टि में आना
- मनाना (convincing, persuading)

समूह, साक्षात्कार, मीटिंग, लेक्चर में क्रम से सभी प्रेफर्ड रेप्रिजेंटेशनल

सिस्टम्स की अभिव्यक्ति को बारी-बारी से प्रयोग करना होगा, ताकि प्रत्येक प्रेफर्ड रेप्रिजेंटेशनल सिस्टमवालों से अदृश्य संपर्क, सौहार्द संस्थापित हो सके। दो से अधिक के साथ संपर्क में जिससे संवाद करें, उसको 'मैच' करें, जैसे, यदि वह ऑडिटरी है तो उस अनुरूप इसी प्रकार अन्य से। एक अच्छा वक्ता एवं अध्यापक सब के साथ रैपोर्ट सिद्ध कर प्रभावशाली व उत्तम हो जाता है, अन्यथा मात्र अपने समान सिस्टमवालों पर असर डालेगा, अन्य पर नहीं। प्रशिक्षण संस्थानों को इसका संज्ञान रख प्रशिक्षण नीति बदलनी होगी, जिससे प्रशिक्षुओं का समय, रिसोर्स व्यर्थ होने से बचें। रैपोर्ट पद्धति संदिग्ध से सूचना प्राप्त करना, शादी के लिए मनाना, विचार प्रसारण, तथा सफलता, प्रतिभा, उच्चता प्राप्ति को सुगम बनाने निमित्त एक अभिनव खोज है!

मंथन

1. पार्टी, सभा में जाने पर आप देखते होंगे कि कुछ लोगों का आपस में लगाव है, कुछ में अलगाव। उनकी बॉडी लैंग्वेज देखकर उनमें समानता का विश्लेषण करें; परखिए कौन, किससे ठोस संपर्क जमाने को प्रयासरत है। जो जितना उद्देश्यपरक होगा, वह उतना अभिष्ट व्यक्ति से बंधन बनाने को उत्सुक होगा।
2. अपराधी किस्म के बाबा मित्रता बढ़ाने में विशेषज्ञ बनकर भक्तों को अपने प्रभावमंडल में लाकर विध्वंसकारी नीति चलाने में समर्थ होते हैं। उनसे रैपोर्ट तोड़कर स्वतंत्र रूप से सोचने के पश्चात् तार्किक निर्णय करना आपके लिए अप्रतिम हितप्रद रहेगा।
3. अकेले फँसने पर यह कला आपको सहारा देगी। अनजान आदमी से सहायता, नौकरी प्राप्त करने में सहायक रहेगा।

□

भाग–5

समय है हानिकारक बंधनों को तोड़ने का

‘वह जो दूसरों को नियंत्रित करता है शक्तिशाली हो सकता है, पर वह जो स्वयं को नियंत्रित करने में सफल होता है, वह उनसे अधिक शक्तिशाली होता है।’

—लाओ त्सु

11

धवल रंग

वे जर्मनी में यहूदी मनोचिकित्सक थे। सिद्धांत कि 'प्रत्येक नकारात्मक अनुभव छिपा रहता है सकारात्मक अर्थ' के अनुसार वे कंसेंट्रेशन कैंप में प्रताड़ित किए जाने का सकारात्मक अर्थ ढूँढ़ते रहकर अपना भावात्मक संतुलन बनाए रखने में सफल हुए उसी वातावरण में जहाँ उनकी पत्नी, माँ, भाई ने अवसाद से दम तोड़ दिया या मार डाले गए। हिटलर का पतन होने पर मानसिक रूप से स्वस्थ महान् डॉ. विक्टर फ्रैंकल जीते-जागते मुक्त हो बाद में 'लोगोथेरेपी' के संस्थापक बने।

अनुभव पहले से मन में निर्धारित निश्चित प्रारूप द्वारा ढाला जाता है। तथ्य या अन्य सच्चाइयों से दूर वह व्यक्तिगत दृष्टि, विश्वास के आधार पर बोध किया जाता है! 'एन.एल.पी.' विचार के परे उसके तरीके और उसकी संरचना को प्रधानता देता है। होनी को नकारा नहीं जा सकता। अहम बात यह है—उसको लेकर मन में हमने कैसे प्रतिक्रिया की। घटना एक ही है, पर उसे अलग-अलग व्यक्तियों द्वारा अलग-अलग ढंग से देखने का तरीका मुख्य कारण है उस घटना के द्वारा उनमें विभिन्न मानसिक, भावनात्मक और शारीरिक प्रभाव पैदा करने का। वैचारिक संरचना अपनी विशिष्टतानुसार अंतरात्मा को उद्वेलित करती है। कुछ दिन पूर्व मेरे दो मित्र हरीश व माइकल का कार दुर्घटना से सामना हो गया। बाद में माइकल ड्राइविंग से डरने लगे, वहीं हरीश सामान्य रहे। क्या कारण है? 'एन.एल.पी.' के अनुसार रहस्य छुपा है, वे कैसे अपने मस्तिष्क का संचालन कर रहे थे! घटना मनोवस्था उत्पन्न

नहीं करते, यह तो आंतरिक वैचारिक प्रक्रिया का कार्य है। डॉ. मिल्टन एरिक्सन, डॉ. वर्जीनिया सैटर अपने क्लाइंट की अंदरूनी दुनिया बदलने पर ध्यान देते थे कि 'घटना कैसे घटित हुई?' 'घटना में क्या हुआ', कई बार डॉ. मिल्टन एरिक्सन, रिचर्ड बैंडर कारण या विवरण पूछे बिना क्लाइंट में सफलतापूर्वक लाभ पहुँचा देते। परंतु समकालीन मनोचिकित्सक 'क्या हुआ', 'कैसे हुआ' पर केंद्रित रह पीड़ित को अप्रिय स्मृति में और अधिक डूबाकर कभी-कभी उन्हें मानसिक विघटन के कगार पर ले जाते हैं। आप जितनी बार बच्चे को डरावनी फिल्म की याद दिलाएँगे उतना डर और अधिक ठोस बन उसे और अधिक भयग्रस्त करता रहेगा। यह मुख्य भेद रहा परंपरागत विशेषज्ञों का अप्रभावी होते जाने का। अब बस आप सोच बदलें, बाकी काम 'दो कानों के बीच' भाई साहब पर छोड़ दीजिए! कितना आसान! 'एन.एल.पी.' के अनुसार, 'व्यक्तिगत अनुभव को अपने हित में उपयोग करना अधिक महत्त्वपूर्ण है, न कि उसमें छुपी वास्तविकता पर अनावश्यक विचार करते रहकर समय व्यर्थ करना।'

'अधिकतर लोग निराशा और व्याकुल रहकर जीवन व्यतीत कर देते हैं।'

—कवि हेनरी डेविड थ्योरो (1817-1862)

खराब क्षणों पर रोते रहने से क्या एक पैसे का लाभ होगा? यदि हम उसे स्वहित हेतु प्रयुक्त करें तो स्वयं पर उपकार होगा। ये है बुद्धिमत्ता—आगे बढ़नेवालों एवं 'श्रीमान् सुखी राम' का नैसर्गिक गुण। दुःखदायी पल को उसी अपवर्तित स्वरूप में गले लगाए रखना आपको बनाएगा सतत 'श्रीमान दुःखी राम'। अंधापन को एक नेत्रहीन अभिशाप मानते हैं, पर महान् लेखिका हेलन केलर उसे वरदान, उनके अनुसार, 'इसने उनका अंतर्प्रकाश प्रज्वलित कर उन्हें महान् लेखिका बनाया।' डॉ. विक्टर फ्रैंकल और अन्य बंदियों में यही विभेद रहा। चेतन रूप से 'कष्टों से नए भाग्य का उदय होगा, यह भविष्य में कुछ अच्छा ही करेगा' विश्वास बनाएँ, तो उससे जागृत् आत्म-प्रेरणा और अन्य अघोषित कारण अधिकतम संभावना जगाएगी वास्तविकता में वैसा घटित होने की। अनुभव के अर्थ को बदलना 'कंटेंट रिफ्रेमिंग' कहलाता है। यदि मानते हैं, 'हाय भगवान्! मेरे ही साथ ऐसा क्यों?' तो आप सतत विषाद के आसान शिकार हो जाएँगे! परिप्रेक्ष्य एक, परंतु मनोवृत्ति को हम जिस साँचे में ढालेंगे उसके अनुरूप बुद्धि की कार्यप्रणाली कार्यरत होगी और हमारे

हृदयकमल पर उसी अनुरूप प्रभाव पड़ेगा!

दुःखदायी यादों के काले बादल से बाहर

सोच मनोस्थिति की जननी है। यह मस्तिष्क के लिए 'आज्ञा' अर्थात् 'कमांड' स्वरूप है, जिसके अनुसार वह कंप्यूटर जैसी कार्यविधि 'प्रोग्रामिंग' अपनाते हुए स्नायुविक संदेशों द्वारा मानसिक, हार्मोनल और फिजियॉलोजिकल प्रतिक्रिया उत्पन्न करती है। 'एन.एल.पी.' में 'न्यूरो' व 'प्रोग्रामिंग' से यह इंगित होता है। अर्थहीन विचार से निरर्थक फल अंकुरित होता है—कंप्यूटर भाषा में 'गारबेज इन गारबेज आउट।' हममें आया विशिष्ट व्यक्तित्व, व्यवहार और भावना हमारे अंदर उपजी सोच के प्रतिबिंब होते हैं।

आपने ऐसे लोगों को झेला होगा जो सिर्फ गमे जिंदगी की बात करते हैं, जैसे यही उनका अस्तित्व है। चौबीस घंटे नकारात्मक यादों में लिप्त रहते हैं, स्वयं को मुक्त नहीं करते या होना नहीं चाहते! वातावरण, पार्टी कितनी आनंददायक हो वे मुँह फुलाए या विरक्त हो बैठे रहते हैं। अनेक इस कारण शराब, सिगरेट, अवसाद के स्थायी शिकार हो गए। इसके विपरीत कुछ जन हर परिस्थिति में पूर्णतः रम जाते हैं; वे सभी मौज-मस्ती में जमकर भागीदारी करते हैं। अवस्था जिसमें हम परिप्रेक्ष्य के साथ पूर्णरूपेण लिप्त रहते हैं 'एसोसिएट' है, जो 'प्रथम दृष्टिकोण' की समानांतर व्यवस्था है। यहाँ हम खुद क्रिया में लिप्त हो जाते हैं और कल्पना के अंदर होने से सभी प्रभाव स्वयं पर होता है। आप महसूस करते हैं जो घटित हो रहा है वह स्वयं पर हो रहा है। संपूर्ण भावात्मक और व्यवहार से जुड़े परिणाम में अपने को सम्मिलित पाते हैं। **समझदार और प्रसन्न सुखदायी पलों से और मूढ़ व हताश नकारात्मक पलों से स्वयं को चुंबक की भाँति जोड़े रखता है।**

घटना कितनी गंभीर हो, पर सोच की दिशा बदलने से उसका भावनाजन्य प्रभाव का रूपांतरण निश्चित है। प्रखर व्यक्तित्ववाले उसे ऐसे रास्ते की ओर ले जाते हैं कि उनका जीवन लाभान्वित हो, गौरवान्वित हो न कि गम, रोग का अंकुरण करे। कुछ विवेकशील लोगों के जीवन में लाख दर्द, व्याधि हो, पर बोलते रहते हैं, 'मैंने अपने को उनसे दूर कर लिया', 'जो हो गया, सो हो गया, चलो आगे बढ़ते हैं।' वे अप्रिय क्षण से विलग रहते हैं, जैसे दूर से एक बिल्डिंग देख रहे हों। यह 'डिसोसिएट' या 'विरक्ति' है—तृतीय परिदृष्टि का एक अंग है। **मानसिक तसवीर में आप नहीं होंगे या उसमें अस्पष्ट नजर आएँगे।** इसमें हम अनुभव की वास्तविकता, सार्थकता व उसमें निहित उपयोगी तत्त्वों की अनदेखी नहीं करते, बल्कि उसके प्रभाव से

विमुक्त रहते हैं, परछाईं की तरह जो हमारा अभिन्न अंग है, फिर भी अलग। **समझदार अनचाहे और प्रसन्नचित दुःखदायी पलों से, तथा मूढ़ और हताश आनंदायी पलों से अपने को विरक्त रखता है।** कुछ लोग असहनीय कष्ट अथवा बड़ी दुर्घटना के उपरांत जीवन के सुखों, सुंदरता और नियामतों से स्वयं को विरक्त कर गहन अंतर्मुखी बन समाज से विमुक्त हो जीना प्रारंभ कर देते हैं।

बौद्धिक प्रक्रिया रेप्रिजेंटेशनल सिस्टम से अधिक सबमॉडल्टी को प्रभुत्व देता है। कुछ ऐसा सोचिए जिसे आप करना चाहते हैं, पर आत्मबल, आत्म-प्रेरणा की कमी के कारण आगे बढ़ने की हिम्मत नहीं जुटा पा रहे। अब मन में 'मैं कर सकता हूँ' पहले कमजोर पिच और तीव्रता, तत्पश्चात् बुलंद आवाज में कहें। दोनों अभ्यास में आत्मबल, आत्म-प्रेरणा के जागरण में विभेद लगा आपको?

विजुअल एवं ऑडिटरी तत्त्व सर्वाधिक न्यूरॉलोजिकल और फिजियॉलोजिकल क्रिया निस्तारित करते हैं। अनुसंधान से सिद्ध हुआ कि रंगीन, पास, बड़ी और संख्या में अधिक मानसिक तसवीर निन्यानवे प्रतिशत लोगों में भावनात्मक प्रभाव की वृद्धि करती है, वहीं रंगविहीन, दूर, छोटा प्रभाव घटाती है। अपवाद रूप से कुछ के मस्तिष्क में श्वेत-श्याम तसवीर असर बढ़ाता है और रंगीन कम करता है। तेज तथा पास मानसिक आवाज असर बढ़ाता है, पर दूर, धीमा मानसिक आवास असर कम करता है। **'श्रीमान् सुखी' सकारात्मक पलों को प्रखर व आकर्षक एवं अनचाहों को अप्रखर व दूर विजुअल तथा ऑडिटरी सबमॉडल्टियों में संरचित कर रखते हैं, 'श्रीमान् दुःखी' ठीक इसके विपरीत!** भाषा सबमॉडल्टी व्यक्त कर सकता है। 'श्रीमान् दुःखी' आपके कान खाते रहते हैं, 'मेरा जीवन कोरा कागज, कोरा ही रह गया', 'मेरा जीवन दुःखों का भंडार है।' (प्रश्न : यहाँ 'भंडार' कौन सी सबमॉडल्टी व्यक्त कर रहा है? उत्तर अध्याय के अंत में।)

अभ्यास

एक ऐसा पल लीजिए, जो आपको गमगीन बनाता है। अब भूतकाल में जाकर इस अवस्था को उपजानेवाली मूल घटना में जाएँ, जैसे— किसी पार्टी में आपका अपमान या एक कष्टकारी दुर्घटना, पर यह भयंकर कदापि न हो। उससे तनिक दूर हो 'डिसोशिएट' कर दुःख की तीव्रता कम कर दें। देखें अनुभव में कौन-कौन सा रेप्रिजेंटेशनल सिस्टम विद्यमान है, और प्रत्येक की सबमॉडल्टी क्या है। चित्र एक है या अनेक, सिनेमा की तरह है या स्थिर, और साथ में रंग, दूरी, आकार पर ध्यान दें। यदि सिनेमा की तरह है, तो उसे गतिहीन कर दें। संभावना है तसवीर रंगीन और पास

होगी। इसे रंगविहीन कर शनैः-शनैः आराम से पटल से दूर करते जाएँ, जब तक कि अंततः यह दूर छोटी, धूमिल बिंदु मात्र न दिखे। अनेक मानसिक चित्र होने पर सामूहिक रूप से अथवा प्रत्येक को अलग-अलग कर ऐसा करें। मैं इसे एक झटके में कर लेता हूँ, जैसे बहुत लोग सिर झटककर कहते हैं,'मैंने उसकी याद को सदा के लिए दबा दिया।' फिल्म में आवाज, बोल होने पर इसे धीरे-धीरे तब तक मंद करिए, जब तक सुनाई न पड़े। विशेष अंग में तनाव या भारीपन होने पर उसे आहिस्ता-आहिस्ता पूरे शरीर पर फैलाने दें, जिससे असर कम हो जाएगा। वेदना शून्य हो गई होगी या कम। अधिकांशतः आकृतियाँ इस प्रकार रूपांतरित करने मात्र से प्रताड़ना का 'द एंड' हो जाता है। स्मृति चाहे कितनी अप्रिय हो, बैक ग्राउंड में मनभावन संगीत डाल आप उसे सुखात्मक बना सकते हैं। इस अभ्यास से उस दुःखदायी पार्टी में मजा आना शुरू हो जाएगा। अनुभव को सबसे अधिक प्रभावित करनेवाला सबमॉडल्टी 'क्रिटिकल सबमॉडल्टी' कहलाता है। मात्र इसे बदलने से संपूर्ण अनुभव बदल जाता है, अन्य को परिवर्तित करने की अनिवार्यता नहीं होती। अधिकांशतः यह विजुअल (V) का आकार, रंग, दूरी होता है।

सुखीजन पीड़ादायी क्षणों को मस्तिष्क में अनाकर्षक सबमॉडल्टी द्वारा और सुखदायी क्षणों को रंगीन, पास और बड़ी सबमॉडल्टी में सँजोए रखते हैं। वहीं 'श्रीमान् सदैव दुःखी' दुर्भाग्यपूर्ण संस्मरणों को आकर्षक बनाकर दिल से सटाए रखने और सुखी पलों को दूर, अनाकर्षक बना सँजोने में गर्वान्वित महसूस करते रहते हैं, किस्मत को कोसते रहते हैं। यह तो भाई अपना-अपना विकल्प है! दुनिया अजीबोगरीब है—एक अच्छे क्षणों को समुद्र में फेंक ताउम्र रोना पसंद करता है तो दूसरा प्रखर-से-प्रखर नकारात्मक याद को सकारात्मक रंग में ढाल जिंदगी अपने शर्तों पर जीता है।

डर, फोबिया से मुक्ति

तीव्र घटना तुरंत स्नायुतंत्र में गहनता से समाहित हो जाती है, जिसे मनोविज्ञान 'वन टाइम इफेक्ट' कहता है। यदि यह प्रखर नकारात्मक है तो इससे उत्पन्न 'फ्राइट एंड फ्लाइट' प्रतिक्रिया का उद्देश्य हमारी सुरक्षा है। डर, फोबिया अत्यंत तीव्रता की अवस्था है। आप साँप देख डर गए और रक्षार्थ भाग (फ्लाइट) खड़े हुए अन्यथा वह आपको काट खाता। आत्म रक्षार्थ डरना नैसर्गिक प्रकृति है, उचित है, परंतु जब यह समस्या बन जीवन गँदला करे, तो मानसिक स्वास्थ्य और जिंदगी को सही ढंग से जीने के लिए उसे मिटाना होगा। एक बार का डूबा व्यक्ति स्वयं और परिवार की

रक्षार्थ तैरना सीख भविष्य में अनन्य कठिनाइयों व दु:खों से ऊपर उठने में समर्थ हो सकता है। सदा के लिए पानी से भागना उसे डरपोक व्यक्तित्व का स्वामी बनाएगा, और वह किस प्रकार का जीवन जिएगा? सावधानीपूर्वक कर्म, कर्तव्य का निर्वाह विवेक की निशानी है। घटना से विरक्ति भाव उसका असर न्यूनतम या अप्रभावी कर देता है। 'फास्ट फोबिया क्योर' के प्रणेता रिचर्ड बैंडलर ने मनोचिकित्सकों के चक्कर-पे-चक्कर काट चुकी एक हताश महिला का सालों के साँप से फोबिया को तीन मिनट में उड़न-छू कर दिया। यह उत्तरोत्तर में 'एन.एल.पी.' की वृहद् लोकप्रियता का प्रमुख कारण बना!

अभ्यास

आँख बंद कर कल्पना कीजिए, आपका श्वेत-श्याम (ब्लैक एंड व्हाइट) सपाट प्रतिबिंब (नंबर 3) सामने सिनेमा के सफेद परदे पर विद्यमान है और आप स्वयं (नंबर 1) हॉल में बैठ सिनेमा देख रहे हैं। उसमें से आपका एक और चेतन स्वरूप (awareness) 'नंबर 2', आपसे उत्पन्न होकर प्रोजेक्टर रूम में जा पहुँचा, जो डरावने अनुभव (X) की फिल्म चलाएगा। चलचित्र को अब आप अपनी नहीं, वरन् अपने 'नंबर 2' की दृष्टि से देखेंगे। घटना को ब्लैक एंड व्हाइट सिनेमा (जिसके अंदर आप 'नंबर 3' पर भयानक घटना घटित होगी) के रूप में प्रारंभ से अंत तक चलाइए। फिल्म समाप्त होने पर अंत में अपने को एक सुरक्षित स्थान पर देखें। फिर अत्यंत शीघ्रता से चलचित्र उलटा करके चलाएँ और पुन: शुरुआत में अपने को सुरक्षित स्वरूप में पाएँ। अब आप 'नंबर 2' प्रोजेक्टर रूम से निकल फिल्म में सम्मिलित होकर उसे रंगीन बनाकर गति से पीछे और फिर आगे दौड़ाएँ, जैसे फिल्म एडिटिंग मशीन में किया जाता है। यह संपूर्ण प्रक्रिया उसी क्रम में तब तक कई बार दोहराएँ, जब तक आपका भय समाप्त न हो जाए। अब आप 'नंबर 1' उस पल को सामान्य घटना की तरह देख रहे हैं, जैसे—आप पुल पर खड़े होकर नीचे निरंतर चल रही भीड़ देख रहे हैं। अंत में देखिए कि आप हॉल की सीट पर बैठे 'नंबर 1' व परदे में 'नंबर 2' एक-दूसरे से पूर्णरूपेण संयुक्त होकर नवीन भयमुक्त आत्मविश्वास से परिपूर्ण व्यक्तित्व बन गए, जिसमें भविष्य में आनेवाले प्रत्येक प्रखर नकारात्मक घटना से स्वत: विरक्त हो जाने में अवचेतन सामर्थ्य हैं। सकारात्मक और कटु अनुभव जीवन में मिलकर रहेगा, परंतु आपमें समझदारी और विवेक से उसे विश्लेषित कर जीवन को सही रूप से जीने की क्षमता है।

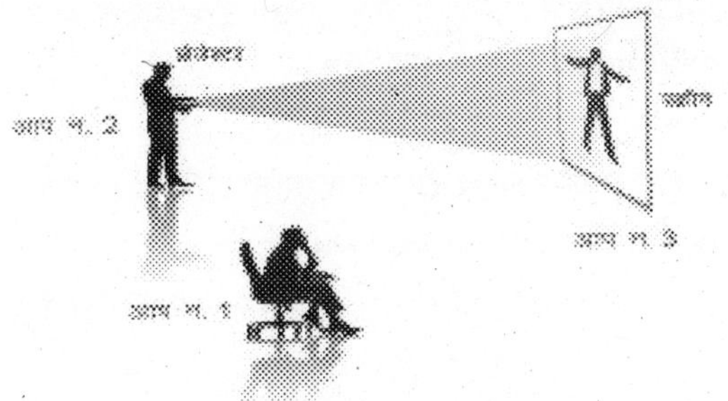

चित्र 11.1 : फास्ट फोबिया क्योर

कला यदि निष्प्रभावी है तो अनुपयोगी है। अत: परखना आवश्यक है। उस क्षण की कल्पना करें, क्या आपको डर लग रहा है? परिचित के साथ वास्तविक स्थल पर जाएँ। यदि लिफ्ट समस्या रही है तो सहयोगी को ले उस पर चढ़ें। मैं तैरने से भागता था। इस प्रणाली ने मुझे उससे स्वतंत्रता दिलाई। मैंने धीरे-धीरे पुल में उतर कर तैरना सीखा। मेरे मित्र दसवीं मंजिल पर रहते हैं, उनका बेटा छत से नीचे कभी न देखता, वह ऊँचाई से भयग्रस्त था। मित्र के लिए यह विकट समस्या बन गई। मैंने फोन से लड़के को सिर्फ दस मिनट अभ्यास कराया। अब उसे ऊँचाई तंग नहीं करती।

उपरोक्त पद्धति की प्रभावशीलता का रहस्य है कि मस्तिष्क शरीर से अधिक अत्यधिक द्रुतगामी गति से सीखने और स्वयं को परिवर्तित करनेवाला तंत्र है। जब यह फोबिया अति शीघ्र सीख सकता है, तो उसी शीघ्रता से यह उसे त्याग भी सकता है। रिचर्ड बैंडलर ने अपनी पुस्तक 'मैजिक इन एक्शन' में व्याख्या दी है, 'आत्म परिवर्तन को सुस्त या कष्टकारी नहीं होना चाहिए।' यदि आप भय, फोबिया और चीजों के प्रति आसक्ति पलों में सीख सकते हैं, तो उसी गुण को प्रयोग कर समान परिस्थिति में नई प्रतिक्रिया क्यों नहीं कर सकते!' एक अमेरिकन महिला नें बीस साल पुराने बर्रे के भय से मुक्ति पाई (कोनरी एवं स्टीव एंड्रयॉस का 'द फास्ट फोबिया/ट्रॉमा क्योर वीडियो')। यह कला किसी भी गंभीर घटना के पश्चात् उत्पन्न प्रभाव को समाप्त कर सकता है, जैसे, ड्रग छोड़ने एवं युद्ध के बाद होनेवाली भावनात्मक समस्या और 'पोस्ट ट्रामेटिक स्ट्रेस डिसऑर्डर' का निस्तारण। अनुभव कितना खराब, अशुभ क्यों न हो, उसमें सकारात्मकता का वास भी निश्चित रूप में होता है। अतएव, पद्धति प्रयुक्त करने के पश्चात् घटना को उस दृष्टि से देखकर उसमें लाभकारी तत्त्वों का भविष्य में उपयोग करने के लिए तथा आप भविष्य में किन चीजों से सावधान रहेंगे उसका संज्ञान लेना उचित होगा। **अच्छा समय जीवन**

सँवारता है, नकारात्मक समय चेतावनी देता है—सुदृढ़ भविष्य, सुख और सफलता हेतु हमें क्या नहीं करना चाहिए!

> **'यदि आप अनुभव का प्रभाव बदलना चाहते हैं, तो आप उसे किस तरह देख रहे हैं, उसे बदलना होगा।'**
>
> ***—स्टीफन कवे, 'द सेवन हैबिट्स ऑफ हायली इफैक्टिव पीपल'***

सावधानियाँ

1. यदि परिप्रेक्ष्य अत्यंत तीव्र है तो एक सहयोगी का हाथ पकड़ रखें और घबराहट होने पर आँख खोल देखें कि आप सुरक्षित हैं, तत्पश्चात्, प्रक्रिया फिर दोहराएँ। दवा खाते हैं, तो उसे साथ रखें। एक विकल्प है, आप इसे पहली बार कम प्रभावी अनुभव पर प्रयुक्त करें।
2. इस मॉडल को अपने प्रिय और सकारात्मक क्षणों में उपयोग न करें।

भावनाओं का दिशा-निर्देशन

मैंने नेटवर्क मार्केटिंगवालों के लिए सेमिनार किया। वहाँ मेरा साथी दिनेश भी मौजूद था, जिसके साथ कुछ दिन पूर्व एक दु:खद घटना घटित हुई थी। दस मिनट के अंतराल में चाय पर उसके एक पुराने परिचित ने एकाएक उसके दाहिने कंधे के पीछे थपथपाकर कहा, 'कहो दिनेश, बहुत दिन बाद मिले, कहाँ हो आजकल?' दिनेश के चेहरे का रंग उड़ स्याह हो गया। उसे देख लगा कुछ गड़बड़ अवश्य है, जैसे किसी पुरानी पीड़ा से घिर गया, जबकि चंद मिनट पूर्व वह चहक रहा था!

भावना हमारे जीवनरूपी बगिया को गुलजार करती है। महान् मनोचिकित्सक कार्ल जंग का उद्गार हैं, 'मन के अंधकार को प्रकाशमय करने और उदासीनता को दूर करने के लिए मानव का भावुक होना अनिवार्य है।' मनोवस्था तन, मन दोनों को प्रभावित करती है, एंथ्रोपॉलोजि के अनुसार हमारे सभी न्यूरॉलोजिकल स्तर को प्रभावित करती है। व्यवहार, विश्वास और क्षमता को निर्देशित करने व प्रारूप देने में भावना का व्यापक योगदान है। तनावयुक्त और शांत अवस्था में आपकी अपने कर्मचारियों के साथ प्रतिक्रिया भिन्न-भिन्न होगी। आस-पास का वातावरण मन को चेतन, अवचेतन रूप से उद्वेलित करता रहता है। गंभीर माहौल आपको स्वत: गंभीर कर देता है; खुशनुमा माहौल दुखित मन को प्रसन्न। कठिनाई उत्पन्न हो जाती है, जब अनजाने में बिन कारण मन भारी हो जाता है, पता नहीं चलता ऐसा क्यों हुआ। आप कह उठते हैं, 'यार, पता नहीं, क्या हो गया, दिल उखड़ा-उखड़ा लग रहा है।'

स्नायुतंत्र आस-पास हो रहे कार्य-कलापों को अवचेतन में चौबीस घंटे रिकॉर्ड करता है। आपके सोते रहने की अवस्था में भी। महत्त्वपूर्ण और गंभीर घटना उसके साथ समाहित हो जाती हैं जिसे अंग्रेजी में 'कंडीशंड' कहेंगे। रान हबर्ड ने गहन अध्ययन के पश्चात् प्रभावी वर्णन बेस्ट सेलर 'डायनेटिक्स' में किया है। 'एंकर' वह स्पर्शनीय अथवा आंतरिक अस्पर्शनीय उद्दीपक (cue) है, जो उत्तेजित या संपर्क करने पर अंदरूनी या व्यवहार आधारित प्रतिक्रिया को पूर्व रूप में प्रकट कर देता है। उद्दीपक उद्वेलित करने पर सक्रिय होता है, जिसे 'एन.एल.पी.' में 'फायरिंग' कहा गया है। ज्योडिथ द लॉजियर और सहयोगियों द्वारा 'न्यूरो लिंग्वस्टिक प्रोग्रामिंग : द स्टडी ऑफ द स्ट्रक्चर ऑफ सब्जेक्टिव एक्सप्रिजेंस' के अनुसार, 'एंकर बाह्य या आंतरिक रेप्रिजेंटेशनल सिस्टम है, जो सक्रिय करने पर एक या सभी रेप्रिजेंटेशनल सिस्टम को अभिक्रियास्वरूप जागृत कर देता है।' ऊपर उदाहरण में दिनेश के साथ कुछ दिन पूर्व एक अशुभ दुर्घटना घटित हुई थी। रिश्तेदार तथा मित्र उसे दाहिने कंधे पर थपथपा ढाढ़स बँधाते रहे, 'घबराओ नहीं, सब ठीक हो जाएगा।' कंधे के उस स्थान पर एंकर प्रस्थापित हो गया। उस जगह अनजाने में थपथपाने या छूने पर, अर्थात् फायर करने पर, मस्तिष्क ने समान मनोदशा पुनः जागृत् कर दी।

एंकर की अवधारणा महान् फिजियॉलोजिस्ट नोबल विजेता एवान पावलॉव के प्रयोग से प्रारंभ हुई, जिसमें कुत्ते को घंटी बजाने के पश्चात् ही खाना दिया जाता। कुछ समय के उपरांत कुत्ते के मुँह में पानी, अर्थात् लार, केवल घंटी बजाने पर आ जाती, खाना दिखाए बिना। यह सिद्ध करता है, उसकी समस्त खाने से संबंधित बॉयलॉजिकल प्रक्रिया केवल घंटी की आवाज से संचालित होने लगी, जबकि खाना सामने नहीं होता था! घंटी (V) और उसकी विशेष ध्वनि (A) उसके बायलॉजिकल रीति के साथ संबद्ध हो एंकर बन गई। एंकर उत्तेजित (स्टिम्यूलस) करने के पश्चात् त्वरित रेस्पान्स है। यह शीघ्रता से अवचेतन प्रतिक्रिया स्वरूप (उचित होगा 'रेफ्लेक्स एक्शन' कहना) सामने आता है। अपनी प्रिय छमिया का चेहरा देखते ही आप में प्यार उमड़ पड़ता है। आपको याद होगा बचपन में स्कूल ले जानेवाले के आने पर पेट दर्द! एंकर एक या सम्मिलित रूप से सभी रेप्रिजेंटेशनल सिस्टम्स में हो सकते हैं। मंत्र ऑडिटरी (A), पेंटिंग बाह्य विजुअल (V), विशेष रंग की कल्पना मानसिक विजुअल (V), और स्पर्श काइनस्थेटिक (K) एंकर होगा। राष्ट्रीय झंडे को देखते ही राष्ट्र-प्रेम की गाढ़ी धारा प्रवाहित हो जाती है। एन्थनी रॉबिंस ने बेस्ट सेलर 'अनलिमिटेड पॉवर' में लिखा है, 'एंकर अपने में विशाल शक्ति छिपाए रखता है, क्योंकि वह कुछ ही पलों में अत्यंत प्रखर (मानसिक) अवस्था सक्रिय कर सकता है।'

नकारात्मक एंकर जिंदगी नर्क करता है। खराब घरेलू वातावरण बहुतों को

भावनात्मक रोगी बना देता है। उनके चिकित्सकों को कारण का संज्ञान नहीं हो पाता। दवा, अकुशल काउंसिलिंग कतई लाभ नहीं देती। बहुधा घर में भूत-प्रेत का आभास वहाँ की वस्तुओं से लिप्त अतीत की दर्दनाक घटनाओं से एंकरिंग के कारण होता है। सफल व्यापारी विकास घर की बैठक में प्रतिदिन पीता है; सोफे में बैठते ही उसमें तलब जागने लगती। मैंने उसे ऑफिस से आ सीधे खाने के कमरे में जाने को कहा, बैठक की ओर देखे बिना। नियमित ढकेलना उड़न-छू हो गया। डेविड ने नशे में आत्महत्या उसी कमरे में कर ली, जहाँ उसकी प्रिय पत्नी की इहलीला लुटेरों ने समाप्त की थी। संभव है एक विशेष गंध आपके एलर्जी के मूल में हो।

वर्तमान में भावना और मानसिक शक्ति अनियंत्रित दशा नहीं है, वरन् उसे अब हम आवश्यकतानुसार चेतन रूप से चुनने में समर्थ हैं। भावना बाह्य एवं आंतरिक दुनिया को विशेष रंग से रँगती है। फ्रांस के दार्शनिक वॉल्तयर (1694-1778) ने कहा है, 'हमें अपनी दुनिया अपने अनुसार रचित करना और सजाना चाहिए।' हर्ष का विषय है, जिस प्रकार हानिकारक एंकर स्वत: रचित हो जाता है, उसी तर्ज पर अब हम चेतन रूप से उसे सुखदायी एंकर द्वारा प्रस्थापित कर उसे प्रभावहीन कर सकते हैं, या सर्वथा नया शक्तिशाली उद्देश्यानुरूप सकारात्मक एंकर का अधिष्ठापन कर सकते हैं।

अभ्यास : हताशा से प्रखरशीलता की ओर

वह सकारात्मक मनोदशा चुनें जिससे आप निराशा, आत्मग्लानि अथवा दु:ख को बदलना चाहते हैं जैसे, 'प्रखरशीलता' (आत्म-प्रेरणा और ऊर्जा से भरपूर अवस्था), आत्मविश्वास या अन्य, इसे (K) कहें। यह ऐसा भी हो सकता है, जिसमें आप एक विशेष पल में रहना चाह रहे हैं, पर असमर्थ हैं, उदाहरणार्थ, इंटरव्यू, बॉस से सामना करने की स्थिति में। अतीत का कोई ऐसा अनुभव जेहन में लाइए, जब आप मनचाही मनोदशा (K) से प्रफुल्ल थे, जैसे जब आप दौड़ में प्रथम आए थे। पूर्णरूपेण उस अनुभव के साथ 'एसोशिएट' हो जाएँ, जैसे वर्तमान में आप उस क्षण में शत-प्रतिशत संलिप्त हो जी रहे हैं। एक-एक कर उस क्षण में स्थिति, प्रत्येक रेप्रिजेंटेशनल सिस्टम और उसकी सबमॉडल्टी को चेतन में लाकर उस पर ध्यान केंद्रित कर बारी-बारी से उन सभी के साथ 'एसोसिएट' होकर हर बार बाईं हथेली के पीछे बीच में दाएँ हाथ की अँगुली से दबाएँ, ताकि मनचाही अवस्था (K) संबद्ध (कंडीशन) हो जाएँ। उदाहरणस्वरूप, सर्वप्रथम मानसिक चित्र (V) लें और उसके रंग पर पूर्णरूप से ध्यान केंद्रित कर हथेली के पीछे बीच

में दाएँ हाथ की अँगुली से दबाएँ (इसे कहेंगे 'एंकर प्रस्थापित करना' या 'एंकरिंग')। तत्पश्चात् उस छवि की दूरी पर मन लगा उसी स्थान पर एंकरिंग करें। इस तर्ज पर विजुअल की सभी दूसरी सबमॉडल्टियों (स्थान, संख्या¨) पर एक-एक कर ध्यान केंद्रित कर हर बार एंकरिंग करें। आप जान गए होंगे, उसके बाद अब क्रम से ऑडिटरी, काइनस्थेटिक एवं उनकी सभी सबमॉडल्टियों को उसी पद्धति से एंकरिंग करना है; यदि गस्टेट्री और अल्फॅक्ट्री हो तो उस पर भी, उनके अधिकाधिक सबमॉडल्टियों पर फोकस करके। ध्यान रहे समान स्थान पर उसी समानता से दबाना है। जब प्रक्रिया के अंत में आप अत्यंत 'प्रखरशील' (K) अवस्था या जिस मनोदशा को आपने चुना हो में आ जाएँगे तब उत्तमता की पहचान होगी। आँख खोल इधर-उधर देखकर वर्तमान चेतनावस्था से मुक्त हो जाएँ, यह 'ब्रेकिंग ऑफ स्टेट' होगा। दस मिनट बाद बाईं हथेली के पीछे उसी स्थान पर दाएँ हाथ की उँगली से उसी अंदाज से दबा एंकर फायर करने से आप किसी भी वर्तमान मनोस्थिति से 'प्रखरशील' (K) अवस्था में आ जाएँगे। इसे और प्रभाविकता से जाँच हेतु ऐसी एक्टिंग करें कि आप दुखित हैं, तत्पश्चात् एंकर फायर कर परखें कि आप 'प्रखरशील' हुए अथवा नहीं। लक्ष्यानुरूप अनुभूति और मनोभावना विकसित करने की यह प्रभावी, सरल तकनीक है।

एंकर प्रस्थापन के लिए अभीष्ट अनुभव की अनुपस्थिति में कल्पना करें कि यदि आप अनुकूल अवस्था (K) में हों तो उस समय आप मन में क्या सोचेंगे, क्या देखेंगे, कैसा पास्चर होगा, कैसा और क्या आंतरिक आवाज व भाषा होगी, कैसे श्वास लेंगे, शरीर में तनाव व शिथिलता कैसी होगी, तथा अन्य बाह्य व अंदरूनी शाब्दिक और शब्देतर अभिव्यक्ति कैसी होगी। इस पल आपका संपूर्णता से एसोशिएट हो मनचाही भावना को महसूस करना अनिवार्य है। तत्पश्चात्, अधिकतम रेप्रिजेंटेशनल सिस्टम एवं उसकी सबमॉडल्टी पर उपरोक्त तकनीक से एंकरिंग करें।

आप एंकर को शरीर के किसी भाग में सुविधानुसार प्रतिष्ठापित कर सकते हैं, परंतु वह ऐसे स्थान पर हो जहाँ उसे आवश्यकता पड़ने पर आसानी से तुरंत फायर किया जा सके। उसे उद्देश्यानुरूप और समय की माँग के अनुसार बनाना अनिवार्य होगा। बैडमिंटन खेलते हुए रैकेट घुमाना या गहरी श्वास लेना अधिक सुगम होगा (ना कि स्पर्शवाला एंकर); ऐसा आपने बैडमिंटन, टेनिस खिलाड़ियों को करते हुए देखा होगा। परामर्श के समय क्लाइंट, विद्यार्थी, रोगी, ग्राहक में आपके अनुकूल मनोवस्था आने पर या आप द्वारा उसको लाकर उसे कंधे, जाँघ, हाथ को विशिष्टता से स्पर्श कर या दबाकर एंकर पैदा कर सकते हैं। उनके प्रतिकूल दशा में आने पर

आप वह एंकर फायर कर उसे इच्छित मनोस्थिति में पुनः वापस ला सकते हैं।

एक धनी व्यवसायी को दिन-रात चैन न मिलता था। मैंने उनसे कहा कि आप एक्टिंग करें कि आप पूर्ण शांत हैं। अपने शरीर को उसी अनुरूप शिथिल कर श्वास गति, मनोस्थिति, सोच बिलकुल वैसी करने को कहा जैसा वे पूर्ण शांतावस्था में होना चाहते थे। इस दशा में उनको हरे रंग की कल्पना (एंकर) करते रहने को कहा। कार्यस्थिति में तनाव व क्रोध आते ही हरे रंग का स्वचालित रूप से मन में आना उन्हें आराम पहुँचाने लगा।

हम एक एंकर पर अनेक रिसोर्स संयोजित कर उसे फायर करने पर उन सभी रिसोर्स का लाभ ले सकते हैं, जैसे—साहसी खेल, युद्धाभ्यास में चीखकर शरीर में तनाव लाकर 'साहस', 'आत्मिक बल', ऊर्जा और 'रिलैक्ड अवेयरनेस' (शांत रहते हुए अत्यधिक जागरूकता और क्रियाशीलता) मनोदशा में परिवर्तित होना। इस प्रयोजनार्थ सभी वांछित मनोवस्थाओं को एक-एक कर समान एंकर पर ही कंडीशन करना होगा, जैसे पहले 'साहस' को एंकर करें, फिर 'आत्मिक बल' को फिर अन्य। तदोपरांत, उसकी फायरिंग पर सभी रिसोर्स एक साथ उत्पन्न या उपलब्ध हो जाएँगे।

श्रेष्ठता के लिए आवश्यकताएँ, सावधानियाँ

1. अधिकतम रेप्रिजेंटेशनल सिस्टम और सबमॉडल्टी का संज्ञान करने के साथ जितना सूक्ष्म विवरण याद कर और जितने गहराई से परिप्रेक्ष्य, स्मृति के साथ एसोशिएट हो एंकरिंग करेंगे उतना ही प्रभावोत्पादक रहेगा।
2. प्रक्रिया को वांछित मनोभावना और रिसोर्स के शिखर पर संस्थापित किया जाए, अंग्रेजी कहावत के अनुसार 'हिट द आयरन व्हेन इट इज हाट।'
3. प्रत्येक एंकर ऐसे स्थान पर हो जहाँ वह सुलभ हो, पर दैनिक कार्य में स्वभाविकता से न्यूट्रल न हो जाए। हथेली पर एंकर दूसरों से हाथ मिलाने में बेअसर हो जाएगा। क्लाइंट में सुखात्मक अनुभव मन में लाने हेतु आपसी संवाद के पल उसकी उस अवस्था में आने पर उसके घुटने को छू एंकरिंग करना सहज होगा, ताकि आवश्यकतानुसार अनजाने में उसे यथोचित् भावना में लाया जा सके।
4. क्लाइंट, खिलाड़ी, अपने प्रिय या स्वयं के साथ एंकर संस्थापन में श्वास विधि, मुख-मुद्रा, रंगत··· को विश्लेषित, देखकर निश्चय करें कि वे स्मृति से एसोशिएट हैं या नहीं। कह सकते हैं, 'अभी आप प्रसंग/अनुभव में डूबे नहीं, उसको गहराई से याद करें। कल्पना के फ्रेम में स्वयं हैं अथवा नहीं? वैसा महसूस करें, वैसा

सोचें, वैसी गैर-भाषाई अभिव्यक्ति करें, जैसा अनुभव में है।'

5. प्रेफर्ड रेप्रिजेंटेशनल सिस्टम के अनुसार एंकर का निर्धारण करें। एक विजुअल व्यक्ति आंतरिक या बाह्य विजुअल एंकर (मानसिक चित्र, फोटो, चेहरा) से, व ऑडिटरी बोली, ध्वनि से और एक काइनस्थेटिक स्पर्श, हाथ मिलाने रूपी एंकर से तीव्रता से संचालित होगा।

इस अध्याय में आपने सीखा

मानव इतिहास की दृष्टि से मस्तिष्क नियंत्रण सपना रहा। परंतु 'एन.एल.पी.' द्वारा सबमॉडल्टी प्रयोग से हम इसमें समर्थ हैं। मस्तिष्क के चाभीरूपी इस कोड से उसका उचित और मनोरूप संचालन अब संभव हो पाया है।

एक परिप्रेक्ष्य को संलिप्त अथवा विरक्त होकर अनुभव किया जा सकता है। समय और अपने हितानुसार 'एसोसिएट', 'डिसोसिएट' अथवा 'डबल डिसोसिएट' होने की सही चेतना और बुद्धिमत्तापूर्वक प्रयोग जीवन और उसकी विलक्षणता को देखने का उत्तम गुण प्रदान करता है। परिवार तथा समाज के उल्लासपूर्ण क्षणों का सुख लेने के यथार्थ उससे एसोसिएट होना अनिवार्य है। दुःखद स्थिति से डिसोसिएट (विरक्त) रहना दुःख भोगने की क्षमता प्रदान करता है, और उसकी सर्वोचित मीमांसा करने में समर्थ बनाकर भविष्य में उसका अपने उद्देश्यानुरूप उपयोग करने में सहायक बनता है। 'महाभारत' में भगवान् कृष्ण ने अर्जुन को स्पष्ट रूप से यह निर्देश दिया, 'दुःख-दर्द से अपने को दूर रखकर अपने कर्म का पालन करो।' अच्छे पलों से डिसोसिएट होना स्वयं को सुख से बेजार करता है, यह सदैव अवसाद में रहनेवाले स्वभाववश किया करते हैं। डबल डिसोसिएट (फास्ट फोबिया क्योर) की परिदृष्टि से भयंकर-से-भयंकर परिप्रेक्ष्य को आत्मविश्वास युक्त मनोभावना से अनुभव करने और उसको प्रभावहीन मन से तार्किक रूप से विश्लेषित करने की योग्यता विकसित होती है। यह विधि तेजी से उत्पन्न होनेवाले प्रत्येक प्रभाव पर उपयोग की जा सकती है, उदाहरणार्थ, ड्रग छोड़ने और दुर्घटना के उपरांत भावात्मक समस्या, एवं युद्ध से वापस आने के पश्चात् 'पोस्ट ट्रामेटिक स्ट्रेस डिसऑर्डर' आदि। मंद गति से अंकुरित घबराहट आदि में इसके प्रभावी होने की संभावना नहीं हो सकती है।

न्यूरोलॉजिकल तंत्र वातावरण से जज्ब अनुभव और संवेदना को उद्वेलित होने पर प्रकट कर देता है। आत्मनियंत्रण का द्योतक एंकर सकारात्मक तथा मनोकूल भावना हेतु उत्तम माध्यम है। फायर करने पर सभी रेप्रिजेंटेशनल सिस्टम (मानसिक

आकृति, आंतरिक आवाज, सहयोग करनेवाली भावना, और स्वाद व गंध, यदि हो तो सबका एक साथ प्रतिक्रिया में आना) उत्पादित करनेवाला एंकर सर्वाधिक हितकारी तथा क्रियाशील होता है। यही कारण है कि आक्रमण से पूर्व सैनिकों की चीख, 'वार क्राई', उनकी रगों का खून उबाल देता है। पद्धति का उपयोग खेल, साहसिक कार्य, परफॉर्मेंस, विक्रय, अध्यापन, शिक्षा में है। स्वार्थी व्यापारी द्वारा इसके आप पर नकारात्मक उपयोग से आपको बचना होगा।

मंथन

1. कैसे आप स्वतः संस्थापित दुःख, निराशा देनेवाले एंकर को निष्प्रभावी करेंगे। उस एंकर के कुछ दूर एक प्रफुल्लित करनेवाला एंकर स्थापित कर दोनों को साथ में फायर कर दें। यह अनेक बार करें। मस्तिष्क में इलेक्ट्रोड लगाकर शोध ने दिखाया है कि नकारात्मक एंकर की अपेक्षा स्नायुविक प्रणाली सकारात्मक एंकर को प्राथमिकता देती है।
2. आप त्योहार, पार्टी का लुत्फ नहीं उठा रहे? बस उसके साथ एसोशिएट हो जाएँ!
3. कमरे में प्रवेश करते गम से घिर जाते हैं? एक बार उसे देखिए तत्पश्चात् आँख बंद कर कोई रस भरी कल्पना कीजिए। क्रम कई बार दोहराएँ। कमरे से जुड़ी दुःखदायी स्मृति विलुप्त हो जाएगी।
4. बॉस का चेहरा देख हतोत्साहित हो जाते हैं। उसके चेहरे की कल्पना पर अपने रोल मॉडल या विपरीत सेक्स का खूबसूरत चेहरा अंकित कर दें। अब श्रीमानजी डराना छोड़ प्रेरणात्मक या आनंददायी हो जाएँगे। मजा आया!
5. एंकरिंग का मौलिक प्रयोग कर अपनी रचनात्मकता का परिचय दें।
6. रात सोने से पहले दिन में हुए सकारात्मक अनुभवों से एसोशिएट होना और नकारात्मक से डिसोशिएट होना *क्या अच्छी बात नहीं है* (पूर्व प्रधानमंत्री अटल बिहारी के प्रसिद्ध तकिया कलाम का बतौर एंकर प्रयोग)!
7. भूतकाल में जा प्रत्येक अवांछित स्मृति को अनाकर्षक एवं डिसोशिएट कर दें और सकारात्मक को एसोशिएट, उज्ज्वल, मनोहर, अपने पास। आपका सुख बढ़ जाएगा।
8. आप मंच पर बोलने जा रहे हैं। किस एंकर का प्रस्थापन कर आगे बढ़ेंगे।

(उत्तर—उस समय मस्तिष्क कई चित्रों के द्वारा सोच में डूबा है।)

□

12

'खुदी' की बुलंदी

हम जितना अपने को ऊपर उठाएँगे उतना ऊपर उठते जाएँगे। *जिस स्तर तक ऊपर उठने की कल्पना करेंगे, जिस स्तर तक लक्ष्य आधारित अपनी योग्यता तथा स्वयं पर विश्वास रखेंगे, एवं जिस स्तर का विचार मन में लाएँगे मात्र उसी स्तर तक शिखर चूमने के भागी बनेंगे।* दृढ़ इच्छाशक्ति, वास्तविकता देखने और दोषों से दूर रहने का गुण, तथा जिंदगी और उद्देश्य के प्रति पूर्ण स्पष्ट कार्यबद्धता सम्मानित जीवन के साथ उच्च श्रेणी की सफलता का प्रारंभिक चरण है। विकाररहित आत्म संरचना से युक्त होकर विवेक-सम्मत कर्म आत्मसुख के साथ समस्त क्षेत्रों की उपलब्धियों में अप्रतिम वृद्धि करता है, जिससे व्यक्तित्व व जीवन में चार चाँद लग जाते हैं।

अक्षम एवं नकारात्मक व्यक्तित्व को जागृत् करना अस्वीकार्य कार्यकलाप का जन्मदाता है। आस्कर वाइल्ड का 'द प्रोफंडिस' में उद्गार है, 'समस्या यह नहीं कि हम क्या कर रहे हैं, वरन् यह कि हम क्या बन गए हैं।' विध्वंसकारी आदत और उससे अंकुरित आत्महीनता, अवगुण हमारे स्वास्थ्य, गुण विकास और लक्ष्य प्राप्ति की राह में एक-न-एक दिन बड़ा रोड़ा बन जाते हैं। सैकड़ों विश्वप्रसिद्ध अभिनेता, खिलाड़ी और हस्तियों का उदाहरण है जिनका सूरज के समान उभरता कॅरिअर तथा प्रतिभा व्यसनवश गर्त में चली गई। कितनी महान् विभूतियों के असामयिक मृत्यु का कारण ड्रग, शराब, तंबाकू सेवन रहा। अर्जेंटीना फुटबॉल टीम के महान् खिलाड़ी डियेगो मैराडोना अपने देश को विश्व चैंपियन बनाने के पश्चात् कोकेन में डूबकर अपने शारीरिक सौष्ठव व उभरते खेल जीवन से हाथ धो बैठे। 'किंग आफ रॉक एंड रोल' ऐल्वस प्रेस्ले भरी जवानी में दुनिया भर

के अपने प्रेमियों को रोता-बिलखता छोड़ भगवान् को प्यारे हो चले। करोड़ों दिलों में चहकती मीना कुमारी को शराब ने पी डाला। ड्रग, शराब, तंबाकू को हम नहीं खाते, वे डायनें हमें खा जाती हैं। सम्मिलित रूप से वे गंभीर ब्रोंकाइटिस, हृदय रोग, हेपटाइटिस, कैंसर, मोटापा, एड्स और अन्य रोग पैदा कर मानव मृत्यु का सबसे बड़ा अप्राकृतिक कारण हैं, जिनका शिकार युवा वर्ग तेजी से हो रहा है। 'वर्ल्ड हेल्थ ऑर्गनाइजेशन' के अनुसार प्रति वर्ष पचास लाख से अधिक लोग इनकी वजह से अत्यंत पीड़ादायी बीमारी व अवस्था से गुजर दुनिया से विदा हो रहे हैं।

जितनी बार क्रिया दोहराई जाती है, उतनी गहराई से वह स्नायुतंत्र के साथ संगम होकर मस्तिष्क का 'न्यूरल स्ट्रैंड' घना करती जाती हैं, और अंततः इतनी बलशाली कि उसे तोड़ने के लिए आत्मबल और गंभीर चेतन प्रयास व्यर्थ हो जाता है, विशेषतया तब जब यह बचपन से चली आ रही हो। मात्र एक बार एक्टिंग करें, एक कर्मचारी को देखते ही क्रोधित होने की। अगली बार उसे देखते ही हलका गुबार आना शुरू हो जाएगा। सप्ताह भर समान व्यवहार दोहराने से उसके सामने पड़ते ही आप उबल पड़ेंगे, जबकि उस बेचारे की जुबान बंद है। **प्रत्येक सिगरेट, ड्रग लेनेवाला एक बार चखने से ही लती हुआ होता है।** शिक्षाविद् होरस मन ने कहा, 'आदत मोटे तार के गुच्छे के समान है, प्रतिदिन एक तार उसमें बुनने से वह अंततः इतना मजबूत हो जाता है कि टूटना मुश्किल।' इसलिए इच्छाशक्ति से ह्रासकारी आचरण छोड़ना अधिकांशतः अस्थायी होता है, क्योंकि सभी 'न्यूरॉलोजिकल लेवल्स' पूर्ववत् होते हैं। एक झटके में या मूल्य से आकर्षित हो उसे छोड़ना अधिकांशतः स्थायी होता है। कुछ लोग धार्मिक कारणों या बातों-बातों में जिंदगी भर की लत क्षणों में छोड़ देते हैं, जैसा मेरे एक परिचित ने किया। 'परिवार', 'स्वास्थ्य', 'सफलता' जैसे मूल्यों को सर्वोपरि रखनेवाले ड्रग, शराब को दूर से नमस्कार करते हैं। मैंने कई लोकप्रिय नेताओं, व्यवसायियों, अफसरों को देखा, जो शराब प्रेमियों से घिरे होने पर भी उससे किनारा किए रहते हैं। अत्यंत महत्त्वपूर्ण है कि आप मूल्यों की प्राप्ति हेतु किस मार्ग का वरण करते हैं तथा विश्वास करते हैं कि कौन सा मार्ग सर्वोत्तम है। यदि आप शराब को 'आनंद', 'मस्ती' के उद्देश्य से सबसे अच्छा विकल्प मानते हैं, तो आप उस ओर ता उम्र दौड़ते रहेंगे; वहीं कुछ विलक्षण व्यक्ति आध्यात्मिक या सकारात्मक पग (सामाजिक सेवा, घूमना, रचनात्मक कार्य...) को 'आनंद', 'मस्ती' हेतु सर्वोत्तम विकल्प मानते हैं। विश्वास के इस विभेद ने हजारों महान् रचनाकारों, खिलाड़ियों, राजनयिकों

को गर्त में डाल दिया, वहीं असंख्य दुर्जन आत्माओं को अमर बना दिया! गलत कार्य की ओर आकर्षण और विकर्षण में आत्मछवि का अहम योगदान है। **सकारात्मक, दृढ़ और आत्मनियंत्रित आत्मछविवाले व्यक्तियों का व्यसन से बिना प्रयास छत्तीस का आँकड़ा होता है। संकल्प शक्तिवाले उनसे कम पीड़ित रहते हैं, दुर्बल आत्मशक्तिवाले अधिक।**

'मूल्य' हमारे आचरण और जीवन दिशा को गंभीरता से प्रभावित करता है। गुजरातियों में व्यसन भारत के दूसरे प्रांतों की अपेक्षा अत्यधिक कम है। एक विशेष कारण है उनका 'पारिवारिक हित', 'धन' जैसे मूल्यों को सर्वोपरि मानना। वहीं दिल्ली, पंजाब में यह विकराल है। उनमें निहित धारणा 'मेहनत के पश्चात् मजा लेना' अनिवार्य है और 'शराब इसके लिए एकमात्र साधन है' शराब की ओर उत्प्रेरणा के मूल में होती है।

'आत्मछवि आदत और व्यवहार को निर्धारित करती है।'

—डॉ. मैक्सवल माल्टज् (सन् 1899-1975),
पुस्तक 'साइको-साइबरनेटिक्स'

कोई भी नकारात्मक व्यवहार कितना पुराना क्यों न हो, तीनों उच्च स्तरों—आध्यात्मिकता, आइडेंटिटी, विश्वास प्रणाली को सँवारने से उससे स्थायी मुक्ति संभव है। अनेक व्यक्ति अनचाहे झुकाव को व्यक्तित्व के साथ प्रगाढ़ता से जोड़कर नई आइडेंटिटी की गढ़ना कर लेते हैं। वे ऐसा नहीं सोचते 'मेरे में नकारात्मक आदत है', बल्कि सोचते हैं—

- 'मैं पियक्कड़ हूँ।'
- 'मैं जुआरी हूँ।'
- 'मैं एडिक्टेड हूँ।'
- 'मैं न्यूरोटिक हूँ।'

इस अवस्था में स्वयं को बदलने के लिए आइडेंटिटी सुधारे बिना उनका हर प्रयास निरर्थक हो जाएगा! एक उच्च कोटि की रणनीति है 'व्यसन मुक्त आत्मछवि' निर्मित करना, जिससे अलाभकारी रुझान के लुप्त होने की अधिकतम संभावना बनती है। मन में दृढ़ आत्मविश्वास ओत-प्रोत आवाज में बार-बार सोचना 'मैं अनचाहे आचरण से मुक्त हो सकता हूँ, 'मैं स्वस्थ स्वभाव का व्यक्ति हूँ' भी मस्तिष्क की तद्अनुरूप 'प्रोग्रामिंग' करता रहेगा। सभी आवश्यक कदम

उठाने के साथ सहयोगात्मक गुण विकसित करना, जैसे—आउटडोर खेल खेलना, आत्म परिवर्तन, इंटरनेट प्रयोग करना सीखना आदि एवं अच्छा वातावरण अपनाना (सकारात्मक लोगों से यारी, नशेड़ियों का साथ छोड़ना···) गलत रास्ते से दूर होने में सहयोग देता है। सभी न्यूरॉलोजिकल लेवल बदलने से सर्वथा नवीन व्यक्तित्व जन्म लेता है, न कि कुछ न्यूरॉलोजिकल स्तर सुधारने से जो पुरातनपंथी विशेषज्ञ और रिहैबिलेशन सेंटर सदियों से अज्ञानवश करते आए हैं। 'स्विश पद्धति' अंतर्मन और आत्मछवि को रचनात्मकता से रूपांतरित कर सार्थक आत्म-परिवर्तन लानेवाली व्यावहारिक रूपरेखा की आधारशिला रखती है।

अभ्यास : विध्वंसकारी व्यक्तित्व, अप्रिय व्यवहार और व्यसन को अंतिम सलाम—

1. *आप (X) में नकारात्मक लत या स्वभाव हैं, जैसे—शराब पीना, बालों में बार-बार कंधी फेरना, डरना या शीघ्र क्रोधित होना, इसे ('Z') से संबोधित करें।*

   स्वयं का एक नए आत्मविश्वासी व्यक्तित्व (Y) का मन में चित्र बनाएँ, जिनमें हर स्थिति में अनचाहे आचरण या किसी के द्वारा प्रस्तुत प्रत्येक अस्वास्थ्यकर पदार्थ, जैसे—शराब, सिगरेट, ड्रग, जंक फूड इत्यादि को समझदारी से अस्वीकारने की क्षमता है, न कि उसमें केवल विशेष नकारात्मक व्यवहार या पदार्थ विशेष परिस्थिति में ही त्यागने या अस्वीकारने का गुण है। ध्यान रहे इस तसवीर में आपको रंगीन, अपने पास, बड़ा और सिनेमा की तरह चलता-फिरता जीवंत होना है, न कि बोरिंग, अचल मूर्तिस्वरूप। अपने नए प्रतिबिंब में आप इच्छित सकारात्मक मूल्य व प्रतिभा घोल सकते हैं, जैसे—आत्म-नियंत्रण, धैर्य, आत्मबल, व्यापारिक हित··। ऐसी मानसिक आकृति बनाने में समस्या आने पर सामने काल्पनिक दीवार पर मनभावन आकृति (Y) बनाकर स्वयं को इसमें एकीकृत कर लें। इससे 'डिसोशिएट' रहें। आत्मछवि का आकर्षक होना अत्यंत महत्त्वपूर्ण है और आप उसको देख उसकी ओर प्रेरित, खिंच रहे हों।

2. *नए व्यक्तित्व (Y) को संपूर्ण मानसिक पटल पर फैला दें, कहीं जगह न छूटे और इसके चारों ओर कालापन न दिखे। फिर मस्तिष्क को सिनेमा के सफेद परदे की तरह खाली कर लें। ये दोनों क्रियाएँ पाँच*

बार करें। अब इस तसवीर (Y) को चमकदार बिंदु बना मानसिक पटल में नीचे दाएँ कोने में प्रस्थापित कर दें।

3. *स्वयं अपने (X) को नकारात्मक क्रिया करने की अवस्था में कल्पना करें—सिगरेट पीते हुए, कोई शराब पेश कर रहा हैं, उसे स्वीकारते हुए, अनावश्यक शीघ्र क्रोधित होते हुए या अन्य जिससे आप छुटकारा चाहते हैं। यहाँ यह अनिवार्य होगा कि आप स्वयं द्वारा बिलकुल वही महसूस करें, और मन में वही सोचें, वही देखें जैसा आप वास्तविकता में नकारात्मक आचरण (Z) करने की स्थिति में अपने को पाते हैं, अर्थात् यह सघन 'एसोसिएशन' की दशा होना चाहिए।*
4. *अब तेजी से चमकीला बिंदु (Y) पुरानी आकृति (X) को विस्थापित करते हुए पूरे मस्तिष्क पर फैल जाती है। जैसे तेल की बूँद पानी की सतह पर फैल जाती है। अति महत्त्वपूर्ण है इसका सेकंड के न्यूनतम भाग में होना। मन में 'हू¨श' कहते-कहते यह कर सकते हैं। अब मस्तिष्क के रंगीन फ्रेम में सिर्फ आपका नया व्यक्तित्व (Y) अपने भव्य स्वरूप में इलाहाबाद के दशहरे की चौकी में श्रीराम की तरह विराजमान हैं, पुराने व्यक्तित्व (X) का नामोनिशान नहीं।*
5. *आँख खोल दाएँ-बाएँ देख दिमाग खाली कर तात्कालिक मनोस्थिति से बाहर आएँ।*
6. *उपरोक्त 1 से 5 तक प्रक्रिया समान क्रम में बहुत तीव्रता से आठ से दस बार दोहराएँ।*
7. *क्या पुराना स्वभाव विद्यमान है? प्रक्रिया चार-पाँच बार और दोहराएँ।*

पूर्व आसक्ति है या नहीं जानने के लिए सोचें आपके सामने सिगरेट है या किसी से सिगरेट मँगाएँ। कैसी प्रतिक्रिया है? क्या मन अब भी उस ओर भाग रहा है या आप इनकार कर रहे हैं? क्या कल्पना में अपने को पीते हुए देख रहे हैं? आपको महसूस होना चाहिए कि पूर्व आचरण (Z) अब तो बीते दिनों की बात है।

मैंने डॉ. मृदुल पर इसे आजमाया। एक सप्ताह सबकुछ ठीक रहा; तत्पश्चात् उनका फोन आया, 'मैंने पुनः सिगरेट पीना प्रारंभ कर दिया।' ज्ञात हुआ उन्होंने स्वतः सिगरेट खरीदना एवं पीना तो बंद कर दिया, परंतु मित्र द्वारा देने पर मना न कर पाते था। आलोक ने पूर्णतया छोड़ दिया, पर खाने के बाद तलब के कारण पीना प्रारंभ कर दिया। ये **'क्यू'** अंतर्मन में उपस्थिति हो कश को उकसाते रहते।

मैंने दोनों को फोन पर ही क्यू के साथ 'स्विश' करने को कहा। पुराने व्यक्तित्व (X) में डॉ. मृदुल ने 'मित्र हाथ में सिगरेट ले उसको निमंत्रित कर रहा है' और नई आत्मछवि (Y) में 'सिगरेट अस्वीकार करते हुए' देखा। अब उनका कश लेना पूर्णरूपेण छूट चुका है। इस तर्ज पर जितने क्यू हैं सबको एक-एक कर 'स्विश' करना होगा, अन्यथा बुराई वापस आने की संभावना है। क्यू 'एंकर' हो सकता है, जैसे—घर में आपका कमरा, जहाँ प्रवेश करते हृदय चलायमान होने लगता है। यहाँ 'कमरे के चित्र' को 'स्विश' करें। लंपट लड़की का चेहरा देखते नहीं कि आया सिगरेट उसके हाथ में!

बहुराष्ट्रीय कंपनी के अधिकारी प्रदीप में यह प्रक्रिया कारगर हुई, पर वह परेशान रहने लगे, क्योंकि शराब गटकना 'तनाव मुक्ति' का साधन था। एक मनोवैज्ञानिक सिद्धांत के अनुसार 'नकारात्मक क्रिया के मूल में 'सकारात्मक मनोरथ' है।' इस सकारात्मक कारण को 'सेकंडरी गेन' (Secondary gain) कहते हैं, जो प्रदीप के लिए 'तनाव मुक्त होना' है। शराब छूटी पर मन की शांति छूमंतर होने से बेचैनी ने उसे घेर लिया! अतः स्थायित्व के लिए आवश्यक होगा उनके 'सेकंडरी गेन' का विकल्प ढूँढ़ना, जिससे उद्विग्नता के वशीभूत हो भविष्य में वह पुनः शराब गटकने से बचे। मैंने उसे अन्य रास्ते सुझाए, जिसमें टहलना, ध्यान लगाना, अकेले न रहना, कसरत करना था। फलस्वरूप उसका बीस साल पुराना दुर्व्यसन विलुप्त हो गया! **अति महत्त्वपूर्ण होगा : मूल कारण की आपूर्ति के लिए उचित विस्थापित करनेवाली आसानी से ग्राह्य योग्य वैकल्पिक व्यवस्था चुनना, पर जिसे दिल स्वीकारे।** ट्रेन में हैं, सामने सिगरेट है, तलब लगी है, तो उससे दूर होने को जिम कैसे जाएँगे, समयानुचित होगा, तुरंत कोई संगीत सुनें, साथी यात्री से बातचीत करें, खिड़की के बाहर देखें··· । 'सेकंडरी गेन' को संतुष्ट न करना रिहैबिलेशन सेंटर में दुर्व्यसनियों की असफल चिकित्सा और प्रभाव के अस्थायित्वता का रहस्य है। वहाँ धनी आते-जाते रहते हैं, पर उनके चिकित्सक तगड़े और तगड़े, जिस प्रकार आपने सैकड़ों बालीवुड-हॉलीवुड के सितारों के परिप्रेक्ष्य में देखा होगा! मैं सही हूँ या नहीं?

दुर्भाग्यपूर्ण क्रियाओं से स्वतंत्र होने की पूर्ण आंतरिक इच्छा उससे आजादी दिलाने की सर्वाधिक संभावना उत्पन्न करता है। उनसे दूर होने की अनिच्छावाले प्राणी कोई प्रणाली अपनाएँ, उन्हें लाभ नहीं होगा। 'स्विशिंग' के प्रभाव का रहस्य है—अंतर्मन द्वारा नैसर्गिक रूप से नकारात्मकता की अपेक्षा सकारात्मकता को प्राथमिकता देना और केवल व्यवहार के स्थान पर पूरे व्यक्तित्व का परिवर्तन। इसके साथ अपने न्यूरॉलोजिकल स्तरों को बदलना स्थायी लाभ की संभावना

बढ़ाएगा। यह प्रत्येक गंभीर या साधारण अप्रिय बरताव, स्वभाव, भावना, रिसोर्स से निजात पाने में सहायक है। यह त्वरित गति से उपयोगी होता है, जिसका मूल कारण है कि स्नायुतंत्र एक पल में सीखनेवाला अंग है, फोबिया पैदा होना इसका उदाहरण है। व्यक्तिगत कम्युनिकेशन तकनीक के विशेषज्ञ जेरी स्कमिड्थ (पी-एच.डी.) और सहयोगी 'एन.एल.पी.' 'द न्यू टेक्नॉलोजी ऑफ एचिवमेंट' में लिखते हैं, 'स्विश प्रणाली आपके व्यक्तित्व को उद्देश्यपरक और आत्महित स्वरूप देनेवाली बहुत साधारण पर परिणाम देनेवाली पद्धति है, जो प्रत्येक समस्याग्रस्त स्थिति में तुरंत फल देने में समर्थ है।' इसका उत्तम गुण सतही सुधार के परे जाकर व्यक्ति के व्यवहारगत क्षेत्रों को रूपांतरित करने के साथ-साथ उसके व्यक्तित्व में चहुँओर 'जनरेटिव परिवर्तन' लाकर उन्हें नई राह की ओर ले जाना है!

निष्प्रभाविकता और निवारण

- नकारात्मक काररवाही करते हुए पुराने स्वरूप में आपको (X) एसोसिएट और इच्छित क्रिया करते हुए आपके नए स्वरूप (Y) का डिसोसिएट होना अनिवार्य है। पर काइनस्थेटिक लक्ष्य होने की अवस्था में नवीन आत्मछवि (Y) डिसोसिएट और एसोसिएट दोनों में कल्पना करके स्विश करनी होगी। पति द्वारा आपके खास अंग को छूने से आपके तन-बदन में आग लग जाती है। नए व्यक्तित्व (Y) में आपको देखना होगा कि पति द्वारा वह अंग स्पर्श करने पर आप डिसोसिएट और एसोसिएट दोनों परिदृष्टि में प्रतिक्रियाविहीन हैं या सकारात्मक ढंग से व्यवहार कर रही हैं।
- नई आकृति (Y) और उसके द्वारा परिवर्तित आचरण आपको आकर्षित व उत्प्रेरित करना चाहिए अन्यथा आपका अवचेतन उसे नहीं स्वीकारेगा! उसे तब तक परिवर्तित करते रहे, जब तक आप उसकी ओर बहुत ज्यादा खिंचाव महसूस न करें।
- प्रत्येक स्विशिंग के पश्चात् आँख खोल मस्तिष्क खाली करना आवश्यक है।
- क्या स्विशिंग एक सेकंड से भी कम समय में हुआ?
- 'सेकंडरी गेन' की संतुष्टि हेतु अंतर्मन द्वारा स्वीकृत प्रत्येक परिस्थिति में आसानी से उपलब्ध विकल्प(पें) क्या ढूँढ़ा गया?
- विजुअल के अतिरिक्त या उसके साथ मिलकर ऑडिटरी/काइनस्थेटिक तत्त्वों की खराब आदत को अंकुरित करने में भागीदारी होना संभव है।

जैसे— बॉस द्वारा आलोचना या सिगरेट के धुएँ को छाती के अंदर महसूस करने पर पीने की तलब जागना। उदाहरणार्थ, मानसिक चित्र (सिगरेट पीते हुए खुद की तसवीर) के साथ उसकी (बॉस द्वारा आपकी निंदा या छाती में सिगरेट के धुएँ की अनोखी अनुभूति) संयुक्त आकृति को 'आत्मविश्वास-पूर्ण बदले हुए व्यक्तित्व में अपनी आवाज में स्वयं की प्रशंसा' द्वारा स्विशिंग करें। एक नवयुवती प्रखर आत्म-आलोचना से त्रस्त रहती। आत्मग्लानिवश वह आकर्षक होकर भी अनाकर्षक लग रही थी। उससे प्रश्न पूछकर मैंने पाया कि इस शाब्दिक सिस्टम की सबमॉडल्टी थी—बाएँ नीचे अर्थात् आत्म-आलोचना की आवाज दिमाग के बाएँ नीचे से प्रस्फुटित हो रही थी। मैंने पाया उस आवाज़ को मस्तिष्क के दाएँ ले जाने से उसकी स्वयं दोषारोपण का प्रभाव लगभग शून्य हो जाता है। 'बाएँ नीचे से जन्मी बोली' को 'दाएँ से आती बोली' से स्विश करने से नवयुवती आंतरिक युद्ध से पार पा सकी।

- 'क्रिटिकल सबमॉडल्टी', जैसे—चित्र की विशालता और या उसका रंग, आवाज की तीक्ष्णता···की उपस्थिति में इसे स्विश करना अत्यावश्यक है अन्यथा खराब स्वभाव पूर्ववत् बना रहेगा अथवा वापस लौट सकता है। मेरे में काँच के 'बड़े शीशे चमकते गिलास में लबालब भरे सुनहरे रंग का बियर' अत्यधिक आसक्ति पैदा करता है। इसे स्विश कर मैंने अत्यधिक बियर गटकना नियंत्रित कर लिया।
- हानिकारक रुझान भविष्य में वापस आने पर आत्म-विश्लेषण करें, कौन सबमॉडल्टी और या रेप्रिजेंटेशनल सिस्टम उत्तरदायी है। उसे पुनः स्विश करें।
- अज्ञात मानसिक कारण से स्थायी परिवर्तन विफल होने पर नीचे वर्णित मॉडल 'सिक्स स्टेप रिफ्रेमिंग प्रोसेस' सहायक होगा।

अवचेतन सहयोग से स्थायित्वता

'अनकॉन्शस माइंड' नाम जर्मन दार्शनिक फ्रेडरिक स्कलिंग ने सर्वप्रथम जर्मन भाषा में दिया था। व्यवहार और भावना उत्पादन तथा उससे जुड़े निर्णय में अधिकतम योगदान अवचेतन का है; चेतन का निम्नतम। बगैर इसके सहभागिता परिवर्तन और किसी विषय को सीखने की प्रक्रिया का क्रियात्मक और व्यावहारिक रूप से लागू होना लगभग असंभव होता है। परीक्षा में रटनेवाले विद्यार्थी कितने सफल होते हैं? क्या ऐसा कर एक छात्र उच्च शिक्षा में आगे बढ़ पाता है? क्या

रटने से व्यक्ति दुनिया का कोई कॅरिअर, यहाँ तक कि मैनेजमेंट में भी, शिखर चूम सकेगा? 'थ्री इडियट' में इसे अभिनेता ओमी वैद्य द्वारा अभिनीत चतुर रामालिंगम पात्र ने अत्यधिक रोचकता से प्रस्तुत किया। यही हमारे अन्य मानसिक और शारीरिक प्रणालियों के साथ होता है। जोर-जबरदस्ती से प्रयोग कर आत्मबल एवं इच्छाशक्ति से गुणों को विकसित करना, प्रदर्शन (परफॉरमेंस) उन्नत करना और रोगमुक्त होना निन्यानवे प्रतिशत अप्रभावी हो जाता है। परिवर्तन बहुधा अस्थायी होता है, जिससे आत्महीनता का पनपना शत-प्रतिशत तय है। मेरे प्रारंभिक दिनों में यही निरंतर होता रहा। जितना मैं प्रयास करता, उतना असफल होता, उतना कुंठित! रूपांतरण वही स्थायी और प्रभावोत्पादक होगा, जो चेतन प्रयास बिन स्वभाविकता से बयार की भाँति नैसर्गिक गति से प्रवाहित होकर आए।

'जिस अंतर्समस्या के केंद्र को मैं अंतर्मन में नहीं ढूँढ़ सकता, वह मेरे अवचेतन को ज्ञात है।'

—डब्ल्यू. एच. ऑडन (1907-1973), कवि

अचेतन मन अभी तक अभेद्य किला रहा। उससे संपर्क लगभग असंभव! बीसवीं शताब्दी के प्रारंभ में अमर मनोचिकित्सक सिग्मंड फ्रायड सर्वप्रथम उसके माध्यम से भावात्मक समस्या दूर करने में निश्चित सीमा तक प्रभावी रहे। तत्पश्चात्, हिप्नोथेरेपिस्ट डॉ. मिल्टन एरिक्सन और मनोचिकित्सक वर्जिनिया सैटर ने इसका उपयोग कर गूढ़तम मनोविकार, जीर्ण व्यसन, पारिवारिक विवाद भगाने में आश्चर्यजनक सफलता पाई। बैंडलर व ग्रिंडर ने उनकी तथा अन्य विशेषज्ञों की प्रणालियों का व्यापक अध्ययन कर आत्म परिवर्तन हेतु अधोवर्णित गूढ़ क्रांतिकारी पर अत्यंत कल्याणकारी मॉडल 'सिक्स स्टेप रिफ्रेमिंग प्रोसेस' विकसित किया। अवचेतन द्वारा स्वीकृत और तैयार समस्त अभिक्रियाएँ स्थायी होती हैं। निम्न अभ्यास आपको विचंभित करेगा और अजब लगेगा, परंतु विश्वास मानिए यह मानव इतिहास के क्रांतिकारी अन्वेषणों में से एक है!

अभ्यास : सिक्स स्टेप रिफ्रेमिंग प्रोसेस (Six Step Reframing Process)

एक शांत जगह आँख धीरे-धीरे बंद कर उस भावनात्मक, शारीरिक या व्यवहार पर आधारित समस्या (X) को ध्यान में लाएँ। अवचेतन से विनती करें

'कृपया क्या आप मुझसे संपर्क करना चाहते हैं। यदि हाँ तो कृपया कोई मानसिक चित्र, आवाज (वाक्य नहीं) अथवा भावना (फीलिंग) द्वारा संकेत दें।' संकेत वैसा होना है जो चेतन रूप से उत्पन्न न हो पाए, जैसे, हलका सरदर्द, जिसे आप स्वयं उत्पन्न नहीं कर सकते। प्रतीक्षा करें संपर्क हुआ कि नहीं। संकेत न मिलने पर भी उन्हें धन्यवाद कह आगे बढ़ें। 'हाँ' और 'ना' का संकेत निर्धारित करना होगा। सिग्नल मिलने पर उनसे निवेदन करें, 'हाँ' संदेश हेतु संकेत तीव्र कर दें और 'ना' वास्ते तीव्रता कम कर दें। उदाहरणस्वरूप, सिग्नल रूपी 'आंतरिक आवाज'/'सरदर्द' कम या अधिक हो सकता है। प्रार्थना करें 'क्या आप अनचाही क्रिया (X) के पीछे सकारात्मक मंतव्य (सेकंडरी गेन, (Y)) को चेतन में लाना चाहते हैं।' 'हाँ' प्राप्त होने पर संदेश की प्रतीक्षा करें। 'ना' मिलने पर सकारात्मक मंतव्य को सत्य मान आगे बढ़ें।

आग्रह करें 'क्या आप अनिच्छित आचरण (X) को बदलने व भिन्न स्थिति में उपयोग में आनेवाले तीन भिन्न उचित विकल्प देना चाहेंगे, जो सकारात्मक मंतव्य (Y) संतुष्ट कर सके।' संकेत न आने का अर्थ हो सकता है वे विकल्प चुन न पा रहे हों। विनय करते रहें, प्रतीक्षा करते रहें, जब तक अवचेतन से उत्तर न मिले। 'ना' आने पर 'ना' का कारण पूछ उसका निवारण कर पुनः 'हाँ' उद्देश्यार्थ आग्रह करते रहें। स्वीकृति मिलने पर अनुयय करें, 'कृपया अनिच्छित आचरण (X) को बदलने व भिन्न स्थिति में उपयोग में आनेवाले तीन भिन्न उचित विकल्प दें, जो सकारात्मक मंतव्य (Y) संतुष्ट कर सकें। सभी की कल्पना में परिस्थिति के संदर्भ में जाँचे कि वे व्यावहारिक हैं अथवा नहीं। कृपया प्रत्येक के अंतिम चयन के पश्चात् 'हाँ' का संकेत दें।' 'हाँ' पर नई प्रतिक्रिया या बदलाव आने पर आपमें सकारात्मक अनुभूति (फीलिंग) का अहसास होगा। संभव होगा चेतन रूप से वे आपको नई प्रतिक्रिया का संज्ञान न दें, उस अवस्था में 'हाँ' प्राप्ति का अर्थ होगा नवीन मानसिक या शारीरिक रिस्पॉन्स का आपके चेतन संज्ञान बिन अवचेतन रूप से क्रियान्वन। तीन विकल्प में प्रत्येक की स्वीकृति के पश्चात् 'हाँ' संकेत आना चाहिए, ताकि निश्चित हो सके कि अवचेतन कार्यरत है। प्रत्येक नवीन प्रतिक्रिया चुनने के पश्चात् सुखदायी भावना (संतुष्टि, अच्छा अहसास¨) का अहसास हो सकता है।

अवचेतन में कई 'भागों' का होना संभव है (यहाँ 'भाग' का प्रयोग इस प्रणाली की सुगमता के प्रयोजनार्थ है, न कि हममें कई अवचेतन होते हैं।' जैसे— पिताश्री के द्वारा एक लड़के से शादी के बारे में पूछने पर आप सोचते हैं, 'मेरा

एक मन कहता है—हाँ व दूसरा ना।' यहाँ मनोवैज्ञानिक रूप से कहेंगे एक भाग कहता है—'हाँ', दूसरा 'ना')। नूतन बदलाव को अवचेतन के एक या अनेक भागों द्वारा अस्वीकारने से आत्मद्वंद्वता का प्रवेश संभव होगा। तीन प्रस्थापित प्रक्रिया या समाधान मिलने पर अनुनय करें, 'क्या चुनाव सभी भागों के द्वारा स्वीकार्य है, सिग्नल द्वारा स्वीकृति दें।' 'ना' के संदेश पर ऊपर के विवरणानुसार पुनः विकल्प चुनने के आग्रह से क्रिया प्रारंभ करें या कहें, 'आप सभी भाग आपस में सर्वसम्मति से निर्णय कर समाधान निकालें, तत्पश्चात् संकेत द्वारा सूचित करें।' 'हाँ' प्राप्त होने पर आगे जाएँ। पियक्कड़ संजय के साथ यही हुआ। उसके अवचेतन ने विरोध जताया, 'मैं शराब क्यों छोड़ूँ, इसे पी-पिलाकर मैंने सामाजिक हैसियत बनाई है।' इस अभ्यास से संजय के अंतर्मन ने सर्वसम्मति से हल निकाला कि अब वह एक सम्मानित सामाजिक संस्था में प्रवेश करेगा, जिसमें समाज के रचनात्मक, प्रभावकारी लोग सदस्य हैं। अवचेतन द्वारा पूर्ण स्वीकारने के अभाव में समस्या पूर्वरत या निवारण अस्थायी हो सकता है अथवा अन्य कठिनाइयों का द्वार खुल सकता है। विकल्प सफलतापूर्वक ग्रहित होने पर आँख खोल वर्तमान मानसिक अवस्था भंग करने हेतु कुछ मिनट इधर-उधर देखें।

परिवर्तन और नूतन अभिक्रिया वही सुखदायी व स्थायी होता है, जो नई सामाजिक और पारिवारिक समस्या न लाए, अर्थात् उसका 'इकॉलोजिकल' होना आवश्यक है। अपनी आर्थिक समस्या पर लगाम लगाने हेतु विलियम ने रात में अपना ओवरटाइम समय बढ़ा लिया, पर पत्नी से मतभेद प्रारंभ हो गया। एक चार्टर्ड एकाउंटेंट ने पीना छोड़ दिया, पर स्वभाव न्यूरोटिक हो गया, नौकरी जाते-जाते बची। अर्थात् प्रभाव परखें। क्या कोई नई बाधा, कठिनाई उत्पन्न हो गई? क्या कोई विवाद, अवरोध सर उठा रहा है? ऐसा होने की अवस्था में ऊपर वर्णित तकनीकों से आपको दुबारा नए विकल्प तलाशने की प्रक्रिया से आरंभ करना होगा। इससे एकाउंटेंट साहब के नकारात्मक मनोवस्था को अंतर्मन ने स्वयं लुप्त कर दिया! कैसे हुआ? जब भी वे तनाव में आते उनका शरीर स्वतः शिथिल हो जाता और मन आत्मविश्वास से परिपूर्ण!

सावधानियाँ

1. कई क्यू होने में और भिन्न-भिन्न वातावरण, स्थिति में नकारात्मक क्रिया करने की इच्छा जागने में कब, कहाँ, कैसे प्रतिक्रिया करनी है अवचेतन से परामर्श लें।

2. अवचेतन से अत्यंत नम्रता और आदरपूर्वक संवाद करना होता है। संकेत मिलने या न मिलने के तदोपरांत 'धन्यवाद' दे आगे बढ़ें। शांत रहकर हल की प्रतीक्षा करें। उन्हें आज्ञा कदापि न दें। अपना पूर्वानुमान या परामर्श देने में पूर्णता से बचें, जैसे—'मेरा मानना है यह सही है, 'यह गलत है', 'ऐसा होना चाहिए।' उनके अनुमोदन के उपरांत ही आगे बढ़ें। स्वीकृति न मिलने पर वाक्पटुता अपनाएँ तथा अनुरोध करें। धैर्य, आदर और संवाद-चातुर्यता से अवचेतन से आपका अवश्य संपर्क होगा। संभव है वह आपको ऐसा संदेश दे, वह कारण बताए, जिसकी आपने स्वप्न में कल्पना न की हो, आपको विश्वास न हो, पर वह जो कहेंगे उसे सत्य मान आगे बढ़ें। धन्यवाद कह निवारण, विकल्प का अनुरोध करते रहें। एक सज्जन को विरोध मिला, 'मैं नहीं चाहता तुम्हारा रोग ठीक हो, क्योंकि तुम मुझे नापसंद हो।' अनुनय-विनय पर उस भाग ने विरोध त्यागा।
3. नकारात्मक ढंग वापस आने पर प्रक्रिया से नए कारण का पता लगाएँ, जैसे, एक रिश्तेदार से झगड़े के पश्चात् रक्तचाप का वापस आना। मेरे साथ टहलनेवाले मित्र को प्रतिवर्ष जुलाई में शरीर में पित्त उछलता था। मैंने सुझाया अभी आप अवचेतन से कहें, 'कृपया ऐसा न करें, इससे मुझे आर्थिक हानि हो रही है, क्या आप चाहते हैं मुझे ऐसा हो?' उन्होंने टहलते-टहलते ऐसा कहा! मैंने उनसे सोने से पहले भी मन को विनती द्वारा मनाने को कहा। अगले वर्ष इसमें तीव्रता निम्न रही और उसके अगले वर्ष अत्यधिक कम। अब वे प्रतिवर्ष जून से ही अनुनय-विनय चालू कर देते। बिन औषधि लाभ में अप्रतिम वृद्धि आई और कभी-कभी गायब हो जाती या प्रकट हो शीघ्र समाप्त हो जाती।
4. गंभीर रोग की स्थिति में यह प्रणाली आपको दवा प्रयोग से मना नहीं करती। संभव है अधिकतम लाभ में औषधि पूर्णरूपेण छूट जाए। डॉक्टर का परामर्श मानें, इमरजेंसी हेतु दवा सदैव पास रखें। पर सत्य है—इस विधि के बाद आपका मानसिक स्वास्थ्य, भावनात्मक संतुलन उन्नत होगा।

चेक लिस्ट

- क्या 'हाँ', 'ना' के सिग्नल को सही तरीके से समझा एवं अपनाया गया?
- क्या अवचेतन की स्वीकृति के उपरांत ही आपने अगला पग उठाया?
- क्या अवचेतन के प्रति आदरभाव रहा?

- धैर्य के स्थान पर जल्दबाजी तो नहीं की गई।
- क्या क्यू तथा इकॉलोजिकल प्रभाव पर विचार किया गया?
- क्या आपने अवचेतन से गुजारिश की कि वे समय, स्थान एवं वातावरण के अनुसार उचित विकल्प, बदलाव या नई प्रतिक्रिया स्वयं प्रायोजित करने का उत्तरदायित्व लें?
- अवचेतन के परामर्श की अवहेलना तो नहीं हो रही।

आंतरिक विश्वास, अंतर्द्वंद्व एवं विभिन्न अवचेतन कारणों से दूसरी पद्धतियाँ बहुधा निष्प्रभावी हो जाती हैं। 'सिक्स स्टेप रिफ्रेमिंग' क्रांतिकारी आत्म-उत्थान ला उसमें स्थायित्व घोलेगा। इसे निश्चित 'सर्वजन हिताय' मॉडल बनाने एवं उसे विशेषज्ञों के अतिरिक्त सर्वजनों को सुलभ कराने हेतु मानव जाति सदैव बैंडलर व ग्रिंडर की ऋणी रहेगी। व्यक्तिगत विकास के विशेषज्ञ स्टीव एंड्रयॉस (एम.ए.) व कोनरी एंड्रयॉस ने 'हर्ट ऑफ द माइंड' में उद्‌गार व्यक्त किया, 'शानदार 'सिक्स स्टेप रिफ्रेमिंग प्रोसेस' अत्यंत शीघ्रता से व्यवहार जनित एवं मनोदशा आधारित परिवर्तन प्रदान करती है।' महत्त्वपूर्ण यह है कि व्यक्तिगत समस्याओं को हल करने के परिप्रेक्ष्य से ऊपर उठकर यह अपने और दूसरों के प्रति सकारात्मक मनोवृत्ति का भी अंकुरण करती है। आंतरिक द्वंद्व दूर करने में तो अत्यधिक हितकारी है।

अभी तक आपने सीखा

गहनतम-से-गहनतम नकारात्मक व्यसन, कर्म एवं स्वभाव को आइडेंटिटी को परिवर्तित कर स्थिर एवं सकारात्मक स्वरूप देना अपेक्षाकृत अधिक सरल व कारगर है। यह विश्वास कि 'मैं कभी बदल नहीं सकता' अज्ञानता की पराकाष्ठा है। आवश्यकता सही प्रक्रिया व दिशा अपनाने की है। 'स्विश प्रणाली' सर्वस्तरीय 'जनरेटिव' प्रभाव मुखरित करती है। इससे हम हानिकारक क्रियाओं व आसक्ति के अतिरिक्त सकारात्मक गुण युक्त आत्मविश्वासी, धैर्यवान, आत्मबली, पुरुषार्थी और अन्य रिसोर्स से समावेशित व्यक्तित्व का गठन करने में सक्षम बनते हैं। क्रांतिकारी 'सिक्स स्टेप रिफ्रेमिंग' में स्थिर मानसिक व शारीरिक उन्नति हेतु अवचेतन सहयोग लेने की महानतम तकनीक बनने का गुण है। इसका संक्षिप्त रेखांकन—

1. अनचाही प्रतिक्रिया, व्यवहार, रोग या मनोवस्था (X) का संज्ञान।
2. अवचेतन का वह भाग जो अनचाहा प्रभाव उत्पन्न कर रहा है, उससे

निवेदन करें कि क्या वे आपसे संवाद प्रस्थापित करना चाहते हैं और 'हाँ', 'ना' का संकेत निर्धारित करें।

3. नकारात्मक अभिव्यक्ति (X) उत्पादित करनेवाले भाग से इसका सकारात्मक मंतव्य (Y) चेतन में जानने को आग्रह करना। 'हाँ' पर प्रतीक्षा करना, 'ना' पर सकारात्मक मंतव्य (Y) का पूर्वानुमान लगा अगले स्टेप पर जाएँ।
4. अवचेतन मन के 'रचनात्मक भाग' (विकल्प देनेवाले भाग) से अनचाहे रिस्पॉन्स (X) के स्थान पर तीन सकारात्मक विकल्प (Z) देने के लिए विनती करें, जो सकारात्मक कारण (Y) संतुष्ट कर सकें।
   - 'हाँ' आने पर तीन नए विकल्प रचित करने और प्रत्येक विकल्प ढूँढ़ने पर 'हाँ' सिग्नल देने के लिए प्रार्थना करना। प्रत्येक 'हाँ' पर 'समस्यात्मक व्यवहार देनेवाले अवचेतन भाग/भागों' से विनय कीजिए कि वे कल्पना में स्थिति/परिप्रेक्ष्य में जाकर विकल्प जाँचें और उसे स्वचालित ढंग से वास्तविक स्थिति में लागू करने का उत्तरदायित्व लें। अब 'हाँ' संदेश का अर्थ होगा नवीन रेस्पॉन्स (Z) व्यावहारिक एवं स्वीकार्य है, अतः कदम अगले चरण पर जाएँ।
   - 'ना' उत्तर की दशा में कारण पूछें और उसका निवारण, शंका समाधान कर विकल्प के वास्ते पुनः अनुनय करें, या जानने की चेष्टा करें वे कब संवाद करना चाहते हैं।
5. अनुरोध करें क्या अंतर्द्वंद्व तो नहीं?
   - 'ना' के आने पर अगले स्टेप पर जाएँ।
   - 'हाँ' पर पुनः पग 4 से अभ्यास प्रारंभ करना होगा। उनसे निवेदन भी कर सकते हैं कि सभी 'रचनात्मक भाग' आपस में मंथन कर एकीकृत विकल्प बनाएँ।
6. इकॉलोजिकल चेक—कल्पना या यथार्थ में देखें क्या नूतन बदलाव/स्वभाव/प्रतिक्रिया कोई सामाजिक एवं पारिवारिक गतिरोध, कठिनाई पैदा तो नहीं कर रही। यदि है, तो उसमें किस बदलाव की आवश्यकता है? पुनः स्टेप 4 से प्रारंभ करें।

यह मॉडल मानसिक, शारीरिक और व्यवहारगत क्षेत्रों में लगभग सभी नकारात्मक प्रवृत्ति (व्यसन, भावनात्मक असंतुलन, विषाद, हताशा, रोग, आत्महत्या की मनोवस्था⋯) में सफलतापूर्वक प्रायोजित किया गया है। यह लाभ अवश्य देता

है—न्यूनतम या अधिकतम।

मंथन

1. क्या आपको लगता है इच्छित व्यक्तित्व पाना सपना है। पर क्या आप उद्देश्य पूर्ति के लिए सच्चे मन से प्रयासरत हुए थे! बुद्धिमान् पुरुष लक्ष्य को पाने के लिए एक लीक पर ढोल पीटना छोड़कर प्रत्येक मार्ग का खुले दिल से स्वागत करता है।
2. क्या आपमें आत्म-परिवर्तन को लचीला रुख अख्तियार करने की इच्छा जागृत् है? आत्म-परिवर्तन का सतत प्रयास ऊँचे जीवन तथा उत्तमता का प्रथम चरण है।
3. क्या सकारात्मक, कल्याणकारी तथा वैज्ञानिक विचार अपनाना, तथा अनुपयोगी, विध्वंसक विचार त्यागने की प्रवृत्ति रखना सुखी व प्रगतिशील व्यक्ति की स्थायी प्रकृति नहीं है?
4. साधारण या पुरानी व्याधि, एलर्जी, कैंसर, डायबिटीज और न छूटनेवाली नकारात्मक आचरण की स्थिति में आंतरिक कारण और निवारण का अवचेतन से परामर्श लें। वैज्ञानिकों ने प्रमाणित कर दिया कि रोग की जड़ अधिकांशत: मन में ही तो है, जिसे—'साइकोजेनिक कारण' कहते हैं। अनेक लोगों ने अपनी गंभीर बीमारियाँ, जैसे, कैंसर आदि पूर्णत: विलुप्त किए हैं। आयुर्वेद के जन्मदाता महर्षि चरक रोगों को अस्थायी नियति मानते हैं। पाप यह नहीं कि हमें रोग हुआ, पाप तब होगा, जब हम लौहरूपी विषाक्त धारणा बना बैठते हैं कि 'मैं कभी ठीक नहीं हो सकता', व्याधि मेरी मृत्यु के साथ ही जाएगी!' स्वयं की रोग निवारण क्षमता में अविश्वास ही खुदी पर सबसे बड़ा अन्याय है।

□

शब्दावली (Glossary)

न्यूरो लिंग्विस्टिक प्रोग्रामिंग (Neuro Linguistic Programming (NLP))

भाषाई, भाषा इतर तथा आंतरिक व बाह्य संवाद, और शारीरिक प्रदर्शनों से सफलता, मानसिक स्वास्थ्य, रोग निवारण, प्रतिभा और अन्य परिणाम पाने का मनोविज्ञान।

'एन.एल.पी.' पूर्वानुमान (NLP Presupposition)

(अध्याय 1) अनेक मनोवैज्ञानिक, मनोचिकित्सा एवं मानव व्यवहार क्षेत्रों से लिए गए उपयोगी सिद्धांत, जो लक्ष्य के प्रति आत्म-प्रेरणा और सफलता की संभावना में वृद्धि करते हैं।

रिस्पॉन्स (Response)

'एन.एल.पी.' में 'रिस्पॉन्स' प्रत्येक शारीरिक एवं मानसिक अभिव्यक्ति है। इस दृष्टि से व्यवहार, कल्पना, मनोदशा, श्वास गति का तीव्र होना 'रिस्पॉन्स' के अंतर्गत आएगा।

रिसोर्सफुल अवस्था (Resourceful state)

आत्म-प्रेरणा और ऊर्जा से भरपूर प्रखर मानसिक और शारीरिक अवस्था।

सरफेस स्ट्रक्चर (Surface structure)

भाषा।

डीप स्ट्रक्चर (Deep structure)

ना दिखाई देनेवाले तत्त्व, जैसे—अवचेतन सोच, मानसिक चित्र, 'विश्वास' आदि।

सेकंडरी गेन (Secondary gain)

(अध्याय 1, 12) वह सकारात्मक मनोइच्छा जिसे नकारात्मक क्रिया, रिस्पॉन्स द्वारा पूरा किया जा रहा हो, जैसे—'जीवित रहने के लिए' अपराध करना।

फ्यूचर पेस (Future pace)

कल्पना कर या वास्तविकता में जाकर जाँचना कि तकनीक या परामर्श प्रभावी हुआ अथवा नहीं।

न्यूरॉलोजिकल लेवल्स (Neurological Levels)

(अध्याय 7) पाँच बौद्धिक स्तर जिस पर मस्तिष्क का कार्य एवं सोच, आधारित है, ये हैं—आइडेंटिटी, विश्वास, गुण, व्यवहार, वातावरण।

आइडेंटिटी (Identity)

परिवार, व्यवसाय व समाज द्वारा प्रभावित व्यक्ति का स्वयं द्वारा निर्णित उसकी एकल पहचान, जैसे—'मैं अच्छा पिता हूँ', 'मैं गरीबों पर अन्याय के खिलाफ लड़नेवाला मसीहा हूँ।'

विश्वास (Belief)

विशेष दृढ़ विचार, जिसे व्यक्ति पूर्ण सत्य मानता है।

भाषाई संवाद (Verbal communication)

भाषा द्वारा संवाद।

भाषा इतर संवाद (Non verbal communication)

शारीरिक मुद्रा, हाव-भाव, श्वास गति एवं बोल का उतार-चढ़ाव, लय आदि।

जनरेटिव प्रभाव (Generative influence)

प्रभाव, जिससे वर्तमान समस्या हल करने के साथ जीवन के दूसरे क्षेत्रों में लाभकारी परिणाम सामने आएँ।

उद्दीपक (Cue)

वह बाह्य (वस्तु, स्पर्श···) और आंतरिक (मन की आवाज···) स्टीम्यूलस जो स्वचालित ढंग से विशिष्ट प्रतिक्रिया उत्पन्न करता है।

इकोलोजी (Ecology)

नए बदलाव का वातावरण पर प्रभाव, जैसे—आपके परिवर्तित व्यवहार का परिवार, समाज पर असर।

एसोसिएट (Associate)

वह स्थिति, जिसमें हम अनुभव के साथ जुड़ जाते हैं; उसमें प्रविष्ट होकर उसे स्वयं की नजरों से देखना, महसूस करना।

डिसोसिएट (Dissociate)

अनुभव को दूर से देखना, महसूस करना। इसे विरक्त अवस्था भी कह सकते हैं। यहाँ हम घटना के प्रभाव को लघुत्तम या आंशिक रूप से महसूस करते हैं।

रेप्रेसेंटेशनल सिस्टम (Representational system)

(अध्याय 2) सोच के विभाजित तत्त्व, जिसे इस पुस्तक में 'वैचारिक अवयव/तत्त्व' भी कहा गया—

- मानसिक चित्र (इंद्रिय आँख से संबंधित)—विजुअल रेप्रिजेंटेशनल सिस्टम (Visual representational system (V))।
- आवाज/बोल (इंद्रिय कान से संबंधित)—ऑडिटरी रेप्रिजेंटेशनल सिस्टम (Auditory representational system (A))
- भावना (ध्यान दीजिए 'एन.एल.पी.' के अनुसार स्पर्श की अनुभूति, सुख, क्रोध, नैराश्यता···आदि 'भावना' में आएँगे)—काइनस्थेटिक रेप्रिजेंटेशनल सिस्टम (Kinesthetic representational System (K))
- गंध (Gustatory Representational System (G))

- स्वाद (Olfactory Representational System(O))

प्रेडीकेट (Predicate) (विधेय)

(अध्याय 2) कर्ता द्वारा संवाद में प्रयुक्त क्रिया (verb), विशेषण (adjective) और क्रिया-विशेषण (adverb) जिससे उस समय व्यक्ति के मन में चल रही 'सोच प्रणाली' (रेप्रिजेंटेशनल सिस्टम) का संज्ञान हो सके, उदाहरणार्थ—'मेरी दुनिया *रंगीन* है', 'मेरा दिल *प्रेमरस* में डूब गया।'

प्रेफर्ड रेप्रिजेंटेशनल सिस्टम्स (Preferred representational system)

(अध्याय 2) रेप्रिजेंटेशनल सिस्टम, जिसे व्यक्ति सबसे प्रमुखता से दिन के अधिकतम भाग में अनुभव को विश्लेषित करने व मानसिक गतिविधि में प्रयुक्त करता है। इस आधार पर जनसंख्या तीन भाग में विभक्त हुआ—विजुअल, ऑडिटरी, काइनस्थेटिक।

सबमॉडल्टी (Submodality)

(अध्याय 3) 'वैचारिक अवयव' की बारीकियाँ, जैसे—हृदय में भगवान् कृष्ण की आकृति का विस्तार, दूरी, रंग का गाढ़ापन आदि। इस आधार पर विजुअल, ऑडिटरी तथा काइनस्थेटिक सबमॉडल्टियाँ होंगी।

क्रिटिकल सबमॉडल्टी (Critical Submodality)

(अध्याय 3) सबमॉडल्टी जो मानसिक और व्यवहार आधारित अभिक्रिया अंकुरित करने में प्रमुख भूमिका निभाए।

साइनस्थेसिया (Synesthesia)

(अध्याय 6) एक रेप्रिजेंटेशनल सिस्टम का दूसरे रेप्रिजेंटेशनल सिस्टम में रूपांतरण। संगीत के नोट्स को रंग में देखना।

आई एसेसिंग क्यू (Eye accessing cue)

(अध्याय 4) आँखों का अवचेतन रूप से निश्चित दिशा में जाना, जो संकेत देता है उस क्षण कर्ता द्वारा प्रयुक्त काल और 'वैचारिक अवयव' का। हम क्यू से

उसकी ये छह सोच तथा काल प्रणाली ज्ञात कर सकते हैं : विजुअल कंस्ट्रक्टेड (Visual constructed (V^c)), विजुअल रेमेंबर्ड (Visual remembered (V^r)), ऑडिटरी कंस्ट्रक्टेड (Auditory constructed (A^c)), ऑडिटरी रेमेंबर्ड; (Auditory remembered (A^r)) , काइनस्थेटिक (Kinesthetic (K)), ऑडिटरी डिजिटल (Auditory digital (A^d))

परिदृष्टि (Perspective)

(अध्याय 5) मनोदृष्टि, जिससे हम अनुभव, विश्व व घटना को विश्लेषित, विचार करते व अनुभव करते हैं। तीन मुख्य परिदृष्टि—

- प्रथम (First perspective) : परिप्रेक्ष्य को अपने विचार और विश्वास से देखना।
- द्वितीय दृष्टि (Second perspective) : परिप्रेक्ष्य को दूसरे पक्ष के नजरिए से विचारना।
- तृतीय दृष्टि (Third perspective) : परिप्रेक्ष्य को दूर से निष्पक्षता से देखना।

एंकर (Anchor)

(अध्याय 11) स्पर्शनीय (विशेषता से दबाना¨) या अस्पर्शनीय क्रिया (मुँह में विशेष स्वाद का आना¨) जो तुरंत स्वचालित से आंतरिक और बाह्य प्रतिक्रिया निष्पादित कर दे, जैसे—खाना (एंकर) देखते ही मुँह में पानी आना (प्रतिक्रिया)।

एंकर फायर करना (Firing anchor)

एंकर प्रयुक्त करना जिससे उससे संबद्ध अभिक्रिया स्वचालित रूप से होने लगे, जैसे—अँगूठेरूपी एंकर को विशिष्टता से दबाना।

दो या कई एंकरों का एकीकरण (Collapsing anchor)

दो या कई एंकरों को समान समय पर 'फायर' करना जिससे प्रत्येक में समाहित प्रतिक्रिया और अनुभव आपस में एकीकृत हो जाए।

मेटा मॉडल (Meta Model)

(अध्याय 9) प्रश्न आधारित या सामान्य भाषा का विशेष प्रारूप जो संवाद में अधूरे, गलत, अपभ्रंश, भ्रमित व संशय विचार पर ध्यान केंद्रित कराकर व्यक्ति को वास्तविकता दिखाने में सहायक बनता है।

नॉमिनलाइजेशन (Nominalization)

(अध्याय 9) क्रिया (Verb) का संज्ञा स्वरूप (Noun), जैसे—'सफल होना' (succeed) से 'सफलता' (success)।

सेंसरी एक्युटि (Sensory acuity)

वह इंद्रियगत क्षमता जिससे हम अगले की विभिन्न अनुभूतियों और सूक्ष्म शारीरिक बदलाव व प्रदर्शन को परखने और विश्लेषित करने में हम कुशल बन जाते हैं।

रैपोर्ट (Rapport)

(अध्याय 10) सामने व्यक्ति से समन्वय, आत्मीयता स्थापित करना।

मिररिंग/मैचिंग (Mirroring, Matching)

(अध्याय 10) सामने व्यक्ति के व्यवहार, और भाषाई व भाषा इतर अभिव्यक्ति को समरुपता से अपनाना।

क्रॉस ओवर मैचिंग (Cross-over matching)

(अध्याय 10) शारीरिक अवयव/प्रदर्शन की दूसरे शारीरिक अवयव/प्रदर्शन के द्वारा मैचिंग।

पेसिंग (Pacing)

(अध्याय 10) व्यक्ति की आंतरिक दुनिया में प्रवेश करने एवं उसके व्यवहार को अनुमोदित करने की स्थिति।

लीडिंग (Leading)

(अध्याय 10) रैपोर्ट प्रस्थापन के पश्चात् अपनी भाषागत और भाषा इतर अभिव्यक्ति द्वारा अगले को धीरे-धीरे इच्छित दिशा की ओर ले जाना।

आपने संपूर्ण पुस्तक पढ़ ली। बिन व्यावहारिक प्रयोग के ज्ञान अर्थहीन है। आत्मोन्नति एवं सुदृढ़ीकरण हेतु आगे की ओर कदमताल अनिवार्य है, मात्र सोच-विचार निष्फल होता है। अकर्मण्य प्राणी अभागा है, जिसकी कोई सहायता नहीं करता। जीवन में गुणात्मक वृद्धि के लिए आपको शुभकामनाएँ।

—अशोक गुप्ता

अशोक गुप्ता मानसिक स्वास्थ्य, शैक्षणिक योग्यता, एडिक्शन तथा 'एन.एल.पी.' (NLP) ट्रेनिंग से संबंधित हिंदी, अंग्रेजी में आधुनिकतम ज्ञानों से युक्त उच्च-स्तरीय सेमिनार आयोजित करते हैं।

उनसे संपर्क हेतु साधन-मोबाइल : 09335107999

इ-मेल : inside_coperation@rediffmail.com

कृपया देखें उनका वेबसाइट : www.insidepower.in और

ब्लॉग : http://ashokgupta1956.blogspot.com

□□□